Christian Meixner

Software-Entwicklung unter dem Aspekt der Qualitäts

Bibliografische Information der Deutschen Nationalbibliothek:

Bibliografische Information der Deutschen Nationalbibliothek: Die Deutsche Bibliothek verzeichnet diese Publikation in der Deutschen Nationalbibliografie; detaillierte bibliografische Daten sind im Internet über http://dnb.d-nb.de/ abrufbar.

Copyright © 1995 Diplomica Verlag GmbH
Druck und Bindung: Books on Demand GmbH, Norderstedt Germany
ISBN: 9783838640280

http://www.diplom.de/e-book/219662/software-entwicklung-unter-dem-aspekt-der-qualitaetssicherung

Christian Meixner

Software-Entwicklung unter dem Aspekt der Qualitätssicherung

Diplom.de

Christian Meixner

Software-Entwicklung unter dem Aspekt der Qualitätssicherung

Diplomarbeit
an der Fachhochschule Coburg
Fachbereich Betriebswirtschaft
Lehrstuhl für Prof. Dr. Manfred Winkler
6 Monate Bearbeitungsdauer
Mai 1995 Abgabe

Diplom.de

Diplomica GmbH
Hermannstal 119k
22119 Hamburg

Fon: 040 / 655 99 20
Fax: 040 / 655 99 222

agentur@diplom.de
www.diplom.de

ID 4028
Meixner, Christian: Software-Entwicklung unter dem Aspekt der Qualitätssicherung
Hamburg: Diplomica GmbH, 2001
Zugl.: Coburg, Fachhochschule, Diplomarbeit, 1995

Diplomica GmbH
http://www.diplom.de, Hamburg 2001
Printed in Germany

Inhaltsverzeichnis   E/ 008 /95

Abkürzungsverzeichnis

Bezugskonfig.	Bezugskonfiguration
bspw.	beispielsweise
bzw.	beziehungsweise
ca.	circa
CAD	Computer Aided Design
CASE	Computer Aided Software Engineering
	Rechnerunterstützte Software-Entwicklung
DEKRA	Deutscher Kraftfahrzeugsüberwachungsver-ein
d.h.	das heißt
DIN	Deutsche Industrie Norm
DV	Datenverarbeitung
EDV	Elektronische Datenverarbeitung
etc.	et cetera
EU	Europäische Union
evtl.	eventuell
e.V.	eingetragener Verein
FMEA	Failure Mode and Effects Analysis (Fehlermöglichkeits- und -einfluß-Analyse)
Frankfurt a. M.	Frankfurt am Main
ggfs.	gegebenenfalls
HIPO	Hierarchy plus Input Process Output
HW	Hardware
i. allg.	im allgemeinen
i.d.R.	in der Regel
i.e.S	im engen Sinne
incl.	inclusive

ISO	International Standardization Organization
IV	Informationsverarbeitung
i.w.S.	im weiten Sinne
KI	Künstliche Intelligenz
lt.	laut
o.g.	oben genannte
PC	Personal Computer
PPS	Produktionsplanung und -steuerung
QM	Qualitätsmanagement
QS	Qualitätssicherung
QSS	Qualitätssicherungssystem
RDBMS	Relationales Datenbankmanagementsystem
RE	Requirements Engineering
ROI	Return on Investment
s	Sekunden
s.	siehe
SA	Structured Analysis
SADT	Structured Analysis and Design Technique
SD	Structured Design
sog.	sogenannt
SPU	Software-Produktionsumgebung
SQL	Structured Query Language
	Strukturierte Abfragesprache
SW	Software
SWQS	Software-Qualitätssicherungssystem
TQM	Total Quality Management
TÜV	Technischer Überwachungsverein
u.a.	unter anderem

u.ä.	und ähnliches
UIMS	User Interface Management Systems
usw.	und so weiter
u.U.	unter Umständen
vgl.	vergleiche
vs.	versus, gegen
z.B.	zum Beispiel
z.T.	zum Teil
z.Zt.	zur Zeit

Abbildungsverzeichnis

Tabellenverzeichnis

1. Einleitung

1.1 Hintergrund der Arbeit

Die elektronische Datenverarbeitung ist heute so wichtig wie nie zuvor. Raumfahrt, Flugverkehr, Nachrichtentechnik, Schiffahrt, Medizin, Forschung etc., kein Bereich mehr kommt ohne die EDV aus.

Besonders unter betriebswirtschaftlichen Gesichtspunkten stellt sie eine tragende Säule eines fast jeden Unternehmens dar und sei es nur zur Buchführung bei kleinen Handwerksbetrieben.

Anspruchsvolle Software wie Textverarbeitungen, Tabellenkalkulationen, Datenbanken sowie Präsentations- und Graphikprogramme sind für den betrieblichen Einsatz zur Notwendigkeit geworden. Lager- und Adressverwaltungen, Buchführungsprogramme, Gehalts- und Lohnabrechnungen, Angebotskalkulationen usw. - alles erledigt die EDV schneller, zuverlässiger und kostengünstiger als die manuelle Bearbeitung.

Grundlage einer effektiven und effizienten EDV-Unterstützung ist eine qualitativ hochwertige Software. Dazu wird jedoch eine konsequente und intensive Qualitätssicherung benötigt. Erfolgt diese nicht, so entstehen vermeidbare Kosten, wie z.B. Fehlerbehebungs- oder Wartungskosten, in beträchtlicher Höhe. Eines der vorrangigsten Unternehmensziele ist aber die Kostenreduzierung, um auf dem Markt bestehen zu können. Darin liegt die Notwendigkeit qualitativ hochwertiger Software begründet.

Die aktuelle Situation diesbezüglich spiegelt ein Artikel des *Fränkischen Tag* vom 15. Oktober 1994 wider:

„Einigen Nachholbedarf in Sachen Qualitätsbewußtsein bescheinigte die Industrie- und Handelskammer für Oberfranken im Frühjahr ihren Mitgliedsunternehmen. Nicht, daß damit der Vorwurf verbunden war, es hapere an der Güte der erstellten Produkte. Was der Kammer vielmehr aufstieß, war die Tatsache, daß bis dahin gerade mal 20 Firmen bereit gewesen waren, ihre Maßnahmen zur Qualitätssicherung auch von einem unabhängigen Institut überprüfen zu lassen. Dem nämlich komme gerade in wirtschaftlich schwierigen Zeiten wachsende Bedeutung zu: immer häufiger verlangten Firmenkunden vor Vertragsabschluß außer der Zusicherung, man achte selbstverständlich auf die Qualität der Produkte bzw. Dienstleistungen, einen Nachweis dafür.

Vor allem vor dem Hintergrund des zu erwartenden härteren Wettbewerbs im europäischen Binnenmarkt rücke dies 'immer stärker in den Mittelpunkt unternehmerischen Handelns', schreibt die Kammer. Vorrangig sind es denn auch Unternehmen, die sich besonders stark im Wettbewerb mit der europäischen Konkurrenz sehen, die sich um ein Qualitäts-Sicherungssystem kümmerten"[1].

> „Der Mensch hat dreierlei Wege, klug zu handeln:
> erstens durch Nachdenken, das ist der edelste,
> zweitens durch Nachahmen, das ist der leichteste,
> und drittens durch Erfahrung, das ist der bitterste".

KONFUZIUS

1.2 Abgrenzung des Themas

Die vorliegende Diplomarbeit beschäftigt sich mit der Softwareentwicklung und der Software-Qualitätssicherung, speziell im betrieblichen Bereich.

Das Ziel der Arbeit besteht in der Darstellung der Möglichkeit, fehlerarme und effiziente Software (fehlerfreie Software gibt es bis jetzt noch nicht) zu entwickeln, zu warten und zu pflegen. Die Arbeit bezieht sich dabei auf die Vorgehensweise der Entwicklung und Qualitätssicherung, nicht auf die technische Programmierung selbst.

Aufgrund dessen ist die Diplomarbeit wie folgt strukturiert:

Nach einer Einleitung werden im 2. Kapitel die Grundlagen der Softwareentwicklung dargestellt (Begriffsabgrenzungen, Vorgehensmodelle, Phasenkonzept der Softwareentwicklung). Nach Abschluß des Phasenkonzeptes der Entwicklung wird noch auf die Software-

---

[1] Fränkischer Tag, Ausgabe A, Bewußtsein für Qualitätssicherung in Unternehmen nimmt zu, Sparte: Wirtschaftsraum Bamberg. 15. Oktober 1994, S. 37.

Wartung und -Ergonomie sowie auf ein Beispiel zur Aufwandsschätzung eingegangen. Der Schwerpunkt bei der Software-Ergonomie wurde bezüglich einer Einführung bzw. eines Überblicks gesetzt, da die Ergonomie eine neue, eigenständige Wissenschaft ist, deren ausführliche Erläuterung den Rahmen dieser Arbeit sprengen würde.

Das 3. Kapitel beschreibt die Softwarequalitätssicherung, insbesondere die Qualitätssicherungsmaßnahmen im Hinblick auf ihre Anwendung sowie die Qualitätssicherungszertifizierung am Beispiel der ISO 9000, des weiteren das Total Quality Management im Hinblick auf das Qualitätsmanagement und die FMEA (Fehlermöglichkeits- und -einfluß-Analyse) als bewährtes Qualitätssicherungsverfahren.

Im 4. Kapitel erfolgt der Praxisbezug an Hand von Interviews bei Softwarefirmen in Form eines Fragebogens.

In Kapitel 5 schließlich wird das Fazit mittels der gewonnenen theoretischen und praktischen Kenntnisse gezogen.

Im Stichwortverzeichnis wurden bewußt Begriffe gewählt, die nicht im Inhaltsverzeichnis, bis auf einige Ausnahmen, vorkommen.

Die verwendete Literatur unterscheidet sich teilweise erheblich in der Schreibweise mancher Begriffe, wie z.B. Softwareentwicklung bzw. Software-Entwicklung, so daß der fälschliche Eindruck entstehen könnte, es liegt an der Willkür des Verfassers.

2. Grundlagen der Softwareentwicklung

2.1 Begriffsabgrenzungen

Software- und Systementwicklung sind nicht nur in der amerikanischen Datenverarbeitungswelt (der Ausdruck Informationsverarbeitung hat sich hierzulande - auf betrieblicher Ebene - noch nicht durchgesetzt) seit langem vertraute Begriffe. Da jedoch Software- und Systementwicklung häufig synonym verwendet werden, ist eine Abgrenzung zwischen Software und System erforderlich.

2.1.1 Software

Aus den vielfältigen Definitionsversuchen werden einige herausgegriffen. So definiert Hans Herbert Schulze den Begriff folgendermaßen:

„Der nicht sinnvoll ins Deutsche übersetzbare Begriff steht für die Gesamtheit von Programmen, die entweder überhaupt vorhanden sind oder für einen bestimmten Computer benötigt werden. Man gliedert Software heute in

1. Systemprogramme, die sich in Steuerprogramme, Programmübersetzer und Dienstprogramme unterteilen, und

2. Anwendungsprogramme, die sich in Standardprogramme und Individualprogramme einteilen lassen"[2].

Bei Peter Stahlknecht hingegen gilt die Software als die „Gesamtheit aller Programme"[3], unterteilt in System- und Anwendungssoftware. Im Duden wird die Software als „die zum Betrieb einer Datenverarbeitungsanlage erforderlichen, nichtapparativen Funktionsbestandteile (Einsatzanweisungen, Programme u.ä.)"[4] bezeichnet. Ekbert Hering definiert sie folgendermaßen: „Software ermöglicht durch Programme oder Programmsysteme die Kommunikation zwischen Mensch und Maschine oder zwischen Mensch und Mensch über einen Informationsaustausch mit der Maschine"[5]. An Hand dieser Definitionen ist erkenn-

---

[2] Schulze, Hans Herbert, PC-Lexikon, Reinbek bei Hamburg, 1993, S. 496.
[3] Stahlknecht, Peter, Einführung in die Wirtschaftsinformatik, 6. Auflage, Berlin-Heidelberg, 1993, S. 12.
[4] Duden, Das Fremdwörterbuch, 4. Auflage, Mannheim, 1982, S. 711.
[5] Hering, Ekbert, Softwareengineering, Braunschweig, 1984, S. 1.

bar, daß es sich bei Software also um die „Gesamtheit aller für eine EDV-Anlage verfügbaren Programme"[6] handelt.

2.1.2 System

Allgemein stellt ein System eine Menge von Elementen dar, die miteinander in Beziehung stehen.

Ein System besteht folglich aus zwei Gruppen von Bestandteilen:

- Elemente
- Beziehungen zwischen Elementen[7].

Schematische Darstellung von Systemen:

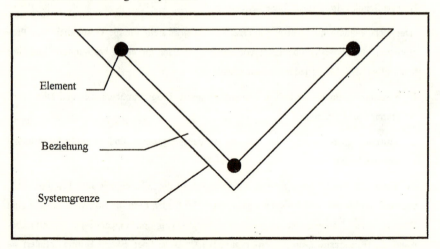

Abbildung 1[8] : Systeme

Der Begriff orientiert sich vor allem an der Einheit, die durch Einzelteile zusammengefügt wird, wie aus den nachfolgenden Definitionen ersichtlich ist.

---

[6] Dichtl Erwin/ Issing Otmar, Vahlens Großes Wirtschaftslexikon, München, 1987, S. 1675.
[7] Vgl.:   Steinbuch, Pitter A., Organisation, 8. Auflage, Ludwigshafen, 1990, S. 18 .
[8] Quelle: Steinbuch, Pitter A., Organisation, 8. Auflage, Ludwigshafen, 1990, S. 18 f.

Nach Hans Herbert Schulze „bezeichnet man als System die Zusammenstellung von Einzelteilen zu einer neuen Einheit, die in ihren Funktionen mehr ermöglicht als die Einzelteile.

Man unterscheidet natürliche Systeme - wie Organismen, Lebewesen usw. - und künstliche. Während natürliche Systeme in langen Zeitabläufen sich entsprechend ihrer Umwelt entwickelt haben, werden künstliche von Menschen zur Erfüllung bestimmter Zwecke entwickelt.

In einem System bestehen zwischen den Einzelteilen Beziehungen, die für die Eigenart des Systems meist sehr wichtig sind. Die Komplexität eines Systems kann sehr unterschiedlich sein. Einfache Systeme sind für den Menschen leicht überschau- und lenkbar. Komplexe Systeme lassen häufig ihre Funktionsweise nicht sofort erkennen. Sie müssen also analysiert werden, um hinter den Funktionszusammenhang und die Wirkungsweise zu kommen. So ist ein betrieblicher Ablauf oft ein recht kompliziertes System, dessen Grundstrukturen erst ermittelt werden müssen, damit eine computergerechte Systementwicklung überhaupt möglich ist.

Auch ein Computer wird heute als System aufgefaßt und auch häufig so bezeichnet, wobei man auch von Teilsystemen spricht, wenn man Hardware und Software meint. Auch ein komplexes Programm muß als System aufgefaßt werden, da es in seinen Zusammenhängen oft nicht ohne weiteres durchschaubar ist"[9].

„Als System definiert die Organisationstheorie ‘eine Menge von Elementen, die in einem Wirkungszusammenhang stehen’. Diese Elemente können z.B. von den Organisationseinheiten eines Unternehmens, von den Beschäftigten eines Werkes oder von den Hardware-Komponenten einer DV-Anlage gebildet werden"[10].

2.1.3 Software- respektive Systementwicklung

„Die Entwicklung eines Programms für eine komplexe Anwendung, wie sie heute häufig auf Computern üblich ist, ist in zwei Bereiche zu gliedern.

Im engeren Sinne versteht man darunter nur die Programmierung, wie sie von einem Programmierer durchgeführt wird. Im weiteren Sinne gehören dazu aber auch die Vorarbeiten, die man meist als Systementwicklung bezeichnet, nämlich die vorherige Untersuchung der

---

[9] Schulze, Hans Herbert, PC-Lexikon, Reinbek bei Hamburg, 1993, S. 520.
[10] Stahlknecht, Peter, Einführung in die Wirtschaftsinformatik, 6. Auflage, Berlin-Heidelberg, 1993, S. 230.

Verhältnisse und Anforderungen im Anwendungsbereich, die Durchführung einer Ist-Analyse, die Entwicklung eines Soll-Konzeptes und die daraus abgeleitete Erstellung einer Programmvorgabe.

Diese Vorarbeiten werden nicht von Programmierern, sondern von Systemanalytikern und Organisatoren geleistet, die über entsprechende Erfahrungen im Anwendungsbereich verfügen"[11].

Erwin Dichtl und Otmar Issing definieren Systementwicklung folgendermaßen:
„Zum einen stellt sie innerhalb einer EDV-Abteilung die Personengruppe dar, die für die Pflege und Weiterentwicklung der bestehenden Anwendungssoftware zuständig ist; zum anderen versteht man darunter auch den Prozeß der Erstellung eines Softwaresystems (Softwareentwicklung)"[12].

Peter Stahlknecht sieht die Systementwicklung im engeren Sinn als die Gesamtheit aller Programme, die als Anwendungssoftware für ein konkretes betriebliches Anwendungsgebiet entwickelt, eingeführt und eingesetzt werden.
Die Entwicklung erfordert eventuelle zusätzliche und meistens zeitlich parallele Hardware- und/ oder Kommunikationsentscheidungen.
Die Systementwicklung im weiteren Sinne schließt diese Entscheidungen mit ein[13].

Ausgehend von dem 1950 in den Bell Laboratories - USA - entwickelten Konzept des Systems Engineering und den darin enthaltenen vier Grundphasen:

- Systemanalyse,

- Systementwicklung,

- Systemeinführung und

- Systempflege,

---

[11] Schulze, Hans Herbert, PC-Lexikon, Reinbek bei Hamburg, 1993. S. 436 f.

[12] Dichtl Erwin/ Issing Otmar, Vahlens Großes Wirtschaftslexikon, München, 1987, S. 1806.

[13] Vgl.: Stahlknecht, Peter, Einführung in die Wirtschaftsinformatik, 6. Auflage, Berlin-Heidelberg, 1993, S. 230 f.

bevorzugt Stahlknecht folgendes, in der betrieblichen Praxis vielfach bewährtes Phasenkonzept[14]:

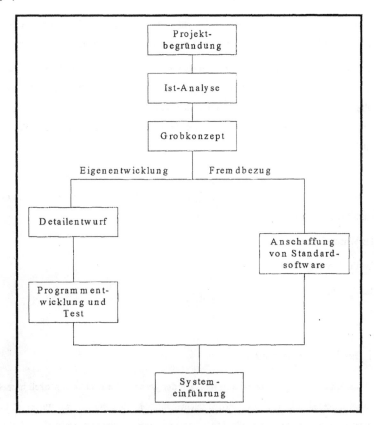

Abbildung 2[15]: Phasen der Systementwicklung

Das oben dargestellte Phasenkonzept ist die Grundlage für die weiteren Ausführungen der vorliegenden Arbeit bezüglich der Softwareentwicklung.

[14] Vgl.:   Stahlknecht, Peter, Einführung in die Wirtschaftsinformatik, 6. Auflage, Berlin-Heidelberg, 1993, S. 232 f.
[15] Quelle: Stahlknecht, Peter, Einführung in die Wirtschaftsinformatik, 6. Auflage, Berlin-Heidelberg, 1993, S. 239.

2.2 Grundlegende Vorgehensmodelle zur Softwareentwicklung

„Der Erfolg eines Projektes[16] ist wesentlich abhängig von der Vorgehensweise im Projekt. Ausgangspunkt für ein Projektmanagement[17] sollte daher das Vorgehensmodell sein.

Im Laufe der Zeit wurden mehrere Vorgehens-Paradigmen (d.h. Muster, Vorbilder) vorgeschlagen. Jede Firma hat ihr eigenes Vorgehensmodell danach formuliert. Die entstandenen Modelle sind alle unterschiedlich, jedoch in den meisten Punkten auch wieder miteinander verwandt. Eigentlich gehen bisher fast alle von dem selben Paradigma aus, dem Wasserfallmodell"[18] .

Nachfolgend werden hier einige der wichtigsten, in der Praxis eingesetzten Vorgehensmodelle mit ihren Vor- und Nachteilen skizziert:

- das Wasserfallmodell,

- das Prototypingmodell und

- das Spiralmodell.

2.2.1 Das Wasserfallmodell

„Das Wasserfallmodell geht davon aus, daß sich der gesamte Entwicklungsprozeß in mehrere Phasen unterteilen läßt. Diese werden nacheinander so ausgeführt, daß mit einer Phase erst dann begonnen wird, wenn alle davor liegenden Phasen abgeschlossen sind. Am Ende von Phasen werden Meilensteinsitzungen abgehalten, in denen über den Projektfortschritt berichtet und über die nächste Phase entschieden wird. Mit den Meilensteinen ist auch eine Qualitätssicherung verbunden, die Projektergebnisse werden von einem Qualitätskontrolleur begutachtet und entsprechend kommentiert. Mangelnde Qualität eines Teilergebnisses hat eine Wiederholung der zugehörigen Schritte zur Folge.

---

[16] Vgl.: Schulze, Hans Herbert, PC-Lexikon, Reinbek bei Hamburg, 1993, S. 452:
  Ein Projekt ist ein komplexes Vorhaben, das einmalig durchgeführt werden soll.
[17] Organisationsform, bestehend aus der Leitungsstelle des Projektleiters, und der Ausführungsstelle der Projektgruppe.
  Vgl.: Steinbuch, Pitter A., Organisation, 8. Auflage, Ludwigshafen, 1990, S. 70.
[18] Raasch, Jörg, Systementwicklung mit Strukturierten Methoden, 3. Auflage, München-Wien, 1993, S. 435

Nach erfolgreicher Qualitätsabnahme wird das Ergebnis eingefroren und kann nur durch eine formale Änderungsanforderung modifiziert werden"[19].

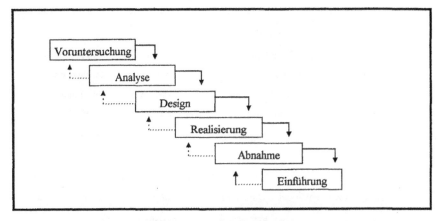

Abbildung 3[20]: das Wasserfallmodell

„Wenn das Wasserfallmodell mit einem Versionsmanagement[21] verknüpft wird, in dessen Rahmen eine Weiterentwicklung des Produktes vorgenommen wird, so schließt sich das Modell zu einem Lebenszyklus-Modell[22] zusammen, d.h. mit jeder neuen Version beginnt ein neues Projekt, in dessen Rahmen auf anderen Voraussetzungen das bisher vorliegende Produkt weiterentwickelt wird. Die Reaktion auf eine Anforderung zur Änderung der Software erfordert dann, daß der gesamte Entwicklungszyklus durchlaufen wird. [...]

Dennoch hat das Wasserfallmodell gravierende Nachteile:

- Reale Projekte folgen nicht unbedingt der sequentiellen Abfolge der Phasen. Iterationen[23] treten häufig auf und sind in der Planung nicht leicht abzubilden.

- Reale Projekte halten nur selten die strenge Trennung zwischen je zwei Phasen ein.

---

[19] Raasch, Jörg, Systementwicklung mit Strukturierten Methoden, 3. Auflage, München-Wien, 1993, S. 436.
[20] Quelle: Raasch, Jörg, Systementwicklung mit Strukturierten Methoden, 3. Auflage, München-Wien, 1993, S. 436.
[21] Damit die geänderte Fassung eines Programms von der älteren unterschieden werden kann, wird es bei unverändertem Programmnamen mit einer Versionsnummer gekennzeichnet.
   Vgl.: Schulze, Hans Herbert, PC-Lexikon, Reinbek bei Hamburg, 1993, S. 556.
[22] Der Lebenszyklus ist die Zeit, für die eine Komponente eines PCs ihre Funktion einwandfrei erfüllt.
   Vgl.: Schulze, Hans Herbert, PC-Lexikon, Reinbek bei Hamburg, 1993, S. 342.
[23] Mit Iterationen werden hier Wiederholungen gemeint.

- Das Produkt ist erst nützlich anwendbar, wenn es vollkommen fertiggestellt ist. Weder der Anwender noch das Management kann sich ein Bild von der Qualität des Systems machen, bevor es fertiggestellt ist. Der Anwender hat eventuell keine Chance, sich graduell an die neue Arbeitsweise mit dem System zu gewöhnen.

- Obwohl das ganze Projekt fieberhaft am Ergebnis arbeitet und obwohl ständig Dokumente erzeugt werden, hat man kein zuverlässiges Kriterium für den tatsächlichen Projektstand. Es entsteht ein Sicherheitsgefühl, weil permanent Dokumente erzeugt werden. Deren Qualität kann aber meistens nicht abschließend beurteilt werden. Man erkennt trotz aller fertiggestellten Dokumente nicht die Größenordnung des Berges, der noch vor einem liegt.

- Meilensteinsitzungen sind als Mittel der Qualitätssicherung[24] untauglich. Statt dessen werden Hilfen zur begleitenden Qualitätssicherung benötigt.

- Vom Anwender wird erwartet, daß er in der ersten Projektphase alle Anforderungen explizit artikulieren kann. Mit der zu Projektanfang meistens vorliegenden allgemeinen Unsicherheit wird das Wasserfallmodell nicht leicht fertig"[25] .

Vor allem kann das Wasserfallmodell in der objektorientierten Systementwicklung nicht unmittelbar eingesetzt werden. Anders als im Wasserfallmodell , wo alle Phasen eines Projektes abgearbeitet werden müssen, um ein Ergebnis zu erzielen, kann in der objektorientierten Systementwicklung über sog. Operatoren zwischen den Objekten kommuniziert werden und somit jederzeit ein Ergebnis erzeugt werden.

Die Vorteile dagegen sind:

• ein disziplinierter, sichtbarer und kontrollierbarer Prozeßablauf und

• es ist jederzeit möglich, Ergebnisse jeder zuvor abgewickelten Phase zu verbessern[26] .

---

[24] Sicherung der Effizienz der Software
     Vgl.: Dunn, Robert H., Software-Qualität, München-Wien, 1993, S. 12.
[25] Raasch, Jörg, Systementwicklung mit Strukturierten Methoden, 3. Auflage, München-Wien, 1993, S. 436f.
[26] Vgl.: Wallmüller, Ernest, Software-Qualitätssicherung in der Praxis, München-Wien,1990, S. 84.

2.2.2 Das Prototypingmodell

„Die Vorgehensweise des Prototyping enthält Chancen und Gefahren. Die Entwicklung eines Prototyps kommt zum Beispiel immer dann in Frage, wenn

- zwar die allgemeinen Ziele des Software-Systems festliegen, aber Eingabe- oder Ausgabeformate oder auch die zentralen Verarbeitungsregeln nicht hinreichend klar sind und auf andere Weise nicht geklärt werden können,

- wenn die Effizienz eines Algorithmus[27] vorab geprüft werden muß,

- wenn die Eigenschaften der Benutzerschnittstelle[28] abgestimmt werden müssen.

Dabei muß auf folgende Grundsätze geachtet werden:

- Durch Prototyping sind die wahren Anforderungen des Anwenders nicht zu erheben.

- Der Prototyp darf nicht in die Produktion übernommen werden, er ist `zum Wegwerfen´ bestimmt. [...]

Durch diese beiden Gesichtspunkte wird die sonst leicht entstehende Euphorie hoffentlich gedämpft. Wenn man Prototyping in das Wasserfallmodell einbauen will, so muß man diese Grundsätze beachten. [...]

---

[27] Eine Menge von Regeln zur Lösung eines Problems in einer endlichen Anzahl von Schritten.
     Vgl.: Rothhard, Günter, Praxis der Software-Entwicklung, Berlin, 1987, S. 54.

[28] Benutzeroberfläche, d.h. es ist eine Software, die dem Benutzer auf dem Bildschirm Hilfen gibt zur einfachen und effizienten Bedienung des Programms.
     Vgl.: Schulze, Hans Herbert, PC-Lexikon, Reinbek bei Hamburg, 1993, S. 78.

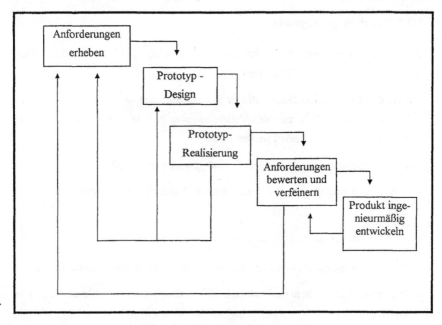

Abbildung 4[29] : das Prototypingmodell

Trotz der aufgezeigten Probleme kann der Prototyping-Ansatz eine effektive Hilfe im Projekt sein. Zu Anfang des Projektes müssen nur eben die Spielregeln genau festgelegt werden: **der Prototyp ist nur ein Hilfsmittel zur Diskussion über Anforderungen**. Das eigentliche System wird aber nach den Software-Engineering-Regeln[30] sorgfältig konstruiert"[31].

---

[29] Quelle: Raasch, Jörg, Systementwicklung mit Strukturierten Methoden, 3. Auflage, München-Wien, 1993 Seite 438.

[30] Unter Software-Engineering versteht man die Software-Entwicklung.

[31] Raasch, Jörg, Systementwicklung mit Strukturierten Methoden, 3. Auflage, München-Wien, 1993, S. 437 f.

2.2.3 Das Spiralmodell

„Das Spiralmodell (vgl. /BOEHM-86/) nutzt auch den Prototyping-Ansatz. Das Hauptunterscheidungsmerkmal zum Wasserfallmodell ist der Ansatz der Riskoanalyse verbunden mit der dynamischen Reaktion auf neue Erkenntnisse im Projekt.

Die Spirale des Vorgehensmodells durchläuft in jedem Zyklus alle vier Quadranten. [...] Nach Klärung der Ziele, Alternativen und Randbedingungen des Zyklus werden die Alternativen bewertet und Risiken für den Projekterfolg identifiziert und gelöst.

In vielen Fällen kann man die Risiken durch Untersuchungen an einem Prototyp mindern, der bei jedem Zyklus weiterentwickelt wird. Danach folgt wie im Wasserfallmodell die Abarbeitung einer Phase.

Jeder Durchlauf eines Zyklus entspricht somit einer Phase des Wasserfallmodells, wobei aber zu Phasenbeginn präziser nach einer Risikoanalyse geplant wird. Am Ende der Phase findet ein Review[32] und die Planung der nächsten Phase statt.

Beim Spiralmodell werden Rückkopplungen und sich während des Projektes ändernde Anforderungen dynamisch berücksichtigt. Iteration und Parallelität werden allerdings nicht besonders unterstützt.

Das Spiralmodell stellt eigentlich eine längst fällige Anpassung der Theorie an die Realität dar. In seriösen Projekten werden durchaus an jedem Phasenanfang Überlegungen hinsichtlich der Risiken und an jedem Phasenabschluß Sitzungen des Steuerungsgremiums durchgeführt, wenigstens, solange im Projekt ein Phasenende präzise bestimmt werden kann. [...]

---

[32] Rückblick, kritische Durchsicht von Arbeitsergebnissen.

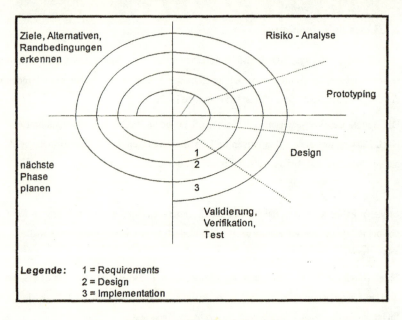

Legende: 1 = Requirements
            2 = Design
            3 = Implementation

Abbildung 5[33] : das Spiralmodell

Wenn wir also heute in der Praxis vom Wasserfallmodell sprechen, so ist meist schon implizit die Spiral-Erweiterung enthalten"[34].

2.3 Phasen der Softwareentwicklung

Die Vorgehensweise bei der Softwareentwicklung basiert meistens auf der Grundlage eines der o.g. Vorgehensmodelle mit den entsprechenden Regelungen über die Arbeitsweise.

„Der gesamte Zeitraum von der Begründung und Planung über die Entwicklung, Einführung und Nutzung bis zur späteren Ablösung durch ein neues System wird als Software-Lebenszyklus bzw. Software Life Cycle bezeichnet. Die beiden Hauptabschnitte sind dabei die Entwicklungs- und die Nutzungszeit des DV-Anwendungssystems.

---

[33] Quelle: Raasch, Jörg, Systementwicklung mit Strukturierten Methode, 3. Auflage, München-Wien, 1993, S. 439.

[34] Raasch, Jörg, Systementwicklung mit Strukturierten Methoden, 3. Auflage, München-Wien, 1993, S. 438 f.

Nach Erfahrungswerten kann sich der gesamte Zeitraum über 15 Jahre und mehr erstrecken. Die Nutzungszeit beträgt in der Regel ein Vielfaches der Entwicklungszeit"[35].

Der Software bzw. Systems Life Cycle beinhaltet eine Methode zur Planung, Entwicklung, Implementierung und Wartung von Informationssystemen. Die projektierte Arbeit erfolgt in standardisierten Schrittfolgen. Dadurch besteht die Möglichkeit, Fehler frühzeitig zu erkennen bzw. zu beheben und damit sowohl eine Kostenreduzierung als auch eine Erhöhung der Erfolgschancen zu erreichen.

Die Vorgehensweise gliedert sich in neun Phasen:

1. Informationsplanung,

2. Definition,

3. Analyse,

4. Business Design,

5. Technical Design,

6. Konstruktion,

7. Testing

8. Implementation und

9. Production Support.

Die Informationsplanung dient der Erfassung der Unternehmensstrategie und der daraus resultierenden Anforderungen an die Informationstechnologie.

Die Phasen zwei bis acht beschreiben die Aktivitäten der eigentlichen Systementwicklung. Die letzte Phase, Production Support, beinhaltet Vorgehensweisen bei der Systemwartung (also während der Nutzungszeit) und stellt sicher, daß dabei erkannte neue Bedürfnisse und Möglichkeiten wieder in die Phase Informationsplanung bzw. Definition einfließen.

---

[35] Stahlknecht, Peter, Einführung in die Wirtschaftsinformatik, 6. Auflage, Berlin-Heidelberg, 1993, S. 237.

Damit schließt sich der Kreis und der konsequente Einsatz der Technik des Software Life Cycle gewährleistet, daß ständig verbesserte Systemlösungen für die vielen, sich verändernden Unternehmensanforderungen entwickelt werden[36].

„Die Entwicklung und Pflege mittlerer und größerer Applikationen erfordert ein umfangreiches Ausmaß an Ressourcen, wie z.B. Zeit, Personal, finanzielle Mittel. Diese Ressourcen sind ökonomisch zu verbrauchen, um die beabsichtigten Ziele zu erreichen und die Planung zu erfüllen"[37].

„Da die professionelle Entwicklung von DV-Anwendungssystemen ein komplexer Prozeß ist, der beträchtlichen Arbeits- und Zeitaufwand beansprucht und an dem eine Vielzahl unterschiedlicher Stellen beteiligt ist, erfolgt sie vorwiegend in Form von DV-Projekten. Generell wird unter einem Projekt ein Vorgang mit folgenden Hauptmerkmalen verstanden:

- Einmaligkeit für das Unternehmen (muß nicht Erstmaligkeit bedeuten!),

- Zusammensetzung aus Teilaufgaben,

- Beteiligung mehrerer Stellen unterschiedlicher Fachrichtungen (`Interdisziplinarität´),

- Teamarbeit,

- Konkurrieren mit anderen Projekten um Betriebsmittel (Personal, Sachmittel, Gerätebenutzung u.s.w.),

- Mindestdauer bzw. Mindestaufwand,

- definierter Anfang und definiertes Ende"[38].

„DV-Projekte sind dadurch gekennzeichnet,

- daß sie die Entwicklung von DV-Anwendungssystemen zum Inhalt haben,

- daß der überwiegende Teil der Projektbearbeiter DV-Spezialisten sind und

---

[36] Vgl.: Vorlesungsunterlagen WS 1992/93, Studienschwerpunkt EDV, Prof. Geribert Jakob, Seminararbeit System Life Cycle.

[37] Wallmüller, Ernest, Software-Qualitätssicherung in der Praxis, München-Wien, 1990, S. 3.

[38] Stahlknecht, Peter, Einführung in die Wirtschaftsinformatik, 6. Auflage, Berlin-Heidelberg, 1993, S. 237.

- daß der Projektleiter meistens aus der DV-Abteilung stammt"[39].

Ein Projekt wird i.d.R. von einer Projektgruppe durchgeführt. Aus diesem Grunde erscheint es erforderlich, jene Gruppe durch ein kompetentes Projektmanagement bzw. einem Projektleiter zu organisieren.

„Als Projektmanagement wird die Gesamtheit aller Tätigkeiten bezeichnet, mit denen Projekte geplant, gesteuert und überwacht werden. Für die einzelnen Aktivitäten des Projektmanagements gibt es detaillierte Gliederungsvorschläge. Zur Unterstützung werden auf dem Softwaremarkt computergestützte Projektmanagementsysteme angeboten, und zwar entweder als selbständige Programmpakete oder als Bestandteile von Software-Entwicklungswerkzeugen. [...]

Da sich ein komplexer Prozeß wie der der Entwicklung eines DV-Anwendungssystems nicht schon zu Projektbeginn als Ganzes planen läßt, sind seit den 50er Jahren unzählige Konzepte (Vorgehensmodelle) aufgestellt worden, wie bei der Entwicklung vorzugehen ist. Die generelle Basis bildet immer das bereits erwähnte Phasenkonzept der Systemtechnik, wobei heute fast alle Vorgehensmodelle die Entwicklungszeit in folgende Hauptabschnitte (Phasen) einteilen:

- Analyse
- Entwurf
- Realisierung und
- Einführung.

Unter Realisierung werden dabei Programmentwicklung und Test verstanden. [...]

In der betrieblichen Praxis kommt der Phase Analyse besondere Bedeutung zu, weil oft erst am Ende dieses Abschnitts entschieden wird, ob das DV-Anwendungssystem überhaupt realisiert werden soll.

---

[39] Stahlknecht, Peter, Einführung in die Wirtschaftsinformatik, 6. Auflage, Berlin-Heidelberg, 1993, S. 237.

Es ist daher gebräuchlich, sie noch einmal in die Phasen

- Projektbegründung,

- Ist-Analyse und

- Grobkonzept

zu unterteilen.

Unter Berücksichtigung dieser Einteilung und der häufig an die Stelle der Eigenentwicklung von (Individual-)Software tretenden Anschaffung von Standardsoftware (einschließlich der in der Regel damit verbundenen Programmanpassungen) ergibt sich folgendes, in der Praxis vielfach bewährtes Phasenschema"[40] :

Phasen der Systementwicklung	
Projektbegründung	
Ist - Analyse	
Grobkonzept	
Eigenentwicklung	Fremdbezug
↓	↓
	Anschaffung von Standardsoftware
Detailentwurf	
Programmentwicklung und Test	
Systemeinführung	

Tabelle 1[41] : Phasen der Systementwicklung

---

[40] Stahlknecht, Peter, Einführung in die Wirtschaftsinformatik, 6. Auflage, Berlin-Heidelberg, 1993, S. 239 f.

[41] Quelle: Stahlknecht, Peter, Einführung in die Wirtschaftsinformatik, 6. Auflage, Berlin-Heidelberg, 1993, S. 239.

2.3.1 Projektbegründung

Hans Herbert Schulze versteht unter einem Projekt ein „komplexes Vorhaben, das einmalig durchgeführt werden soll. Zum Projekt gehört die gesamte Planung, Vorbereitung, Realisierung und Überwachung bis zur vollständigen Umstellung. Die Einführung von Computersystemen in einen Betrieb oder die Umstellung eines Computersystems auf völlig neue Software sind Beispiele für ein Projekt"[42].

„Die Phase Projektbegründung - oft auch als Projektentstehung bezeichnet - ist als Vorphase des Software-Entwicklungsprozesses anzusehen. Sie umfaßt alle (offiziellen und inoffiziellen) Aktivitäten, die dazu dienen, ein DV-Projekt zu initialisieren und führt zur Erteilung eines Projektauftrags.

Der Anstoß zur Entwicklung eines DV-Anwendungssystems kann von verschiedenen Seiten kommen, nämlich

- intern von der Unternehmensleitung, von Fachabteilungen oder von der DV-Abteilung,

- extern von Hardware-Herstellern, Softwarefirmen oder Unternehmensberatern, aber auch von Hochschulinstituten, Wirtschaftsverbänden, Industrie- und Handelskammern, Handwerkskammern usw. [...]

Die günstigsten Voraussetzungen für die Realisierung eines DV-Projekts sind gegeben, wenn die Vorschläge gemeinsam von der Fachabteilung und von der DV-Abteilung eingebracht werden. Von der Unternehmensleitung `erzwungene´ DV-Projekte sind selten erfolgreich"[43].

Der Projektvorschlag selbst entsteht im Vorfeld:

„Die Projektvorbereitung ist kein Bestandteil eines Softwareprojekts, sondern ein vorgelagerter Arbeitsschritt. Er hat das Ziel, bis zu Beginn des Projekts dessen Rechtfertigung zu begründen.

---

[42] Schulze, Hans Herbert, PC-Lexikon, Reinbek bei Hamburg, 1993, S. 452.
[43] Stahlknecht, Peter, Einführung in die Wirtschaftsinformatik, 6. Auflage, Berlin-Heidelberg, 1993, S 243 f.

Im Ergebnis entsteht ein Projektvorschlag mit folgenden Aussagen:

- Ziel   - warum wird das Softwareprodukt entwickelt?

- Auftraggeber   - wer verantwortet Zielstellung und spätere Nutzung?

- Projektleiter   - wer verantwortet Ablauf und Ergebnis?

- Projektgruppe   - wer entwickelt das Softwareprodukt?

- Planvorgaben   - wie läuft das Projekt ab?

Wenn der Auftraggeber weiß, was er will, und der Projektleiter weiß, was er kann, dann ist die Projektvorbereitung eine Sache von wenigen Tagen. Andernfalls muß die Projektvorbereitung selbst wie ein kleines Projekt geplant und durchgeführt werden. Hierbei setzt man vor die Ausarbeitung des Projektvorschlags mehr oder weniger umfangreiche Problemanalysen, d.h. Ziel-, Iststands- und Mängelanalysen. Je nach Erfordernis können in einem Vorbereitungsprojekt weitere Grundlagenarbeiten das künftige Entwicklungsprojekt vorbereiten, d.h. Vorlaufforschung, Dokumentation, Qualifizierung, Grundsoftwarebereitstellung, Entwicklung und Erprobung von Experimentierprogrammen.

Der Erfolg einer Projektvorbereitung ist wichtiger als der von Projektleitung und Projektbearbeitung. Er bestimmt den Wert des künftigen Softwareprodukts im übergeordneten Anwendungssystem. Dieser Erfolg hängt ab von den Methoden der Projektvorbereitung, mehr aber noch von Engagement und Befähigung der konzeptionellen Köpfe im jeweils übergeordneten System. Alleingang des Softwareprojektleiters kann hier nur ein Notbehelf sein"[44].

„Die Phase Projektbegründung wird mit der Formulierung und Erteilung eines Projektauftrags abgeschlossen. Ein solcher Auftrag wird je nach Größe und Struktur des Unternehmens und nach dem Umfang des DV-Projekts von der Unternehmensleitung, vom Leiter eines Werkes ,einer Fachabteilung usw. oder von einem zentralen Koordinierungs- bzw. Lenkungsausschuß, der über die Prioritäten und die Finanzierung aller anstehenden DV-Projekte entscheidet, erteilt. Die auftragerteilende Stelle ist auch zuständig für die Bestimmung der ausführenden Stellen bzw. Mitarbeiter, für die Festlegung der Verantwortlichkei-

---

[44] Rothhardt, Günter, Praxis der Softwareentwicklung, Berlin, 1987, S. 197.

ten und für die Unterrichtung und Beteiligung aller weiteren in Betracht kommenden Stellen"[45] .

Im Projektauftrag müssen festgelegt werden:

Inhalt	Beispiele
Bezeichnung des Projektes	Umstellung der Materialwirtschaft
Zielsetzung des Projektes	Personaleinsparung durch zentrale Bestandsverwaltung; Kostensenkung durch Abbau hoher Lagerbestände etc.
Inhalt des geplanten DV-Anwendungssystems	permanente Erfassung aller Bestände und Bestandsbewegungen
Auflagen für die Projektdurchführung	keine Beteiligung einer Unternehmensberatung; monatliche Berichterstattung an den Auftraggeber
Begrenzungen der Personal- und Sachkosten	maximal drei Projektbearbeiter; Besichtigungsreisen nur mit Genehmigung der Unternehmensleitung
Vollmachten für die Projektbearbeiter	generelle Erlaubnis zu Gesprächen mit Softwareanbietern; Recht auf Befragung aller Mitarbeiter des Unternehmens, jedoch keine Weisungsbefugnis

Tabelle 2[46] : Projektauftrag

„Die Inangriffnahme eines organisatorischen Projektes, seine Zurückstellung auf einen späteren Zeitpunkt oder der Verzicht auf seine Durchführung bedarf einer fundierten Entscheidung. Diese Entscheidung darf nicht dem Zufall oder dem Fingerspitzengefühl, subjektiven Kriterien oder Tagesgegebenheiten überlassen werden"[47] .

„Der Begriff der Projektorganisation stammt aus der betrieblichen Praxis. Die Organisation von größeren Anwendungssystemen der Datenverarbeitung ist beispielsweise komplex und langwierig, so daß es notwendig ist, diese Entwicklung zu organisieren, um effizient zu arbeiten und um das Risiko zu vermindern..

---

[45] Stahlknecht, Peter, Einführung in die Wirtschaftsinformatik, 6. Auflage, Berlin-Heidelberg, 1993, S. 245 f.
[46] Vgl.: Stahlknecht, Peter, Einführung in die Wirtschaftsinformatik, 6. Auflage, Berlin-Heidelberg, 1993, S. 246.
[47] Steinbuch, Pitter A., Organisation, 8. Auflage, Ludwigshafen (Rhein), 1990, S. 37.

Da komplexe Vorhaben, wie die Entwicklung von Datenverarbeitungssystemen, mit Projekt bezeichnet werden, ergab sich zwangsläufig der Begriff der Projektorganisation"[48].

Um ein Projekt durchzuführen, ist die Projektorganisation unverzichtbar.

Unter der Projektorganisation versteht man „Methoden und Verfahren zur Realisierung von Projekten. Allgemein die Planung, Überwachung und Kontrolle der gesamten Aktivitäten einschließlich Betriebsmittel und Personal, der Kosten, die bei der Realisierung benötigt werden.

Am Beispiel der Einführung eines Computersystems sind das die Phasen, die beim Phasenmodell auftreten, wobei auch die Frage der Projektplanung und Projektleitung, die klare Formulierung des Projektauftrages, die Zusammensetzung des Projektteams, die laufende Berichterstattung über den Stand der Arbeiten usw. geregelt werden müssen"[49].

Die Aufgaben der Projektorganisation sind folgende:

- Projektauslösung, d.h. von der Erkennung eines Problems bis zur Entscheidung, daß ein Projekt geplant werden soll.

- Projektplanung, d.h. Planung der Vorgehensweise bei der Problemlösung.

- Projektdurchführung, d.h. Projektarbeit, Gestaltung des neuen Systems sowie die Projektsteuerung und -kontrolle[50].

Umseitige Abbildung verdeutlicht die Phasen der Projektorganisation:

---

[48] Steinbuch, Pitter A., Organisation, 8. Auflage, Ludwigshafen (Rhein), 1990, S. 35.

[49] Schulze, Hans Herbert, PC-Lexikon, Reinbek bei Hamburg, 1993, S. 453.

[50] Vgl.: Steinbuch, Pitter A., Organisation, 8. Auflage, Ludwigshafen (Rhein), 1990, S. 36 f.

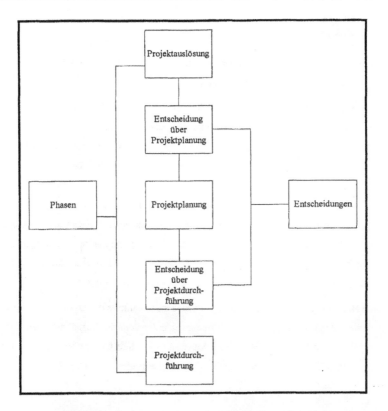

Abbildung 6[51] : Phasen und Entscheidungen der Projektorganisation

Nachdem der Projektauftrag definiert ist und die groben Zielvorstellungen hinsichtlich der Realisierungsmöglichkeiten und die Nutzungspotentiale des neuen DV-Anwendungssystems entwickelt worden sind, folgt die Phase der Ist-Analyse[52] .

---

[51] Quelle: Steinbuch, Pitter A., Organisation, 8. Auflage, Ludwigshafen (Rhein), 1990, S. 37.
[52] Vgl.: Stahlknecht, Peter, Einführung in die Wirtschaftsinformatik, 6. Auflage, Berlin-Heidelberg, 1993, S. 233.

2.3.2 Ist-Analyse

Die Phase der Ist-Analyse ist nach der Definition von Hans Herbert Schulze ein „Teilprozeß der Systementwicklung bei komplexen Anwendungen.

Die Ist-Analyse dient dazu, die realen Verhältnisse in einem Anwendungsgebiet genau kennen zu lernen, um vor allem die unterschiedlichen Datenarten und -mengen sowie die Kommunikationsbeziehungen genau zu erfassen. Sie erfolgt meist als erster Teilschritt der Systementwicklung, häufig sogar noch in der Phase der Voruntersuchung (Projektorganisation).

Die wichtigsten Methoden der Ist-Analyse sind Beobachtung und Befragung der Mitarbeiter, die im Anwendungsbereich tätig sind und diesen am besten kennen. Das Ergebnis der Ist-Analyse sind Diagramme, aus denen einerseits Datenströme mit ihren jeweiligen Mengen hervorgehoben werden (Mengengerüst) und in denen auch die kommunikativen Beziehungen zwischen Einzelbereichen und auch Nachbarbereichen aufgezeigt sind.

Da die Befragung meist die im Vordergrund stehende Methode der Ist-Analyse ist, ist auch der Aufbau des Fragebogens von Bedeutung. Er untersucht die Verhältnisse am einzelnen Arbeitsplatz, ihre Objekte (z.B. Belege, Karteien usw.), ihre Querbeziehungen zu anderen Arbeitsplätzen (Kommunikation) und die Menge der auftretenden Daten"[53].

Zur Beschreibung der Phase Ist-Analyse ist es sinnvoll, diese in

- Zielsetzung,

- Inhalt der Erhebung,

- Erhebungstechniken,

- Darstellungstechniken und

- Analyse

zu untergliedern.

---

[53] Schulze, Hans Herbert., PC-Lexikon, Reinbek bei Hamburg, 1993, S. 315.

2.3.2.1 Zielsetzung

„Die Ist-Analyse hat das Ziel, als Voruntersuchung

- die Schwachstellen der bestehenden Ablauforganisation herauszuarbeiten und damit

- die Voraussetzungen für die Entwicklung und Einführung eines neuen DV-Anwendungssystems zu schaffen.

Sie besteht aus zwei Teilen, nämlich

- der Erhebung (synonym: Erfassung) und Beschreibung des Ist-Zustands und

- der Analyse und Bewertung des Ist-Zustands.

Zu Beginn der Ist-Analyse ist festzulegen,

- welche Angaben erhoben werden sollen,

- welche Techniken der Erhebung anzuwenden sind und

- in welcher Form die Ergebnisse der Erhebung dargestellt werden sollen

Die Phase Ist-Analyse wird mit einem schriftlichen Bericht abgeschlossen. Dieser Bericht muß mit den Mitarbeitern der untersuchten Stellen im Detail abgestimmt werden, um unvollständige oder falsche Darstellungen und Fehlinterpretationen zu vermeiden.

Bereits vor der Ist-Analyse sollte man sich, falls das in der Phase Projektbegründung ohnehin nicht bereits geschehen ist, auf dem Hard- und Softwaremarkt, auf Messen und Ausstellungen oder bei befreundeten Firmen derselben Branche über das Angebot an Problemlösungen, über bereits realisierte DV-Anwendungssysteme für vergleichbare Arbeitsabläufe und über Erfahrungen der Benutzer informieren. Die Ist-Analyse kann dadurch wesentlich zielgerichteter vorgenommen werden. [...]

Im Hinblick auf die nachfolgende Phase Grobkonzept ist zu empfehlen, Verbesserungs-vorschläge schon bei der Ist-Analyse aufzugreifen und - zunächst außerhalb des Abschluß-berichtes dieser Phase - zu notieren"[54].

„Alle Ergebnisse werden möglichst genau in einem Pflichtenheft dokumentiert, um die An-forderungen an die Software für den praktischen Einsatz zu beschreiben"[55].

Unter einem Pflichtenheft versteht man eine systematische Zusammenstellung der gesamten Anforderungen an ein Computersystem, die erfüllt werden müssen, um sicherzustellen, daß das System den Zweck, für den es eingesetzt wird, auch erfüllen kann.

Die Anforderungen und Bedingungen hängen im einzelnen von den Aufgaben ab, die mit dem Computer übernommen werden sollen. Im Pflichtenheft sind die Anforderungen hin-sichtlich der Soft- und Hardware sowie sonstiger Einsatzbedingungen, Preise, Systemwar-tung, Programmpflege etc., die evtl. auch nach Erwerb des Systems durch den Lieferanten zu leisten sind, enthalten[56].

2.3.2.2 Inhalt der Erhebung

Vor der eigentlichen Erhebung ist hier erst einmal an Hand des Projektauftrages zu bestim-men,

- welche betrieblichen Arbeitsgebiete erhoben und analysiert werden sollen (z.B. Fakturie-rung, Finanzbuchhaltung, Fertigungssteuerung etc.) und

- welche Stellen bzw. Abteilungen dazu untersucht werden müssen (Personalabteilung, Einkauf, Verkauf usw.).

-

Nach der Durchführung dieser Abgrenzung sind dann explizit:

- die Arbeitsabläufe mit ihrem zeitlichen Verlauf sowie den beteiligten Stellen,

- die Schnittstellen zu internen und externen Stellen,

- das Mengengerüst aller benutzten Daten,

---

[54] Stahlknecht, Peter, Einführung in die Wirtschaftsinformatik, 6. Auflage, Berlin-Heidelberg,1993, S. 247 f.

[55] Mertens/Bodendorf/König/Picot/Schumann, Grundzüge der Wirtschaftsinformatik, 2. Auflage, Berlin-Heidelberg, 1992, S.159.

[56] Vgl.: Schulze, Hans Herbert, PC Lexikon, Reinbek bei Hamburg, 1993, S. 421.

- die Kosten zu erheben.

Zur Erhebung des Mengengerüstes ist insbesondere die ABC-Analyse (Klassifizierung der Angaben hinsichtlich ihrer Bedeutung) zu empfehlen. Aufgrund dieses Verfahrens ist es möglich, Wesentliches vom Unwesentlichen zu trennen, die Festlegung von Schwerpunkten der Rationalisierungsarbeiten, eine Steigerung der Wirtschaftlichkeit anzustreben und eine Vermeidung von ökonomisch nicht effizienten Anstrengungen zu erreichen.

Die Wertmäßige Einteilung ergibt, daß

- etwa 15% der Güter etwa 80% Anteil am Gesamtwert haben (A-Güter),

- etwa 35% der Güter etwa 15% Anteil am Gesamtwert haben (B-Güter),

- etwa 50% der Güter etwa 5% Anteil am Gesamtwert haben (C-Güter).

Es wird klar ersichtlich, daß im allgemeinen die A-Güter primär zu beachten sind, da sie den größten Wert besitzen, während die C-Güter die geringste Bedeutung haben.

Zusätzlich zur ABC-Analyse kann man auch eine XYZ-Analyse aufstellen, die die Artikel nach ihrem Bedarf einteilt. Die X-Teile sind sehr sicher zu prognostizieren, während die Y-Teile mit einem höheren Risiko und die Z-Teile sehr ungenau einzuschätzen sind[57].

Ein für die Erhebung des Ist-Zustandes charakteristischer Fragenkatalog ist in folgender Tabelle beschrieben:

Wer liefert welche Daten ?
Wer erstellt welche Belege ?
Wer erfaßt welche Daten ?
Wer bearbeitet welche Daten ?
Wer benutzt welche Daten und auf welche Art und Weise ?
Wer erhält welche Auswertungen und wozu ?

Tabelle 3[58] : Inhalt der Erhebung

---

[57] Vgl.:   Oeldorf Gerhard/ Olfert Klaus, Materialwirtschaft, 6. Auflage, Ludwigshafen, 1993, S. 85 ff.
[58] Quelle: Stahlknecht, Peter, Einführung in die Wirtschaftsinformatik, 6. Auflage, Berlin-Heidelberg, 1993, S. 249.

2.3.2.3 Erhebungstechniken

Als relevante Techniken können herangezogen werden:

- Unterlagenstudium,

- Fragebogen,

- Interview,

- Konferenz,

- Beobachtung,

- Selbstaufschreibung,

- Schätzungen,

- Stichprobenerhebungen,

- Brainstorming.

Beim *Unterlagenstudium* werden die Informationen aus Bilanzen, Geschäftsberichten, Datenflußplänen, Programmablaufplänen, Handbücher, Datenschutz- und Datensicherungsmaßnahmen, Hardware- und Systemsoftwarevoraussetzungen, Eingabemasken etc. gewonnen und anschließend analysiert.

Der Nachteil liegt hier in der relativ geringen Anzahl von Antworten auf konkrete projektbezogene Fragen, der Vorteil in der breiten Informationsbasis, allein aufgrund der vielen Informationsquellen.

Die Effizienz der Technik des *Fragebogens* bzw. der *schriftlichen Befragung* hängt von dem Umfang der Befragung, der Satzlänge und -komplexität, Kontroll- und Aufwärmfragen[59] ab, des weiteren von einer logischen Struktur des Fragebogens.

Als Nachteile sind hier die meist unbefriedigende Rücklaufquote sowie die begrenzte Aussagefähigkeit durch unehrliche oder abgesprochene Antworten zu erwähnen sowie die

---

[59] Der Befragte soll durch leichte Fragen für das eigentliche Interview „aufgewärmt" werden und seine „Ehrlichkeit" durch Kontrollfragen überprüft werden.

mangelnde Schnelligkeit der Durchführung. Tendenziell ist die schriftliche Befragung jedoch wenig kostenintensiv und somit billiger als die meisten anderen Erhebungstechniken.

Das *Interview* bzw. die *mündliche Befragung* gilt als die vorherrschende und ergiebigste Erhebungstechnik. Der Interviewer befragt einen Gesprächspartner an Hand eines Fragebogens, indem er die Fragen vorliest und die erhaltenen Antworten einträgt.

Nachteilig ist bei dieser Technik der Interviewereinfluß oder der Einfluß anwesender anderer Personen auf den Befragten und höhere Kosten, allein durch den Interviewereinsatz, wobei jedoch die Vorteile in Form von Genauigkeit, Detaillierungsgrad, Schnelligkeit bei der Durchführung sowie hohe Rücklaufquoten überwiegen. Die Effizienz bzw. die Qualität der Befragung hängt von denselben Kriterien ab wie bei der schriftlichen Befragung.

Die *Konferenz* ist eine Diskussionsrunde auf einer bestimmten betrieblichen Ebene. Unterschieden werden Dienst- oder Chefbesprechungen. Auch hier hängt die Wirksamkeit von einem strukturierten Fragen- und Themenkatalog, von der effizienten Auswahl der Konferenzteilnehmer sowie einer kompetenten Diskussionsleitung ab.

Die *Beobachtung* ist eine optische Aufnahme und Interpretation von Arbeitsabläufen. Die Stärken dieser Technik liegen in der Verzichtbarkeit der Auskunftbereitschaft der betreffenden Personen und in der Möglichkeit, die Beobachtungen in der natürlichen Umwelt durchführen zu können. Negativ ist, daß die Ursachen des beobachteten Verhaltens unerkannt bleiben können sowie die mögliche Beeinflussung bei einer teilnehmenden Beobachtung, d.h. der Beobachtete ist sich im klaren über die stattfindende Beobachtung. Hinzu kommen die rechtlichen Begrenzungen bezüglich der Privatsphäre.

Bei der Methode der *Selbstaufschreibung* bringen die Mitarbeiter der untersuchten Stellen selbst ihre Feststellungen zu Papier, vorrangig Zeiten und Mengen. Von Vorteil ist der geringe Aufwand und damit die geringen Kosten der Erhebung sowie die Aufdeckung von evtl. lange nicht bedachten oder bemerkten Mängeln. Wohingegen sich die Subjektivität der beteiligten Mitarbeiter negativ auswirken könnte und zwar in Form von übergenauer Selbstaufschreibung und damit natürlich längerer Auswertungszeiten, womit der Vorteil fast schon wieder neutralisiert wird.

Stichprobenerhebungen schließen an Hand von Teilerhebungen auf die Gesamtmasse, während *Schätzungen* bzw. *Prognoseverfahren* bewußte und systematische Vorausschätzungen zukünftiger Entwicklungen darstellen, i.d.R. auf der Basis von Vergangenheitswerten.

Der Vorteil liegt hier bei der Tatsache, daß nur ein Prozentsatz der zu befragenden Grundgesamtheit zu erheben ist.

Der Nachteil hierbei ist, daß man eine relativ hohen Aufwand zu betreiben hat sowie die Gefahr der Subjektivität gegeben ist, da zu wählen ist, wie hoch die Wahrscheinlichkeit sein soll, von der die Stichprobe abhängt, von der Fehlertoleranz und von der Verteilung der tatsächlichen Anteilsmerkmale der Grundgesamtheit.

Das *Brainstorming* fundiert auf der Grundlage der freien Meinungsäußerung.

Quantität steht vor Qualität. In kleinen Gruppen sollen spontan von den einzelnen Teilnehmern Ideen zu vorgegebenen Problemstellungen entwickelt werden. Verbesserungsvorschläge zu diesen Ideen sind erwünscht, jedoch keine Wertung der Ideen durch andere Teilnehmer. Die Vorschläge werden protokolliert und anschließend, nach der Brainstormingsitzung, vom Projektmanagement auf seine Tauglichkeit hin geprüft.

Der positive Aspekt ist bei dieser Methode die große Anzahl von Vorschlägen; allerdings kann deren Beurteilung und Bewertung erst zu einem späteren Zeitpunkt erfolgen und stellt damit den Nachteil dieses Verfahrens dar[60].

2.3.2.4 Darstellungstechniken

Die Qualität einer Erhebung hängt entscheidend von der Präsentation ihrer Ergebnisse ab.

Wichtig ist daher eine übersichtliche, gut strukturierte und leicht nachvollziehbare Darstellungsweise der erarbeiteten Ergebnisse. Dies kann graphisch, tabellarisch, sprachlich oder auch durch eine Kombination der genannten Möglichkeiten erfolgen.

Generell wird zwischen traditionellen und modernen Techniken differenziert. Im nachfolgenden jedoch werden vorerst nur die traditionellen Techniken näher erläutert, da die modernen Darstellungstechniken, auch als Entwurfssprachen bezeichnet, zu den Methoden und

---

[60] Vgl.:   Stahlknecht, Peter, Einführung in die Wirtschaftsinformatik, 6. Auflage, Berlin-Heidelberg, 1993, S. 252 ff.
Scharnbacher, Kurt, Statistik im Betrieb, 7. Auflage, Wiesbaden, 1989, S. 17.
Bruhn, Manfred, Marketing, Sonderausgabe, Wiesbaden, 1990, S. 88 ff.
Weis, Hans Christian, Marketing, 8. Auflage, Ludwigshafen (Rhein), 1993, S. 103 ff.

Verfahren der Softwareentwicklung gerechnet werden und deshalb erst in den Gliederungs-
punkten 2.3.4 und 2.3.5 zwecks der besseren Nachvollziehbarkeit behandelt werden.

Die traditionellen Darstellungstechniken untergliedern sich in:

- Kästchendiagramme bzw. Organigramme für Organisationsstrukturen,

- Rasterdiagramme und Datenflußpläne für Arbeitsabläufe,

- Programmablaufpläne und Entscheidungstabellen für Verarbeitungsregeln,

- Balkendiagramme und Netzpläne für zeitlich terminierte Abläufe und

- Tabellen und Präsentationsgraphiken für Mengengerüste.

Ein *Organigramm*, welches auch als Organisationsschaubild oder Organisationsplan etc.
bezeichnet werden kann, ist eine graphische Darstellung der Aufbauorganisation. Es stellt
also z.B. die hierarchische Organisation eines Betriebes dar, angefangen bei den Sachbear-
beitern bis zur Geschäftsleitung.

Rasterdiagramme sind besonders für die Darstellung der sog. Vorgangsbearbeitung geeignet. Hierfür werden Tabellen verwendet, in denen die einzelnen Arbeitsschritte bzw. Tätigkeiten sowie die dazugehörigen Arbeitsplätze erfaßt und dargestellt werden. Der Arbeitsfluß
verläuft im Normalfall von oben nach unten, wie aus umseitiger Beispieltabelle ersichtlich
wird.

Tätigkeit Nr.	Vertrieb Sachbearbeiter	Vertrieb Schreibdienst	Vertrieb Fakturierung	Versand	Buchhaltung
1	Auftrag annehmen				
2	Lieferfähigkeit prüfen				
3	Falls nein: Notiz schreiben				
4		Absage schreiben			
5	Falls ja: Rechnungsdaten zusammenstellen				
6			Rechnung schreiben		
7			Rechnungs- sätze ver- teilen		
8				Lieferung zusammen- stellen	
9					Rechnungs- summe bu- chen

Tabelle 4[61] : Arbeitsablauf in Rasterdarstellung (Auftragsbearbeitung)

---

[61] Quelle: Stahlknecht, Peter, Einführung in die Wirtschaftsinformatik, 6. Auflage, Berlin-Heidelberg, 1993, S. 256.

Die derzeit in der Praxis am häufigsten eingesetzte Darstellungstechnik für Abläufe ist der sog. *Datenflußplan*. Hierbei werden fünf Arten von Sinnbildern verwendet, die Bearbeitungs-, die Daten-, die Datenfluß-, die Kombinations- und die Formalsymbole.

Datenflußpläne zeigen den Datenfluß durch ein DV-Anwendungssystem an Hand von Symbolen und von Pfeilen. Analog wird für Datenfluß auch der Begriff Kontrollfluß benutzt. Er zeigt demnach den optimalen Fluß der Informationen durch die einzelnen Stationen eines Arbeitsbereiches. Dadurch ist er die Grundlage für die Systementwicklung.

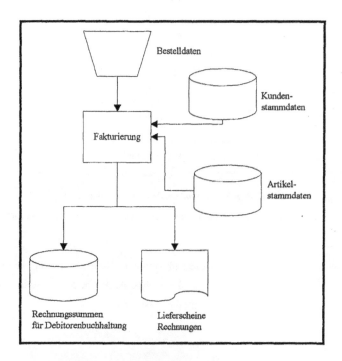

Abbildung 7[62] : Datenflußplan (Vorfakturierung)

Die Reihenfolge der Operationen wird durch die *Programmablaufpläne* beschrieben, d.h. der vom Programmierer entwickelte logische Plan des zukünftigen Programmablaufes, genau entsprechend dem Algorithmus, welcher eine durch ein Computersystem zu lösende Aufgabe beschreibt.

---

[62] Quelle: Stahlknecht, Peter, Einführung in die Wirtschaftsinformatik, 6. Auflage, Berlin-Heidelberg, S. 257.

Entscheidungstabellen werden verwendet, um die Entscheidungssysteme zusammengefaßt darzustellen. Angewendet auf die Ist-Analyse kann hiermit die Logik, die Vollständigkeit und die Widerspruchsfreiheit der entsprechenden Entscheidungssysteme untersucht und damit geprüft werden. Mit ihrer Hilfe können demnach sämtliche Entscheidungsfolgen dargestellt werden.

	R1	R2	R3	R4
Artikel lieferbar	J	J	N	N
Kundenbonität o.k.	J	N	J	N
per Rechnung liefern	X			
per Nachnahme liefern		X		
Artikel nachbestellen			X	X
telephonischer Zwischenbescheid			X	
schriftlicher Zwischenbescheid				X

Tabelle 5[63] : Entscheidungstabelle (Auftragsbearbeitung)

Säulendiagramme bzw. *Balkendiagramme* werden angewendet, wenn die darzustellenden Daten in Form von einzelnen, durch bestimmte Intervalle getrennten Werten vorliegen[64].

Die Entscheidung, welche Darstellungstechnik verwendet werden soll, hängt von der Aufgabenstellung der Erhebung respektive der Ist-Analyse ab. An Hand der gewählten Darstellungsmethode erfolgt nun die Analyse der erhobenen Daten.

---

[63] Quelle: Stahlknecht, Peter, Einführung in die Wirtschaftsinformatik, 6. Auflage, Berlin-Heidelberg, 1993, S. 257.
[64] Vgl.:   Stahlknecht, Peter, Einführung in die Wirtschaftsinformatik, 6. Auflage, Berlin-Heidelberg, 1993, S. 254 ff.
               Steinbuch, Pitter A., Organisation, 8. Auflage, Ludwigshafen (Rhein), 1990, S. 220 ff.
               Schulze, H. H., PC-Lexikon, Reinbek bei Hamburg, 1993, S. 158 und 433.
               Leierer, Gudrun Anna, Excel 4 für Windows, 1. Auflage, Düsseldorf, 1992, S. 249.

2.3.2.5 Analyse des Ist-Zustandes

„Analyse ist die systematische Untersuchung eines Gegenstandes oder Sachverhalts hinsichtlich aller einzelnen Komponenten oder Faktoren, die ihn bestimmen"[65].

Der Zweck der Analyse ist die Aufdeckung und Erkennung von Schwachstellen sowie die Bewertung des Ist-Zustandes.

Die Schwachstellen können in

- der Aufgabenerfüllung, wie z.B. unausgelastete Maschinenkapazitäten in der Fertigung,

- den Auswirkungen als sog. Folgeschäden, wie z.B. Wiederholungsläufe im Rechenzentrum oder Mehrfachbearbeitung von Belegen oder

- der Wirtschaftlichkeit, wie z.B. zu hoher Materialverbrauch etc.

entstehen.

Werden in diesen Bereichen Schwachstellen aufgedeckt, so ist nach den Ursachen bzw. Gründen zu forschen, und zwar bei

- den Sachmitteln,

- den Bearbeitern,

- den Arbeitsabläufen,

- den Daten oder in

- der innerbetrieblichen Kommunikation entstehen.

Die Bewertung des Ist-Zustands erfolgt nach quantifizierbaren und nicht quantifizierbaren Mängeln[66].

quantifizierbare Mängel	schwer oder nicht quantifizierbare Mängel
• Inventurdifferenzen	• Unvollständigkeit der Daten
• betriebliche Stillstandszeiten	• ungenügende Kostenkontrolle
• entgangene Aufträge	• mangelnde Datenaktualität
• nicht ausgenutztes Skonti	• unzureichende Aussagefähigkeit der Daten
• etc.	• etc.

Tabelle 6[67] : quantifizierbare und schwer oder nicht quantifizierbare Mängel

---

[65] Duden, Das Fremdwörterbuch, 4. Auflage, Mannheim, 1982, S. 61.
[66] Vgl.: Stahlknecht, Peter, Einführung in die Wirtschaftsinformatik, 6. Auflage, Berlin-Heidelberg,1993, S. 258 ff.

Aufgrund der großen Zahl an systematischen Schwachstellenanalysen bzw. an Methoden der Ist-Analyse sollen hier nur einige der bekanntesten genannt werden:

- Kommunikationsanalyse,

- Arbeitsverteilungsanalyse,

- Wertanalyse bei Aufgaben und Abläufen,

- DIN 69910,

- Brainstorming,

- ABC-Analyse,

- Multimomentaufnahme,

- Netzplantechnik.

Gegenstand der *Kommunikationsanalyse* ist die Untersuchung des Informationsaustausches innerhalb der einzelnen Stellen hinsichtlich der Häufigkeit und Dauer. Dies kann von den betreffenden Stellen selbst durchgeführt werden, z.B. durch notieren der Anzahl und Dauer der Kontakte bei Telephongesprächen, Besuchen, Schriftverkehr etc. Die festgestellten Kommunikationsbeziehungen können anschließend graphisch in sog. Kommunikations-matrizen, -spinnen oder -netzen dargestellt werden.

Die Frage, wer ist in welchem Umfang an welchen Teilaufgaben beteiligt, wird an Hand der *Arbeitsverteilungsanalyse* geklärt. Es erfolgt entweder eine Untersuchung aller Aufgaben eines einzelnen Mitarbeiters mittels einer Vertikalanalyse oder es wird nur eine Analyse der Beteiligung eines Einzelnen an einer Aufgabe durch die Horizontalanalyse durchgeführt.

Die *Wertanalyse bei Aufgaben und Abläufen* bezweckt die Verbesserung von Organisati-onsstrukturen, Arbeitsqualität, Arbeitsbedingungen und Abläufen bei Projekten sowie eine Verkürzung der Durchlaufzeiten von Projekten, eine Verminderung der Arbeitsbelastung bei der Projektdurchführung und allgemein eine Kontrolle der Aufgaben und Arbeitsergeb-

---

[67] Quelle: Stahlknecht, Peter, Einführung in die Wirtschaftsinformatik, 6. Auflage, Berlin-Heidelberg,1993, S. 259 f.

nisse hinsichtlich ihrer Notwendigkeit, Umfang und Perfektion bei der Durchführung, demzufolge eine Kosten-Nutzen-Analyse.

Die Methode nach *DIN 69910* wird durch eine quantifizierte Zielvorgabe, durch eine funktionsorientierte Betrachtungsweise, durch ein systematisches und schrittweises Vorgehen sowie durch ein interdisziplinäres Teamworking[68] bei der Erarbeitung von Problemlösungen charakterisiert.

Die Techniken des *Brainstorming* und der *ABC-Analyse* wurden bereits im Abschnitt 2.3.2.2 und 2.3.2.3 erläutert.

Die *Multimomentaufnahme* ist ein Stichprobenverfahren, welches statistisch gesicherte Mengen- und Zeitangaben aufgrund der Augenblickbetrachtung liefert. Explizit erhält man hiermit Informationen über den Zeitbedarf bestimmter Tätigkeiten, Arbeitsauslastung und -belastung, Störungen, Probleme etc.[69]

Die *Netzplantechnik* ermöglicht die Darstellung von Arbeitsabläufen und ist somit ein Instrument der Planung, Steuerung und Ablaufkontrolle komplexer Projekte mit einer größeren Anzahl durchzuführender Arbeitstätigkeiten.
Die einzelnen Arbeitsgänge und ihre Anfangs- und Endzeitpunkte, untergliedert in spätester und frühester Anfangs- und Endzeitpunkt, werden in ihrer Reihenfolge logisch und übersichtlich dargestellt. Anschließend wird der sog. kritische Pfad errechnet, d.h. es wird die Reihenfolge errechnet, deren Verzögerung auch den Endtermin des Projektes verzögern würde, was wiederum bedeutet, daß in diesem Pfad keine Pufferzeiten[70] existieren, wodurch auch keine Verschiebung möglich ist. Nicht kritische Vorgänge sind dann eben innerhalb gewisser Pufferzeiten verschiebbar[71].

---

[68] Die Zusammenarbeit mehrer Disziplinen betreffend.

[69] Vgl.: End/Gotthardt/Winkelmann, Softwareentwicklung, 5. Auflage, Berlin-München, 1986, S. 119 ff.

[70] Pufferzeiten bedeuten einen zeitlichen Spielraum, ohne daß sich die Gesamtdauer des Projektes verändert.

[71] Vgl.: Wöhe, Günther, Einführung in die allgemeine Betriebswirtschaftslehre, 16. Auflage, München ,1986, S. 150.

2.3.3 Grobkonzept

Nach der Aufnahme des Ist-Zustandes erfolgt eine Aufstellung der Soll-Anforderungen an die neu zu entwickelnde Software respektive an das neue System, um die Abweichungen zwischen Ist-Zustand und Soll-Konzept zu erkennen und zu beseitigen.

Dabei untergliedert Peter Stahlknecht die Phase Grobkonzept in die

- Konzeptentwicklung,

- Wirtschaftlichkeitsvergleiche und

- Präsentation.

2.3.3.1 Konzeptentwicklung

„In der Phase Grobkonzept (andere Bezeichnungen: Soll-Konzept, Grobentwurf) ist in Form eines schriftlichen Projektberichts ein grobes Konzept (Rahmenvorschlag) für das neue DV-Anwendungssystem zu entwickeln. Dabei soll auch herausgestellt werden, ob und wie sich die in der Ist-Analyse aufgezeigten Mängel beseitigen lassen.

Hauptaufgabe der Phase Grobkonzept ist es, die Benutzeranforderungen an das neue DV-Anwendungssystem zu erfassen und zu beschreiben (Anforderungsdefinition, Bedarfsbeschreibung). Die Gesamtheit der Anforderungen wird als Spezifikation bezeichnet.

Festzusetzen sind

- im fachinhaltlichen Entwurf, WAS das DV-Anwendungssystem leisten soll (sog. funktionale Anforderungen) und

- im DV-technischen Entwurf, WIE das DV-Anwendungssystem realisiert werden soll.

Eine Arbeitsgruppe der Gesellschaft für Informatik e.V. hat die Gesamtheit der Anforderungen wie folgt gegliedert:

- funktionale Anforderungen (Leistungsumfang, Eingaben, Ausgaben),

- Qualitätsanforderungen[72],

---

[72] Vgl.: Abschnitt 2.3.5.2.

- Anforderungen an die Realisierung (Hardware, Programmierung, Schnittstellen),

- Anforderungen an die Einführung (Test, Freigabe, Schulung, Betreuung),

- Anforderungen an die Projektentwicklung (Projektauflagen).

Die Methoden, Beschreibungsmittel und Werkzeuge zur Erhebung, Formulierung und Analyse der Benutzeranforderungen werden unter dem Oberbegriff Requirements Engineering (RE) zusammengefaßt. Im einzelnen gehören dazu

- Techniken zur Erhebung der Benutzerwünsche,

- Hilfsmittel zur Formulierung und Beschreibung der Anforderungen sowie

- Verfahren zur manuellen und zur computergestützten Überprüfung von Soll-Konzepten, z.B. hinsichtlich Vollständigkeit und Widerspruchsfreiheit.

Die Erhebungstechniken für die Benutzeranforderungen sind weitgehend identisch mit denen zur Erhebung des Ist-Zustands. Nach der Erhebung, Formulierung, Analyse und Koordinierung der Benutzeranforderungen wird ein schriftlicher Katalog aller Leistungsanforderungen zusammengestellt. Dieser Katalog wird als Pflichtenheft bezeichnet"[73].

Im sog. Lastenheft wird beschrieben, was das System leisten sollte. Das Pflichtenheft dagegen enthält die explizite Angabe, was das System leisten soll. Dem Sinn entsprechend spricht man hier auch von dem sog. RE-Lebenszyklus mit den Phasen der Ermittlung, der Analyse und der Formulierung der Anforderungen.

---

[73] Stahlknecht, Peter, Einführung in die Wirtschaftsinformatik, 6. Auflage, Berlin-Heidelberg,1993,S. 260 f.

Welchen Anforderungen der fachinhaltliche und der DV-technische Entwurf entsprechen muß, wird in folgender Tabelle verdeutlicht:

fachinhaltlicher Entwurf	DV-technischer Entwurf
• Anforderungen an den Leistungsumfang des DV-Anwendungssystems (d.h. welche Aufgaben und betrieblichen Arbeitsabläufe das DV-System übernehmen soll) • Anforderungen an die Schnittstellen, über die der Benutzer mit dem DV-System kommuniziert	• funktions-, daten- oder objektorientierte[74] Vorgehensweise • Hardware, d.h. neue od. benutzte Rechner, welche Peripheriegeräte und welche Kommunikationseinrichtungen • Darstellungstechniken (Datenflußpläne, Programmablaufpläne etc.) • Programmiersprachen (BASIC, PASCAL, C, COBOL etc.) • Software-Entwicklungswerkzeuge, wie die Beschreibung der Dialogabläufe, Muster für Formulare und dergleichen sowie Dokumentationshinweise und Qualitätsanforderungen

Tabelle 7[75] : die fachinhaltlichen und DV-technischen Anforderungen im Grobkonzept

Unter funktionsorientierter Vorgehensweise versteht man die Beschreibung der einzurichtenden Dateien und unter datenorientierter Vorgehensweise die Beschreibung der Datenstrukturen (z.B. als ER-Diagramme) und der einzurichtenden Datenbank(en) einschließlich der zugehörigen Dateien bzw. Relationen[76].

„Die Darstellungstechniken sind dieselben wie die zur Beschreibung des Ist-Zustands oder des System- bzw. Programmentwurfs. Generell bezeichnet man alle grafischen, tabellarischen und sprachlichen Hilfsmittel, mit denen die Anforderungen an ein DV-Anwendungssystem spezifiziert werden, als Spezifikationssprachen. Formale Beschreibungssprachen (z.B. PSL / PSA = Problem Statement Language / Problem Statement Analyzer) haben sich als nicht praktikabel erwiesen.

---

[74] Vgl.:   Abschnitt 2.3.5.5.5.
[75] Quelle: Stahlknecht, Peter, Einführung in die Wirtschaftsinformatik, 6. Auflage, Berlin-Heidelberg,1993, S. 261 f.
[76] Vgl.:   Stahlknecht, Peter, Einführung in die Wirtschaftsinformatik, 6. Auflage, Berlin-Heidelberg, 1993, S. 262.

Weiterhin werden für den Auftraggeber (Anwender), der an Hand des Grobkonzepts eine Entscheidung über die Weiterführung des DV-Projekts treffen muß, folgende Angaben benötigt:

- Entwicklungsaufwand (Projektkosten),

- Personalbedarf (Anzahl, Qualifikation),

- grober Zeitplan für die Entwicklung und Einführung,

- Schulungsaufwand für die Benutzer,

- Kosten für zusätzliche Hardware (z.B. Datenendgeräte oder für größere Plattenspeicher) und Kommunikationseinrichtungen (z.B. Anmietung einer Direktverbindung),

- einmalige Anschaffungs- und Umstellungskosten (z.B. bauliche Maßnahmen, Verkabelung),

- laufende Betriebskosten (Rechnernutzung, Lizenzgebühren für Software, Datenübertragung),

- Folgekosten (z.B. für Datenpflege und Programmwartung),

- mögliche Einsparungen an Personal und Sachmitteln,

- erwarteter Nutzen.

Das Grobkonzept kann alternative Vorschläge - möglicherweise auch mit Prioritäten - enthalten, beispielsweise

- zu verschiedenen Realisierungsstufen der Benutzeranforderungen (zu empfehlen ist eine Trennung in Muß-, Soll- und Kann-Anforderungen),

- zu unterschiedlichen Nutzungsformen der Programme (z.B. Dateneingabe im Dialog und Verarbeitung im Stapelbetrieb oder voller Dialogbetrieb),

- zur Datenorganisation (Datei- oder Datenbankorganisation),

- zur Datenhaltung (zentral oder verteilt) oder

- zur Datenausgabe (z.B. Berichte periodisch oder nur bei gravierenden Plan-/ Ist-Abweichungen).

Sämtliche Alternativen sind hinsichtlich der Kosten, des Personalbedarfs und der zeitlichen Realisierung gegenüberzustellen. In einer Durchführbarkeitsprüfung (feasibility study) ist festzustellen, ob es überhaupt sinnvoll ist, die vorgeschlagenen Alternativen unter den gegebenen personellen, technischen und organisatorischen Voraussetzungen zum gegenwärtigen Zeitpunkt zu realisieren. Vielleicht ist es zweckmäßig, die Entscheidung für eine bestimmte Zeit zurückzustellen, beispielsweise

- weil im Unternehmen grundlegende (struktur-)organisatorische Maßnahmen bevorstehen (Divisionalisierung, Firmenzukäufe, Fusion usw.),

- weil der Hardware-Hersteller ein leistungsfähigeres Datenbankverwaltungssystem in Aussicht gestellt hat,

- weil auf dem Softwaremarkt ein geeignetes Software-Entwicklungswerkzeug vorgestellt worden ist,

- weil die vorgesehenen Projektbearbeiter erst geschult werden müssen,

- weil eine Softwarefirma ein auf das Unternehmen zugeschnittenes Branchenpaket angekündigt hat,

- weil grundlegende Änderungen in den Tarifverträgen oder in der Steuergesetzgebung bevorstehen,

- weil die TELEKOM eine neue Entgeltgestaltung für die öffentlichen Datennetze beabsichtigt,

- weil vorläufig nicht mit einer Einwilligung der Personalvertretung zu rechnen ist oder

- weil einige Projektgegner demnächst in den Ruhestand treten werden.

Einen optimalen Zeitpunkt für die Einführung eines neuen DV-Anwendungssystems gibt es wegen des hohen Entwicklungstempos der Informatik nicht. Das Zurückstellen von Entscheidungen ist oft nur ein Vorwand, um das DV-Projekt überhaupt nicht weiterzuführen"[77].

„Wichtig ist, daß nicht nur die Ist-Probleme erkannt werden, sondern daß vor allem die Wird-Probleme - also die Probleme, die im Projektverlauf zu erwarten sind - Beachtung

---

[77] Stahlknecht, Peter, Einführung in die Wirtschaftsinformatik, 6. Auflage, Berlin-Heidelberg,1993, S. 262 f.

finden. Es bietet sich an, die bei der Zielbildung erarbeiteten Sollvorgaben für das Ge-samtprojekt den aus der Ist-Aufnahme stammenden Ist- und Wird-Größen gegenüberzustel-len. Abweichungen deuten Probleme an, deren Ursachen näher zu analysieren sind. Gege-benenfalls ist noch einmal in die Ist-Aufnahme zurückzuspringen.

Zwei Kernbereiche müssen bei der Problemanalyse besonderes Gewicht erhalten:

- Die Feststellung und Analyse von Soll-Ist-Abweichungen bei den benötigten/ verfügba-ren Ressourcen, da bei zu großer Unterdeckung das Scheitern des Projektes vorpro-grammiert ist.

- Die Analyse der personalen Situation gemäß Fähigkeiten, Einstellungen und Macht. Sollte sich beispielsweise zeigen, daß insbesondere die Machtträger den Methoden ab-lehnend gegenüberstehen, so hat dies u.U. gravierende Folgen für die weitere Projektpla-nung"[78].

„Die Hauptschwierigkeit beim Beschreiben von Anforderungen liegt oft darin, daß das Verständnis zwischen den späteren Benutzern in den Fachabteilungen und den informa-tionsverarbeitungsorientierten Systementwicklern divergiert. Der Fachabteilungsmitarbeiter ist gewohnt, in seiner anwendungsbezogenen Fachwelt zu denken, wohingegen das Personal der IV-Abteilung eher technisch orientiert ist. Daher muß eine für beide Seiten verständliche Ausdrucksform gefunden werden"[79].

2.3.3.2 Wirtschaftlichkeitsvergleiche

Hierbei findet ein ökonomischer Vergleich des alten und neuen Systems statt.

Der Begriff der „Wirtschaftlichkeitsrechnung wird in der Literatur teilweise als synonymer Begriff für Investitionsrechnung verwendet. Andererseits wird die Wirtschaftlichkeits-rechnung auch als weitergehende Rechnung verstanden, bei der an Hand bestimmter Wirt-schaftlichkeitskriterien einzelne Bereiche des Betriebes - im Zeitablauf, im Vergleich zu

---

[78] Bauermann, Ralf, Die Implementierung organisatorischer und softwaretechnologischer Methoden und Techniken: Probleme und Lösungsansätze, Frankfurt a.M., 1988, S. 229 f.

[79] Mertens/Bodendorf/König/Picot/Schumann, Grundzüge der Wirtschaftsinformatik, 2. Auflage, Berlin-Heidelberg, 1992, S. 169.

Vorgabewerten oder zu anderen Betrieben - untersucht und miteinander verglichen werden"[80].

Grundsätzlich stehen die zwei Verfahrensarten des reinen Kostenvergleichs und des Kosten-Nutzen-Vergleichs zur Verfügung.

Bei den Kosten[81] muß zwischen den einmaligen (z.B. einmalige Entwicklungskosten) und den laufenden (z.B. jährliche Systemwartung) unterschieden werden.

Die Wirtschaftlichkeitsrechnung unterscheidet die statischen und die dynamischen Methoden, welche im folgenden kurz erläutert werden, ohne daß auf die einzelnen, speziellen Rechnungen eingegangen wird.

Die Kostenvergleichsrechnung z.B. stellt eine statische Methode dar, wobei die Zeit keine Rolle spielt, d.h. die Zeit hat keinen Einfluß auf den Wert einer Größe.

Bei diesem Verfahren wird die Vorteilhaftigkeit einer Investition durch Vergleich der Kosten zweier verschiedener Investitionsobjekte, Produktionsverfahren oder auch Softwareentwicklungen etc. ermittelt.

Die Nachteile der statischen Vergleichsrechnung liegen darin, daß der eigentliche Nutzen außer acht gelassen wird und daß die Kosten für neue Systeme, die bisher noch nicht auf dem Markt angeboten wurden, nicht verglichen werden können.

Bei den dynamischen Methoden wird im Gegensatz zu den statischen auch die Verzinsung und damit auch die Zeit berücksichtigt, wodurch aufeinanderfolgende Jahre vergleichbar gemacht werden können. Bekannte Verfahren sind hier z.B. die Kapitalwertmethode und die Methode des internen Zinsfußes. Als nachteilig anzusehen ist hier, daß die dynamischen Verfahren sich ausschließlich auf monetäre[82] Kriterien beschränken.

---

[80] Lücke, Wolfgang, Investitionslexikon, München, 2. Auflage, 1991, S. 414.

[81] „Kosten sind der bewertete Verzehr an Gütern und Dienstleistungen zur Erstellung und zum Absatz der betrieblichen Erzeugnisse sowie zur Aufrechterhaltung der Betriebsbereitschaft".
Lücke, Wolfgang, Investitionslexikon, München, 2. Auflage, 1991, S. 234.

[82] Geldlich, die Finanzen betreffend.
Vgl.: Der Duden, Das Fremdwörterbuch, 4. Auflage, Mannheim, 1982, S. 501.

Ist es notwendig, neben der Systemeinführung, zusätzlich Hardware anzuschaffen, so muß die geeignete Finanzierungsform, je nach den individuellen Gegebenheiten, gewählt werden und zwar zwischen Kauf, Miete und Leasing[83].

Der Begriff des Nutzen eines DV-Anwendungssystems wird, wie bereits in Abschnitt 2.3.2.5 bei den Mängeln, unterschieden in quantifizierbaren und nicht quantifizierbaren Nutzen. Das Problem jedoch liegt darin, daß der quantifizierbare Nutzen nicht immer monetär bewertbar ist.

Die Bewertbarkeit des nicht quantifizierbaren Nutzens stellt das Hauptproblem dar, da dieser monetär nicht bewertbar ist, was wiederum bedeutet, daß logischerweise auch kein Kosten-Nutzen-Vergleich möglich ist.

Die mathematischen Verfahren sind hier die Multifaktorenmethode oder die Nutzwertanalyse bzw. Scoring-Verfahren. Letzteres wird hauptsächlich zum Vergleich von Alternativen und zur Auswahl von Standardsoftware eingesetzt, während Ersteres einen Kriterienkatalog darstellt, mit welchem sich beurteilen läßt, ob das neue DV-System Verbesserungen oder Verschlechterungen gegenüber den bisherigen Arbeitsabläufen bringt. Die Nutzwertanalyse bzw. das Scoring-Modell erfolgt mit einer Punktbewertung von Kriterien[84].

---

[83] Vermietung bzw. Verpachtung von langlebigen Investitions- und Konsumgütern.
    Lücke, Wolfgang, Investitionslexikon, 2. Auflage, München, 1991, S. 249.
[84] Vgl.:   Stahlknecht, Peter, Einführung in die Wirtschaftsinformatik, 6. Auflage, Berlin-Heidelberg, 1993, S. 264 ff.
             End/Gotthardt/Winkelmann, Softwareentwicklung, 5. Auflage, Berlin-München, 1986, S. 134ff und S. 501 ff.

Die beiden folgenden Abbildungen verdeutlichen noch einmal den Zusammenhang von Kosten und Nutzen.

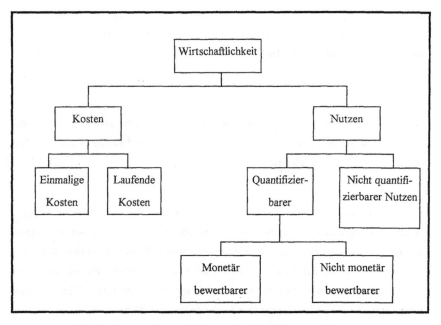

Abbildung 8[85] : Struktur von Wirtschaftlichkeitsanalysen

	Monetär bewertbar	Monetär nicht bewertbar
Quantifizierbarer Nutzen	Reduzierung Überstunden Materialeinsparung Personalverringerung	Rückgang Kundenreklamation Weniger Terminüberschreitungen Schnellere Angebotsbearbeitung
Nicht quantifizierbarer Nutzen		Erhöhung Datenaktualität Verbesserte Informationen Gesteigertes Unternehmensimage

Tabelle 8[86] : Nutzenkategorien von DV-Anwendungssystemen

---

[85] Quelle: Stahlknecht, Peter, Einführung in die Wirtschaftsinformatik, 6. Auflage, Berlin-Heidelberg,1993, S. 266.
[86] Quelle: Stahlknecht, Peter, Einführung in die Wirtschaftsinformatik, 6. Auflage, Berlin-Heidelberg,1993, S. 266.

„Generell kann Nutzen aus den klassischen Wirtschaftlichkeitsfaktoren Kosteneinsparung und Produktivitätssteigerung oder aus strategischen Effekten resultieren. Spektakuläre Kosteneinsparungen und Produktivitätssteigerungen wie in den Anfangsjahren des DV-Einsatzes, in denen die Datenverarbeitung für die Massendaten der betriebswirtschaftlichen Routinearbeiten (Buchhaltung, Lohnabrechnung usw.) eingeführt wurde, sind heute durch neue DV-Anwendungssysteme nicht mehr zu erwarten. In den Unternehmen wird von vornherein ein fester Kostenblock für die Informationsverarbeitung eingeplant"[87].

2.3.3.3 Präsentation

Da am Ende der Phase Grobkonzept eine Entscheidung über Eigenentwicklung oder Fremdbezug der Software zu erfolgen hat, muß eine Präsentation der bisherigen Untersuchungsergebnisse im Kreis der beteiligten Personen und Fachabteilungen stattfinden.

Diskutiert werden sollen hier vor allem auch Lösungsalternativen.

Die Präsentationstechnik - wie z.B. durch Overheadprojektoren, Graphikdarstellungen in Form von Statistiken, Tabellen, Diagramme und insbesondere durch die multimediale Anwendungen mit speziellen Präsentationsprogrammen wie PowerPoint, Harvard Graphics, Freelance Graphics, Presentations, Sunrise etc. sowie Beamer - ermöglicht eine anschauliche Darstellung von Ergebnissen[88].

2.3.4 Detailentwurf bzw. DV-technischer Feinentwurf

Um mit der Phase Detailentwurf beginnen zu können, muß eine vom Arbeitgeber bestätigte Spezifikationsdokumentation vorliegen. Hierbei werden alle Anforderungen an das Softwareprodukt und die -entwicklung sowie deren Abstimmung zwischen Auftraggeber und Entwickler erfaßt. Dieser Schritt besteht im allgemeinen aus mehreren Einzelschritten, in welchen dann step by step verfeinernd die Lösung erarbeitet wird. Als Ergebnis erhält man

---

[87] Stahlknecht, Peter, Einführung in die Wirtschaftsinformatik, 6. Auflage, Berlin-Heidelberg,1993,S. 268.
[88] Vgl.:   Stahlknecht, Peter, Einführung in die Wirtschaftsinformatik, 6. Auflage, Berlin-Heidelberg,1993, S. 269.
             Schulze, Hans Herbert, PC-Lexikon, Reinbek bei Hamburg, 1993, S. 431.

die Spezifikation für das Verfahren. Es geht nun nicht mehr um fachliche, sondern um rein DV-technische Belange[89].

„Ziele der Phase Detailentwurf (detail design) sind die Entwicklung eines strukturierten Systementwurfs und die Erarbeitung von detaillierten Vorgaben für die nachfolgende Phase Programmierung/ Test (Realisierung) in Form eines erneuten Pflichtenhefts (Programmspezifikation)"[90].

Die Phase Detailentwurf wird untergliedert in den Systementwurf und die Programmspezifikation.

2.3.4.1 Systementwurf

„Ein strukturierter Systementwurf entsteht durch Detaillierung der in der Phase Grobkonzept entwickelten Spezifikation, insbesondere des DV-technischen (Grob-)Entwurfs, und durch eine systematische, strukturierte Vorgehensweise nach bestimmten Richtlinien und mit Hilfe ausgewählter Methoden.

Grundsätzlich wird ein vollständiger, übersichtlicher und widerspruchsfreier Systementwurf nur dann entstehen, wenn bei seiner Entwicklung nach einem festen Prinzip vorgegangen wird. Die beiden Grundprinzipien sind top down-Entwicklung und bottom up-Entwicklung.

Hans Herbert Schulze definiert die Top-Down-Technik (schrittweise Verfeinerung) als „ein Verfahren zur Systementwicklung und Programmierung. Dabei wird ein komplexer Sachverhalt oder Prozeß gedanklich in logische Untereinheiten gegliedert. Diese werden weiter untergliedert usw., bis der gesamte Komplex in kleinste und in ihrem logischen Zusammenhang überschaubare Einheiten zerlegt ist. Die Technik wird in der strukturierten Systementwicklung und der strukturierten Programmierung eingesetzt"[91].

---

[89] Vgl.:   Rothhard, Günter, Praxis der Softwareentwicklung, Berlin, 1987, S. 170.
              End/Gotthardt/Winkelmann, Softwareentwicklung, 5. Auflage, Berlin und München, 1986, S. 234 ff.
[90] Stahlknecht, Peter, Einführung in die Wirtschaftsinformatik, 6. Auflage, Berlin-Heidelberg,1993,S. 270.
[91] Schulze, Hans Herbert, PC-Lexikon, Reinbek bei Hamburg, 1993, S. 540.

Der Nachteil dieser Technik besteht zum einen in unzweckmäßigen Dekompositionen durch unzureichende Detailkenntnisse und zum anderen darin, daß der Entwickler dazu verleitet wird, notwendige Entscheidungen in tiefe Ebenen zu verschieben[92].

„Bei der Bottom-up-Strategie wird zunächst aufgrund persönlicher Erfahrungen nach einer kurzen Analyse oder einfach intuitiv der Rahmen für das Entwicklungsprojekt abgesteckt. In diesem Rahmen werden die benötigten Grundfunktionen realisiert, wobei soweit wie möglich auf Bibliotheken mit Standardfunktionen zurückgegriffen wird. In jedem Entwicklungsschritt erfolgt eine Synthese von Komponenten einer Ebene zu Komponenten einer darüberliegenden Ebene.

Diese Strategie ist zwar recht einfach anzuwenden, da an den Entwickler in puncto Abstraktionsvermögen nur geringe Anforderungen gestellt werden; sie führt jedoch häufig zu Systemen, die den Vorstellungen des Benutzers nur bedingt genügen, da entweder übergeordnete Systemaspekte nur unzureichend berücksichtigt sind oder aber das aus den Grundfunktionen zusammengesetzte System letztlich nicht zur Lösung der Aufgaben des Benutzers verwendet werden kann. Um dieser Gefahr zu begegnen, tendieren viele Entwickler dazu, den Rahmen des Projekts zunächst möglichst weit zu fassen, um so in jedem Fall alle Anforderungen abdecken zu können. Ein solches Vorgehen führt dann natürlich zwangsläufig zu einem unerwünschten Produktivitätsverlust"[93].

Meistens wird die bottom up-Technik bei nicht exakt beschriebenen Aufgabenstellungen eingesetzt, da diese noch nicht vollständig bekannt sind oder noch Änderungen erwartet werden. Der Entwickler geht von unten nach oben vor und beginnt mit den Programmteilen auf der untersten Stufe, von denen er annimmt, daß sie zur Lösung des Problems beitragen. Sie kann beim Entwurf von großen Programmsystemen durchaus effizient eingesetzt werden, bei der Programmentwicklung innerhalb eines Programms jedoch hat sie meist eine unsystematische Vorgehensweise zur Folge und unterliegt deshalb bei einem direkten Vergleich der entgegengesetzten top down-Technik[94].

---

[92] Vgl.: Schönthaler / Ne'meth, Software-Entwicklungswerkzeuge: Methodische Grundlagen, 2. Auflage, Stuttgart, 1992, S. 17 f.

[93] Schönthaler / Ne'meth, Software-Entwicklungswerkzeuge: Methodische Grundlagen, 2. Auflage, Stuttgart, 1992, S. 18.

[94] Kurbel, Karl, Programmentwicklung, 5. Auflage, Wiesbaden, 1990, S. 53 f.

„Beide Prinzipien basieren auf einem dritten Prinzip, dem der Modularisierung. Modularisierung bedeutet, daß das Gesamtsystem

- entweder in Teilsysteme zerlegt wird (top down-Entwicklung)

- oder aus Teilsystemen zusammengesetzt wird (bottom up-Entwicklung).

Ein Modul repräsentiert in der Regel eine abgeschlossene Aufgabe, der entweder eine einzige Funktion oder mehrere Funktionen, die jedoch mit denselben Daten arbeiten, sich gegenseitig bedingen oder unmittelbar nacheinander ausgeführt werden, entsprechen.

Module sollten sich gegenseitig nicht beeinflussen, d.h. bei eigenen Änderungen die anderen Module unverändert lassen. Als Grundregel gilt, daß ein Modul, um spätere Programmfehler zu minimieren, möglichst wenige Schnittstellen nach außen, d.h. zu anderen Modulen besitzen soll. Ein Modul soll wie eine Black Box nur erkennen lassen, was es leistet, jedoch nicht, wie es intern arbeitet (`information hiding´ oder Geheimnisprinzip nach PARNAS). In der Programmierpraxis ergibt sich die Abgrenzung der Module meistens aus den Funktionen des fachinhaltlichen Entwurfs in Kombination mit einer Beschränkung der aus dem DV-technischen Entwurf resultierenden Modulgröße.

Das Prinzip der top down-Entwicklung (top down design) wird in Verbindung mit dem Prinzip der Modularisierung wie folgt angewandt:

- Die Gesamtfunktion des DV-Anwendungssystems wird `von oben nach unten´ in Module mit Teilfunktionen zerlegt, die die Gesamtfunktion vollständig erfüllen (`Dekomposition´).

- Jedes der entstandenen Module wird in gleicher Weise weiter zerlegt (`schrittweise Verfeinerung´).

- Das Verfahren wird fortgesetzt, bis eine Ebene von Modulen erreicht ist, für die in der aktuellen Phase des Systementwicklungsprozesses keine weitere Zerlegung erforderlich ist.

Das Ergebnis dieser Vorgehensweise ist ein vertikal[95] strukturierter Systementwurf. Entsprechend der Forderung nach gegenseitiger Nichtbeeinflussung ist die Struktur auf den horizontalen Ebenen so zu gestalten, daß Module derselben Ebene eindeutig gegeneinander

---

[95] Vertikal bedeutet senkrecht.

abgegrenzt und gegenseitige Beziehungen möglichst ausgeschlossen werden, d.h. weitgehend eine hierarchische Struktur erreicht wird"[96].

Für das Prinzip des strukturierten Systementwurfs wurden zahlreiche Methoden und Verfahren entwickelt, welche u.a. auch von Softwareentwicklungswerkzeugen unterstützt werden. Im einzelnen sollen hier folgende Techniken kurz beschrieben werden:

- ER-Diagramme (Entity-Relationship-Modell),

- Entscheidungstabellen,

- HIPO (Hierarchy plus Input Process Output),

- SADT (Structured Analysis and Design Technique),

- Strukturierte Analyse (SA = Structured Analysis)

- Strukturierter Entwurf (SD = Structured Design) und

- Petri-Netze.

Für einen Teil der dargestellten Methoden sind eigene Darstellungstechniken kennzeichnend (vgl. Abschnitt 2.3.2.4).

„Sie lassen sich weiterhin danach unterscheiden, ob sie der Darstellung

- die System- bzw. Programmfunktionen mit oder ohne Berücksichtigung der Arbeits- bzw. Programmabläufe,

- den Datenfluß oder

- eine Kombination von Funktionen bzw. Abläufen und Datenflüssen

zugrunde legen"[97].

Während sich SA und SD am Datenflußplan orientieren, richten sich HIPO und SADT nach dem Arbeitsablauf. Die Petri-Netze wiederum beziehen sich auf die Beschreibung nebenläufiger bzw. paralleler Prozesse.

---

[96]   Stahlknecht, Peter, Einführung in die Wirtschaftsinformatik, 6. Auflage, Berlin-Heidelberg,1993, S. 270 f.
[97]   Stahlknecht, Peter, Einführung in die Wirtschaftsinformatik, 6. Auflage, Berlin-Heidelberg,1993, S. 272.

Unter einem *ER-Diagramm* bzw. einem *Entity-Relationship-Modell* versteht man eine Software-Entwurfsmethode, mit welcher eine Entwicklung komplexer Programme möglich wird. Grundlage ist das Modell der relationalen Datenbanksysteme (die Verknüpfung der Sätze erfolgt nicht nur auf Satzebene sondern auch auf Feldebene, wobei unter einem Datensatz die logische Untereinheit einer Datei gleichstrukturierter Sätze und unter einem Feld eine Einheit einer Tabelle, welche durch Zeilen und Spalten festgelegt ist und Werte aufnehmen kann, verstanden wird). Aufgrund seiner graphischen Darstellungsweise durch die Entity-Relationship-Diagramme, seiner klaren Definition und die daraus resultierende Benutzerfreundlichkeit wird es gegenwärtig als das geeignetste Beschreibungsverfahren angesehen, um der Problematik der Modellierung der Realität und die explizite Berücksichtigung semantischer[98] Zusammenhänge gerecht zu werden.

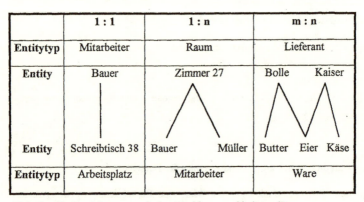

	1 : 1	1 : n	m : n
Entitytyp	Mitarbeiter	Raum	Lieferant
Entity	Bauer	Zimmer 27	Bolle Kaiser
Entity	Schreibtisch 38	Bauer Müller	Butter Eier Käse
Entitytyp	Arbeitsplatz	Mitarbeiter	Ware

Tabelle 9[99] : Beziehungen zwischen Entities verschiedenen Typs

[98] Semantik ist die Beziehung zwischen dem Befehlswort und der Elementarfunktion, die der Rechner ausführen kann.
     Vgl.: Schulze, Hans Herbert, PC-Lexikon, Reinbek bei Hamburg, 1993, S. 488.
[99] Quelle: Stahlknecht, Peter, Einführung in die Wirtschaftsinformatik, 6. Auflage, Berlin-Heidelberg, 1993, S. 199.

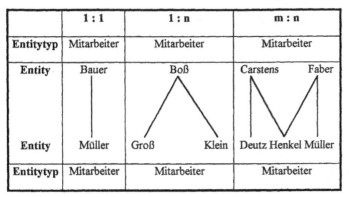

	1 : 1	1 : n	m : n
Entitytyp	Mitarbeiter	Mitarbeiter	Mitarbeiter
Entity	Bauer	Boß	Carstens Faber
Entity	Müller	Groß Klein	Deutz Henkel Müller
Entitytyp	Mitarbeiter	Mitarbeiter	Mitarbeiter

Tabelle 10[100] : Beziehungen zwischen Entities[101] gleichen Typs

Die Technik der *Entscheidungstabellen* wurde bereits in Abschnitt 2.3.2.4 näher erläutert.

Die Methode *HIPO* stellt eine Kombination der Top-Down-Technik mit dem EVA-Prinzip (EVA-Prinzip der Datenverarbeitung, d.h. Eingabe - Verarbeitung - Ausgabe der Daten; dieses Prinzip gilt für alle Rechnerklassen) dar und verwendet Hierachie-, Übersichts- und Detaildiagramme zur Umsetzung von komplexen Aufgabenbereichen in ein ablauffähiges Programm. Hierbei strukturiert das Hierarchiediagramm die Systemfunktionen ohne die Abläufe dabei zu berücksichtigen.

Das Verfahren *SADT* ist eine strukturierte Analyse- und Entwurfstechnik zur System-entwicklung. Sie dient hauptsächlich bei komplexen Anwendungen als Grundlage der Pro-grammierung aufgrund der graphischen Darstellung von Ablauf- und Datenstrukturen. Ihr Vorteil liegt in der universellen Verwendbarkeit, der Nachteil ist die relativ geringe Mög-lichkeit, Änderungen vorzunehmen.

---

[100] Quelle: Stahlknecht, Peter, Einführung in die Wirtschaftsinformatik, 6. Auflage. Berlin-Heidelberg, 1993, S. 199.

[101] Die Entität bezeichnet hierbei den Inhalt eines Datensatzes, d.h. eine Zeile einer Tabelle entspricht einem Datensatz bzw. einer Be-schreibung eines Datenobjektes durch die Zusammenfassung zusammengehörender Dateneigenschaften.

Die *Strukturierte Analyse* basiert auf folgenden vier Darstellungsarten:

- dem Datenflußdiagramm,

- dem Datenverzeichnis,

- dem Datenstrukturdiagramm und

- der Prozeßspezifikation.

Mit der Top-Down-Technik werden die schrittweise verfeinerten Datenflußdiagramme angelegt. Anschließend werden die Daten, Datenflüsse und Prozesse im Datenverzeichnis beschrieben. Die Beziehungen (*relations*) zwischen den Dateien, die für das Anwendungssystem angelegt wurden, werden durch das Datenstrukturdiagramm gekennzeichnet. Abschließend erfolgt die Prozeßspezifikation, welche die Beschreibung der Operationen darstellt. Sie ergibt sich aus der untersten Stufe des Datenflußdiagramms, beispielsweise mit Hilfe von Entscheidungstabellen.

Die Strukturierte Analyse stellt zwar am Anfang hohe Anforderungen an die beteiligten Mitarbeiter, der Vorteil jedoch liegt in der Strukturiertheit, Lesbarkeit und Pflegeleichtigkeit der entstehenden Komponenten sowie in der niedrigen Fehleranfälligkeit.

Die gleichen Darstellungstechniken werden beim *Strukturierten Entwurf* verwendet. Lediglich der Strukturplan wird hinzugefügt. Dieser beschreibt graphisch die Zerlegung des DV-Anwendungssystems in Module. Dadurch kommt die Verbindung zur funktionsorientierten Darstellungsform zustande.

In der Praxis hat sich eine Kombination von Top-Down-Technik und Bottom-Up-Technik erfolgreich durchgesetzt und bewährt. Zunächst erfolgt top down der Systementwurf, was der Analyse entspricht, und darauf bottom up die schrittweise Realisierung oder auch Synthese. Man spricht hierbei von einem Gegenstromverfahren.

den in mehrere Klassen unterteilt. Im Hinblick auf die gebräuchlichen Stellen-/ Transitions-netze stellen die Knoten des Netzes entweder Zustände oder Aktionen dar[102].

„Petri-Netze (1962 von C.A. Petri entwickelt) eignen sich zur Modellierung, Analyse und Simulation von dynamischen Systemen mit nebenläufigen und nichtdeterministischen Vor-gängen. Ein Petri-Netz ist ein gerichteter Graph, der aus zwei verschiedenen Sorten von Knoten besteht, aus Stellen und Transitionen. Eine Stelle entspricht einer Zwischenablage für Informationen, eine Transition beschreibt die Verarbeitung von Informationen"[103].

„In einem Petri-Netz unterscheidet man aktive und passive Komponenten. Aktive Kompo-nenten entsprechen informationsverarbeitenden Funktionen, die man Instanzen nennt, sie werden durch Rechtecke dargestellt. Passive Komponenten sind informationstragende Me-dien und werden Kanäle genannt, welche durch Kreise symbolisiert sind.

Die Dynamik in einem Petri-Netz läßt sich durch sogenannte Marken ausdrücken. Marken werden bei der Aktivierung bzw. der Deaktivierung einer Instanz von den vorausgegang-enen an die nachfolgenden Kanäle weitergeleitet. Durch die Angaben von Marken ist ein konkreter Systemzustand abbildbar.

Petri -Netze sind durch ihr Verhalten implizit parallel bzw. verteilt. Überträge auf die Mo-dellierung eines parallelen bzw. verteilten Systems stellen die Instanzen Prozesse bzw. Threads und die Kanäle Synchronisations-, Kommunikations- und Migrationsmechanismen dar. Synchronisations-, Kommunikations- und Migrationsmechanismen sind als passiv anzu-sehen, da sie nicht unmittelbar zur Leistung des Systems beitragen.

Zusätzliche statische und dynamische Konstrukte können den Entwurf mittels Petri-Netze unterstützen. Die statischen Konstrukte sind: Hierarchisierung und schrittweise Verfeine-rung. Die dynamischen Konstrukte werden durch die Aufrufbarkeit von Netzen verdeutlicht.

Bei der Modellierung eines parallelen bzw. verteilten Systems ist es wichtig, Dead- und Livelocks auszuschließen. Livelocks sind in einem Petri-Netz durch tote Instanzen bzw. Konfliktsituationen, Deadlocks dadurch gekennzeichnet, daß keine Instanzen mehr aktivier-bar sind"[104].

---

[102] Vgl.:   Stahlknecht, Peter, Einführung in die Wirtschaftsinformatik, 6. Auflage, Berlin-Heidelberg,1993, S. 15 und 272 ff.
         Schulze, Hans Herbert, PC-Lexikon, Reinbek bei Hamburg, 1993. S. 540, 101. 488,248, 162.
         End/Gotthardt/Winkelmann, Softwareentwicklung, 5. Auflage, Berlin und München, 1986, S. 234 ff.
         Ferstl Otto K./Sinz J. Elmar, Grundlagen der Wirtschaftsinformatik, Band 1, München, 1993, S. 19ff.
[103] Balzert, Helmut, CASE - Systeme und Werkzeuge, 5. Auflage, Mannheim, 1993, S. 61 f.
[104] Simon, Manfred, CASE-Werkzeuge, Wiesbaden, 1992, S. 347 f.

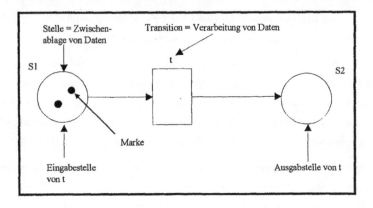

Abbildung 9[105] : Die Terminologie bei Petrinetzen

„Ein Petri-Netz ist ein gerichteter Graph, der aus zwei verschiedenen Sorten von Knoten besteht, aus *Stellen* und *Transitionen*. Eine Stelle entspricht einer Zwischenablage für Informationen, eine Transition beschreibt die Verarbeitung von Informationen. Stellen (auch Plätze genannt) werden durch Kreise, Transitionen (auch Hürden genannt) durch Balken oder Rechtecke dargestellt. Die Kanten dürfen jeweils nur von einer Sorte zu anderen führen. Kanten, die von Stellen zu einer Transition t laufen, heißen *Eingabestellen* von t. Stellen, zu denen von t aus Kanten führen, heißen *Ausgabestellen* von t [...].

Zur Beschreibung der dynamischen Vorgänge in einem Petri-Netz werden die Stellen mit Objekten belegt. Diese werden durch die Transitionen weitergegeben. Ein Petri-Netz heißt **Bedingungs-/ Ereignis-System**, wenn die Objekte vom Datentyp *boolean* sind. Handelt es sich bei dem Datentyp um natürliche Zahlen, dann liegt ein **Stellen-/ Transitionen-Netz** vor. In beiden Fällen werden die Objekte als **Marken** bezeichnet und kleine schwarze Kreise in die Stellen des Petri-Netzes eingetragen [...]"[106] .

An Hand der erarbeiteten Ergebnisse respektive Anforderungen an das Anwendungssystem in der Phase Grobkonzept bezüglich des fachlichen und dv-technischen Entwurfs, erfolgt die Programmspezifikation.

Hierbei wird ein neues Pflichtenheft, bestehend aus detaillierten Vorgaben, für die an-

---

[105] Quelle: Balzert, Helmut, CASE - Systeme und Werkzeuge, 5. Auflage, Mannheim, 1993, S. 62.
[106] Balzert, Helmut, CASE - Systeme und Werkzeuge, 5. Auflage, Mannheim, 1993, S. 62.

schließende Phase Programmentwicklung aufgestellt. Die Programmspezifikation wird dahingehend ausgerichtet.

In Betracht kommen die folgenden Möglichkeiten:

- der Einsatz von einem Software-Entwicklungswerkzeug,

- eine höhere Programmiersprache auf der Grundlage der Datenorganisation und / oder

- der Einsatz eines Datenbanksystems mit der zugehörigen Datenbanksprache (z.B. SQL[107]).

Folgende Vorgaben sind, basierend auf dem EVA-Prinzip der Datenverarbeitung, festzulegen[108]:

Vorgaben	Inhalte
Datenorganisation	• Festlegung der Nummernsysteme, Definition und Aufbau der Schlüssel, Einrichtung von Matchcodes (sekundärer Ordnungsbegriff) • Dateiorganisation • Zugriffsrechte • Datenbankorganisation
Eingabe	• Herkunft der Eingabedaten • Ablauforganisation der Datenerfassung bzw. -eingabe • Prüfziffern- und Kontrollrechnungen, Fehlermeldungen, Fehlerhinweise • Formularfestlegung bei halbdirekter Dateneingabe und von Erfassungsbelegen, Menüs und graphische Oberflächen bei direkter Dateneingabe
Verarbeitung	• Betriebsarten und Nutzungsformen • Programmablaufpläne • Beschreibung von Bearbeitungs- und >Berechnungsvorgängen • Vereinbarungen über Fehlerhinweise und HELP-Funktionen • Formulierung aller vorgesehenen Abfragen und Auswertungen im Dialogbetrieb
Ausgabe	• Organisation der Druckausgabe, Formatgestaltung von Drucklisten • Schriftqualität und Schrifttypen, Festlegung der Schnittstellen für die Datenweitergabe • Vorschriften für den Datenträgeraustausch oder Datenübertragung

Tabelle 11[109]: Vorgaben für die Phase Programmentwicklung

---

[107] Structuered Query Language, Datenbankabfragesprache.
[108] Vgl.:   Stahlknecht, Peter, Einführung in die Wirtschaftsinformatik, 6. Auflage, Berlin-Heidelberg,1993, S. 277 ff.
              Schulze, Hans Herbert, PC-Lexikon, Reinbek bei Hamburg, 1993, S. 364
[109] Quelle: Stahlknecht, Peter, Einführung in die Wirtschaftsinformatik, 6. Auflage, Berlin-Heidelberg,1993, S. 278 f.

2.3.5 Grundlagen der Programmentwicklung

Sind die vorangegangenen Phasen abgeschlossen, erfolgt die eigentliche Software- bzw. Programmentwicklung, welche in Verbindung mit der Testphase auch als Realisierung bezeichnet wird.

Ein Programm ist eine syntaktische Einheit aus Befehlen und Definitionen, festgelegt nach den Regeln der jeweiligen Programmiersprache. Diese Einheit von Befehle und Definitionen umfassen alle zur Lösung einer Aufgabe durch den Computer erforderlichen Elemente.

Ein Programm setzt sich also aus einer Folge von Programmbefehlen zusammen, die in nachfolgende Grundtypen unterschieden werden:

- Ein- und Ausgabebefehle zwecks Datentransfer zwischen Zentraleinheit und Peripherie,

- Übertragungsbefehle innerhalb des Hauptspeichers für Datentransfer und Datenumformung,

- arithmetische Befehle[110],

- Befehle zur Auswertung logischer Ausdrücke, speziell Vergleichsbefehle, und

- Steuerbefehle für die Abarbeitung von Programmschleifen, zur Ausführung von Sprüngen (Sprungbefehle) und für den Aufruf von Unterprogrammen.

Effizientes und rationales Programmieren erfordert hinsichtlich einer hohen Softwarequalität vor allem

- Kenntnisse des Systementwurfs in Bezug auf die Verfahren und Regeln,

- Beherrschung einer Programmiersprache wie z.B. BASIC, C++, COBOL, PASCAL oder FORTRAN und

- intensive Programmierpraxis hauptsächlich in Verbindung mit Software-Produktionsumgebungen (vgl. Abschnitt 2.3.5.3)[111].

---

[110] Die Arithmetik befaßt sich mit bestimmten und allgemeinen Zahlen, Reihentheorie, Kombinatorik und Wahrscheinlichkeitsrechnung. Vgl.: Der Duden, Das Fremdwörterbuch, Mannheim, 4. Auflage, 1982, S. 83.

[111] Vgl.:   Schulze, Hans Herbert, PC-Lexikon, Reinbek bei Hamburg, 1993, S. 432, 436 f.
Stahlknecht, Peter, Einführung in die Wirtschaftsinformatik, 6. Auflage, Berlin-Heidelberg,1993, S. 279 f.

2.3.5.1 Mängel der Programmentwicklung

Hier müssen die Mängel nach folgenden Kriterien unterschieden werden:

- traditionelle Mängel,

- die Softwarekrise und

- die managementbedingten Probleme bzw. Mängel.

Vor allem Karl Kurbel kritisiert die *traditionelle Programmentwicklung*:

„Die Entwicklung von Programmen, wie sie in den Anfängen der Datenverarbeitung betrieben wurde, hat weithin den Charakter einer schöpferischen, ja fast künstlerischen Tätigkeit mit der Folge, daß außer dem Autor das `Kunstwerk´ niemand so recht durchschaute.[...]

Die Nachteile einer solchen Vorgehensweise liegen auf der Hand. Das Problem wird stückweise und unsystematisch gelöst; Sonderfälle und Datenkonstellationen, die der Programmierer erst nach und nach entdeckt, müssen nachträglich berücksichtigt werden.

Durch die laufenden Erweiterungen und Änderungen wird das Programm bereits in seiner Entstehungsphase zum Stückwerk, das schwer zu überblicken ist. Besonders aufwendig ist es, den Ablauf eines unsystematisch entwickelten Programms zu verfolgen. Die ungezügelte Verwendung von Sprungbefehlen, die ein typisches Merkmal solcher Fälle darstellt, verschleiert demjenigen, der ein Programm nachvollziehen will, weitgehend die Logik des Ablaufs. Die leichte Nachvollziehbarkeit ist jedoch ein wesentlicher Gesichtspunkt für das Testen und die Wartung von Programmen. [...]

Die teils aus Bequemlichkeit, teils aufgrund formaler Restriktionen der Programmiersprache geübte Praxis, möglichst kurze Namen zu verwenden, tut ein übriges, die Verständlichkeit eines Programms zu erschweren. Auch der unvorbelastete Leser wird einsehen, daß aus einer sinnentsprechenden Namensgebung wie in dem Befehl

MOVE RECHNUNGSBETRAG TO ZWISCHENSUMME

der Zweck der Operation leichter zu erkennen ist, als es etwa bei einer Formulierung wie

MOVE Z3 TO XYZ

der Fall wäre.

Die Mängel der traditionellen Art der Programmentwicklung haben in den 70er-Jahren zu einer wissenschaftlichen Durchleuchtung des Gebietes geführt. Dabei wurden Ziele, Prinzipien und Methoden herausgearbeitet, denen die Idee eines ingenieurmäßigen Vorgehens zugrunde liegt. Dies drückt sich auch in der Bezeichnung Software Engineering für die entstandene Disziplin aus. Programme sollen hiernach nicht intuitiv und ad hoc erstellt, sondern systematisch geplant und konstruiert werden"[112].

Jürgen Raasch geht hier noch weiter, er spricht von einer regelrechten *Softwarekrise*:

„Seit vielen Jahren spricht man von einer Software-Krise und meint damit, daß Software in der Regel nicht termingerecht fertiggestellt wird, in der Entwicklung die geschätzten und genehmigten Budgets regelmäßig überschritten werden, die Wartungskosten jede Schätzung übertreffen und dies alles bei eher mangelhafter Gesamtqualität des Software-Produktes.

Jenes entspricht nämlich selten den Anforderungen des Anwenders. Funktionen werden teilweise falsch, teilweise gar nicht wahrgenommen. Informationen werden nicht in der gewünschten Form geliefert. Weiterhin ist das Software-Produkt oft unzuverlässig, hat Sicherheitslücken, produziert viel zu lange Antwortzeiten und die Entwickler selbst sind mit seinen internen Eigenschaften auch nicht zufrieden"[113].

Im Prinzip dreht es sich also um die Problempunkte Qualität, Zeit, Kosten und Wirtschaftlichkeit, wobei das *Management* eine entscheidende Rolle spielt.

„Ein Projekt ist gegeben, wenn eine definierte Aufgabe mit vorgegebenen Ressourcen zu einem vorgegebenen Termin gelöst werden soll.

Schon diese Definition (vgl. z.B. /BALZERT-82/ S. 475) enthält das Problem. In ihr ist von Qualität keine Rede. Natürlich läßt sich der Satz leicht um den Begriff der Qualität erweitern. Die Definition eines Projektes darf eben nicht nur aus der Perspektive der Entscheidungsträger vorgenommen werden, die sich schweren Herzens überreden lassen, ein Projekt zu genehmigen und die entsprechenden Mittel bereitzustellen. Das Management hält gar zu häufig die Qualität für selbstverständlich. Dafür wird doch wohl bezahlt, was Qualität auch immer sein mag. Wenn Qualität nicht erbracht wird, hat man jede Möglichkeit, Nachbes-

---

[112] Kurbel, Karl, Programmentwicklung, 5. Auflage, Wiesbaden, 1990, S. 46 f.
[113] Raasch, Jörg, Systementwicklung mit Strukturierten Methoden, 3. Auflage, München-Wien, 1993, S.1.

serungen zu fordern oder Minderung geltend zu machen. Jedenfalls glaubt das Management oft, sich über die Qualität keine besonderen Gedanken machen zu müssen.

Die Entwickler wollen natürlich Qualität erzeugen, das verlangt schon das Selbstverständnis vom Datenverarbeiter. Auch sie halten Qualität für selbstverständlich, jedenfalls im gedanklichen Raum von Arbeitsverträgen oder Kundenaufträgen. Wenn es ihnen nicht gelingt, diese Qualität zu erzeugen, dann wird das Problem bei einem selber gesucht, was an sich kein schlechter Ansatz ist. Meist wird aber nicht erkannt, was die wirklichen Ursachen mangelhafter Qualität sind. In der Absicht, Kosten zu sparen, werden Fehlsteuerungen des Projektes durch das Management unternommen, die sich katastrophal auswirken können.

- Hier ist zunächst das whiscy-Syndrom (`why isn't Sam coding yet?') zu nennen. Das Management ist oft der Ansicht, EDV-Leute seien nur produktiv, wenn sie in der Codierungsphase am Terminal sitzen und Programmcode erzeugen. Die Notwendigkeit der Erstellung eines Konzepts wird nicht hinreichend betrachtet. EDV-Projekte sind teuer, also müssen Kosten gespart werden, egal was das kostet. Und EDV-Leute, die nicht programmieren, gelten erst einmal als nicht produktiv.

- Entscheidend ist auch die Fehleinschätzung der Qualität als projektdefinierter Faktor. In dem Kräftedreieck zwischen Kosten, Qualität und Terminen kann man jeweils zwei dieser Faktoren festhalten, den dritten hat man dann nur noch schwer unter Kontrolle. [...]

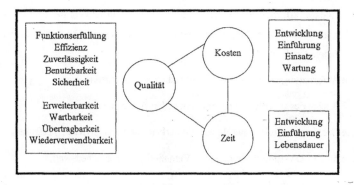

Abbildung 10[114] : Problemdreieck Qualität - Kosten - Zeit

---

[114] Quelle: Raasch, Jörg, Systementwicklung mit Strukturierten Methoden, 3. Auflage, München-Wien, 1993, S. 2.

Viele Probleme in der Systementwicklung sind also auf das Management zurückzuführen, oder wie Tom Gilb meint:

'Die einzige Person, die für einen EDV-Mißerfolg zur Verantwortung gezogen werden sollte, ist der Manager, so weit oben in der Hierarchie wie möglich' (vgl. /Gilb-88/ S. 15). [...]

Das Hauptproblem ist die geschilderte Fehlsteuerung durch das Management (whiscy-Syndrom). Dies führt dazu, daß nur vordergründig die direkt sichtbaren Kosten der Entwicklungsphase betrachtet und optimiert werden. Die Folge dieser Teiloptimierung sind erhebliche Wartungsprobleme und eine mangelnde Akzeptanz durch den Anwender"[115].

Als Lösungsansatz für das Management kann gelten:

1. Mittelbereitstellung zum Erwerb von Tools und zur Mitarbeiterschulung.

2. Schaffung von Freiräumen, damit die Mitarbeiter umlernen können.

3. Änderung der Projekte, d.h. aus Fehlern lernen[116].

2.3.5.2 Anforderungen an das Software-Produkt

„Als Ausgangspunkt für die Beschäftigung mit den Entwicklungsmethoden ist ein klarer Qualitätsbegriff erforderlich, der sich natürlich an der Anwendung der Software-Produkte und den aus dieser Anwendung resultierenden Anforderungen richten muß. Dabei sind folgende Aspekte maßgeblich:

- Die Anforderungen an Systeme mit Sicherheitsverantwortung.

- Die Rechte des Betroffenen bei kommerziellen Anwendungen.

- Die Ordnungsmäßigkeit und Revisionierbarkeit von kommerziellen Verfahren.

- Die durch EDV-Einsatz eintretenden Veränderungen der Arbeitswelt.

- Die Akzeptanz der Produkte durch den Anwender.

- Die Wirtschaftlichkeit der Produkte.

---

[115] Raasch, Jörg. Systementwicklung mit Strukturierten Methoden, 3. Auflage, München-Wien, 1993, S.1 ff.
[116] Vgl.: Raasch, Jörg, Systementwicklung mit Strukturierten Methoden, 3. Auflage, München-Wien, 1993, S. 8 f.

Durch diese Problemkreise werden Forderungen der Gesellschaft, des Bürgers, des Anwenders und des Einsatzes von Software-Produkten in Unternehmen und in der Verwaltung angesprochen, die im Hinblick auf die Tätigkeit des Analytikers und Software-Entwicklers präzisiert und operationalisiert werden müssen"[117].

Eine tiefergehende Erläuterung des oben genannten Problemkreises erfolgt im Abschnitt Qualitätssicherung.

2.3.5.3 Software-Entwicklungswerkzeuge und -Entwicklungsumgebungen

„Für die professionelle Systementwicklung sind heute eine Reihe von Entwicklungswerkzeugen (tools = Werkzeuge) geschaffen worden, die die Entwicklung vereinfachen und beschleunigen. Dazu gehören Entwurfsmethoden (Programmentwurf), Editoren, Compiler und Interpreter, Testhilfen, nichtprozedurale Programmiersprachen usw., die vor allem von Softwarehäusern eingesetzt werden. Sind alle diese Werkzeuge einheitlich zusammengefaßt, so spricht man auch von einer Entwicklungs- oder Methodendatenbank"[118].

Mittlerweile wird von den Hardware-Herstellern und von Softwarehäusern eine große Anzahl von Programmen zur Unterstützung der Softwareentwicklung unter dem Oberbegriff CASE (Computer Aided Software Engineering) angeboten. Eine eingehende Erklärung von CASE folgt im Abschnitt 2.3.5.4.

Beurteilt werden die Werkzeuge nach ihrer Einsatzfähigkeit, d.h. für welche Phase der Systementwicklung sie einsetzbar sind, darüber hinaus für wieviele Phasen, d.h. eine oder auch mehrere, sie zu nutzen sind.

Da bisher noch kein Entwicklungswerkzeug für den gesamten Software-Entwicklungsprozeß auf dem Markt erschienen ist, faßt man die jeweiligen geeigneten Werkzeuge zu einer Software-Produktionsumgebung zusammen. Man spricht hier von einer integrierten Sammlung von Werkzeugen zur Unterstützung des Software-Entwicklungsprozesses. In den USA laufen bereits Versuche, diese Entwicklungsumgebungen zu normieren.

---

[117] Raasch, Jörg, Systementwicklung mit Strukturierten Methoden, 3. Auflage, München-Wien, 1993, S. 21.
[118] Schulze, Hans Herbert, PC-Lexikon, Reinbek bei Hamburg, 1993, S. 234.

Die Werkzeuge werden in drei Kategorien eingeteilt, und zwar in die

- upper case tools (Phasen der Projektbegründung, Ist-Analyse, Grobkonzept und Detailentwurf); wie z.B. Organigramme, Datenflußpläne, ER-Diagramme usw.,

- lower case tools (Phasen der Programmentwicklung und Test); wie z.B. Compiler, Editoren etc., und in die

- Werkzeuge, welche die Organisation und Dokumentation der Entwicklung unterstützen; wie Projekt- und Konfigurationsmanagement[119].

Als Resümee gilt folgendes:

„Das Werkzeugspektrum hat sich in den letzten Jahren sehr ausgedehnt. Durch die methodischen Fortschritte im Requirements Engineering erfolgt eine Verlagerung des Entwicklungsaufwandes in die Definitionsphase. Wichtige Vorentscheidungen fallen in dieser Phase. Daher ist unbedingt zu empfehlen, durch geeignete automatische und manuelle Überprüfung das erstellte Requirements-Modell eines Systems sorgfältig zu analysieren. Analysiert man die im Markt angebotenen Werkzeuge und Verbundsysteme, dann lassen sich folgende Tendenzen feststellen:

- Die Werkzeuge unterstützen eine größere Vielfalt von Methoden, d.h. die Werkzeuganbieter setzen nicht auf eine einzige Methode, sondern auf ein Methodenbündel.

- Im Markt akzeptierte Standardmethoden werden von immer mehr Anbietern unterstützt.

- Wenn bisher bei einigen Anbietern eine eigene Methodik im Vordergrund stand, dann wird die eigene Methodik zunehmend durch Standard-Methoden ergänzt.

- Die Methode SA und ihre Erweiterungen werden immer breiter unterstützt"[120].

---

[119] Vgl.: Stahlknecht, Peter, Einführung in die Wirtschaftsinformatik, 6. Auflage, Berlin-Heidelberg,1993, S. 296 ff.
[120] Balzert, Helmut, CASE - Systeme und Werkzeuge, 5. Auflage, Mannheim, 1993, S. 114.

Nachfolgende Tabelle mit einigen Beispielen spiegelt dies wieder:

Werkzeuge	Methoden oder Basistechniken
AGE	Data Dictionary, Kontrollstrukturen, Zustandsautomaten, Petrinetze, SADT, SD, SDL, Codegenerierung
CASE	Datenflußdiagramme, Data Dictionary, ER-Diagramme, Codegenerierung, Reverse Engineering
DELTA	Funktionsbäume, Datenflußdiagramme, Data Dictionary, Jackson-Diagramm, ER-Diagramme, OO-Diagramme, Kontrollstrukturen, ET, Regeln, SA, Merise, SD, Datenabstraktion, Codegenerierung, Redocumentation, Restructuring, Reengineering
DOMINO	Funktionsbäume, Datenflußdiagramme, Data Dictionary, ER-Diagramme, Kontrollstrukturen, ET, SA, SADT, SD, Datenabstraktion, ADT
Westmount I-CASE	Datenflußdiagramme, Data Dictionary, Jackson-Diagramm, ER-Diagramme, ET, Zustandsautomaten, SA, SSADM, RT, OMT, SD, OOD, SDL, Codegenerierung, Reverse Engineering

Tabelle 12[121] : Beispiele von Basistechniken sowie ihnen zugeordnete Werkzeuge

Von existentieller Wichtigkeit bei allen Software-Entwicklungswerkzeugen ist die Benutzerschnittstelle.

Unter einer Schnittstelle (interface) versteht man den Berührungspunkt zwischen unterschiedlichen Systemen, wobei dieser entsprechend so aufgebaut ist, daß er die Differenzen dieser Systeme zum Zweck der Kommunikation miteinander ausgleicht. Die Schnittstelle unterstützt nun den Entwickler durch eine graphische oder menügesteuerte Benutzeroberfläche oder durch HELP-Funktionen etc. Wird eine Software-Produktionsumgebung benutzt, so muß die Schnittstelle einheitlich gestaltet werden[122].

„Das Problem der Interaktion zwischen Modulen wird im allgemeinen als Schnittstellenproblem bezeichnet. In umfangreichen Projekten des Software-Engineering entwickeln und implementieren verschiedene Personen verschiedene Module. Die Unabhängigkeit der Module ermöglicht dies. Der Modul-Designer kann die innere Struktur seines Moduls frei entwickeln und implementieren, ohne die anderen Module, die gerade entwickelt werden, zu berücksichtigen. Von übergeordnetem Interesse ist für ihn lediglich, daß sein Modul Informationen in einer Form empfängt und weitergibt, die für die Module, die mit ihm zusammenarbeiten, korrekt ist - wir könnten dies als Außenaspekt oder die Schnittstelle des

---

[121] Quelle: Balzert, Helmut, CASE - Systeme und Werkzeuge, 5. Auflage, Mannheim, 1993, S. 115 ff.
[122] Vgl.:   Stahlknecht, Peter, Einführung in die Wirtschaftsinformatik, 6. Auflage, Berlin-Heidelberg,1993, S. 298.
    Schulze, Hans Herbert, PC-Lexikon, Reinbek bei Hamburg, 1993, S. 479.

Moduls bezeichnen. Bedingungen, die der globale Kontext des Moduls innerhalb des Gesamtdesign an die Schnittstelle stellt, können dann wiederum der inneren Struktur eines Moduls Beschränkungen auferlegen. Der Designer kann die innere Struktur seines Designs also nur insoweit frei gestalten, als sie mit den Anforderungen an die Schnittstelle vereinbar ist. Schnittstellen-Design ist in gewissem Maß eine Vorbedingung für Moduldesign.

Die Notwendigkeit, auf allen Design-Ebenen die Kompatibilität der Modulschnittstellen herzustellen und kontinuierlich zu überprüfen, verlangt innerhalb eines Teams von Software-Technikern eine sehr intensive Kommunikation. Faktisch wird weitaus mehr Zeit mit `Kommunikation´ über das Design (Diskussion von Möglichkeiten und Entscheidungen über die Dokumentation) als mit dem tatsächlichen Entwurfsvorgang verbracht (Schätzungen, die ein Verhältnis von 9:1 zwischen Kommunikation und Designvorgang annehmen, sind nichts Ungewöhnliches).

Das Kommunikationsproblem entsteht, weil Aufgaben des Software-Engineering in der Regel zu umfangreich sind, um von einem einzigen Menschen bewältigt zu werden. Jede Design-Entscheidung, die intermodulare Auswirkungen hat, muß allen (relevanten) Teammitgliedern mitgeteilt und mit ihnen diskutiert werden. Nur die strikt intermodulare Designarbeit kann isoliert ausgeführt werden - und selbst dann diktiert das Ziel der Gesamtkonsistenz, daß jedes Teammitglied die gleichen generellen Designtechniken anwendet.

Ein neuer Ansatz zur Lösung dieses Problems wurde von IBM mit dem `Chief Programmer Team concept´ eingeführt. Gesamt-Design und Implementierung liegen in der Hand eines hauptverantwortlichen Programmierers, dem ein Team zur Seite steht, das sämtliche Nebenaufgaben übernimmt und den Stand des Projekts dokumentiert. Als Analogie ließe sich ein Operationsteam heranziehen: Der Chirurg macht alle entscheidenden Schnitte, während die anderen Mitglieder des Teams die Operation vorbereiten, die notwendigen Instrumente bereitlegen und zum Schluß alles wieder wegräumen. Die Idee scheint zu funktionieren, nur braucht man eben einen `Oberprogrammierer´. Doch auch dann, wenn sich nur noch eine Person Gedanken über die Modulinteraktion zu machen braucht, ist das Problem als solches noch nicht gelöst - es ist lediglich in einer Hand konzentriert"[123] .

---

[123] Partridge, Derek, KI und das Software-Engineering der Zukunft, Hamburg, 1989, S. 37 f.

An Hand folgender Tabelle wird der grundsätzliche Aufbau einer Software-Produktions-umgebung verdeutlicht:

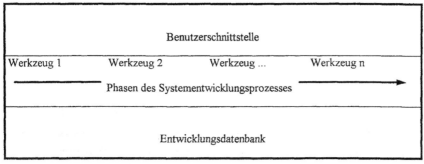

Tabelle 13[124] : Grundsätzlicher Aufbau von Software-Produktionsumgebungen

Kriterien für die Auswahl von Software-Entwicklungswerkzeugen sind:

- für welche Hardware und für welches Betriebssystem ist das Entwicklungswerkzeug gedacht,

- wie oft wurde das Werkzeug bereits installiert,

- wieviel kostet das Werkzeug,

- welche Phasen bzw. welche Funktionen soll das Werkzeug unterstützen,

- welche Methoden bzw. Verfahren soll das Werkzeug unterstützen (s. Tabelle 12),

- welche Beschreibungsmittel sollen verwendet werden,

- welche Programmiersprache wird eingesetzt,

- welche Funktionen des Projekt- und Kommunikationsmanagements sollen unterstützt werden (Netzplantechnik, Kostenplanung, Vollständigkeitsprüfung, Variantenverwaltung, Versionsverwaltung etc.),

- welche Bestandteile soll das Werkzeug aufweisen können und

- wie sieht es mit der Benutzerunterstützung aus (Mehrfachfunktionen, HELP-Funktionen, graphische Benutzeroberfläche usw.) ?

---

[124] Quelle: Stahlknecht, Peter, Einführung in die Wirtschaftsinformatik, 6. Auflage, Berlin-Heidelberg,1993, S. 299.

Statistiken beweisen: mit Entwicklungswerkzeugeinsatz läßt sich die Produktivität von Software-Entwicklung um mehr als 100 % steigern. Die Frage ist nur, wie Produktivität in den einzelnen Unternehmen wiederum definiert wird[125].

2.3.5.4 Die Software-Entwicklungsumgebung CASE

„CASE steht für Computer Aided Software Engineering und drückt aus, daß eine professionelle Software-Erstellung ohne Computerunterstützung nicht mehr möglich ist. Genauer gesagt: Ohne den Einsatz von Software-Werkzeugen. Das sind Software-Systeme, die geschaffen wurden, um die Software-Erstellung quantitativ und qualitativ zu verbessern.

Der Begriff CASE wird nicht einheitlich verwendet. Er wird oft in einem umfassenden Sinne verwendet und steht damit gleichbedeutend mit Software-Technik oder Software-Entwicklung.

Im engeren Sinne befaßt sich CASE mit allen computergestützten Hilfsmitteln - **CASE-Werkzeuge** (tools) genannt - die dazu beitragen, die Software-Produktivität und die Software-Qualität zu verbessern. In diesem engeren Sinne wird der Begriff CASE hier verwendet.

Uneinheitlich wird auch der Begriff Software-Werkzeug verwendet. In populären Zeitschriften werden unter diesem Begriff Compiler, Editoren, Dateimanagementsysteme, Graphikbibliotheken und ähnliches subsummiert. Da viele Compiler inzwischen zu umfangreichen Programmierumgebungen erweitert wurden, ist hier eine Abgrenzung auch schwierig. Da jedoch eine Software-Entwicklung ohne einen Übersetzer, einen Editor, einen Linker bzw. Binder und einen Debugger prinzipiell nicht möglich ist, wird diese Software hier nicht zu den Software-Werkzeugen gezählt.

Strikt getrennt vom CASE-Begriff werden hier die Methoden. Methoden können auch unabhängig von CASE-Werkzeugen eingesetzt werden"[126].

---

[125] Vgl.: Stahlknecht, Peter, Einführung in die Wirtschaftsinformatik, 6. Auflage, Berlin-Heidelberg,1993, S. 298 f.

[126] Balzert, Helmut, CASE - Systeme und Werkzeuge, 5. Auflage, Mannheim, 1993, S. 123.

Nachfolgend wird CASE an Hand der Kriterien

- CASE-Zielsetzung,

- Gründe für den Einsatz von CASE,

- CASE-Umgebung,

- CASE-Werkzeugkategorien,

- Faktoren der CASE-Auswahl,

- Vorgehensweise,

- Postulate an die CASE-Praxis

näher charakterisiert.

„Die *Zielsetzung von CASE* besteht vornehmlich darin, den Lebenszyklus der Software-Erstellung und -Pflege kostengünstiger, zeitsparender und rationeller zu gestalten. Mit Hilfe strukturierter Ansätze, wie sie im Rahmen des Software-Engineering gefordert werden, soll gute Software-Qualität kostengünstig erzeugt werden. In der überwiegenden Mehrzahl der Fälle wird CASE im Zusammenhang mit der Entwicklung kaufmännischer, kommerzieller Software angeboten, obschon auch andere Sparten der Software-Erstellung prinzipiell ansprechbar sind"[127].

Die Gründe und Ziele für den CASE-Einsatz entsprechen im Prinzip den Mängeln der Programmentwicklung, wie die umseitige Tabelle verdeutlicht:

---

[127] Hildebrand Knut/ Köning Reinhard/ Müßig Michael, CASE: Schritt für Schritt, München, 1992, S. 7.

Gründe	Ziele
Wartungsstau; Zu wenig Neuentwicklungskapazität	Verminderung Wartungsaufwand; Abbau Wartungsstau; Flexibilität
Isolierte Applikationen; Daten- und Funktionenredundanz	Integration von Geschäftsmodell und Applikationen (Kommunikationsbasis für Management und Entwicklungspersonal)
Zu lange Entwicklungszeiten und -kosten	Erhöhung der Produktivität und der Wirtschaftlichkeit sowie der Mitarbeiterqualifikation und der Projektqualität;
Fehlende, mangelhafte Dokumentation (Resultate und Vorgehen)	Umfassende, aktuelle und einheitliche Dokumente[128]
Individualismus im Entwicklungsvorgehen; Individuelle Resultate	Einheitliche Entwicklungsplattformen; Portierbarkeit und Wiederverwendbarkeit;
Schlechte Akzeptanz der Anwender; Ungenügende Benutzerfreundlichkeit	Stärkerer und frühzeitiger Einbezug der Fachabteilungen
Veraltete Vorgehensmodelle; Mangelhafte Werkzeuge	Einheitliches Entwicklungsvorgehen und Teilautomatisierung
Unkontrollierte Datenbestände; Mangelnde Qualität	Qualitätssteigerung
Benutzeranforderungen nicht erfüllt; Falsche Prioritäten	Erhöhung der Effektivität und schnellere Anpassung an neue Technologien

Tabelle 14: Gründe und Ziele für den Einsatz von CASE

Nachdem die Gründe und Ziele von CASE erläutert wurden, ist es erforderlich, den Begriff der CSAE-Umgebung näher zu erörtern.

Eine *CASE-Umgebung* „besteht aus einer CASE-Plattform und CASE-Werkzeugen [...]. Die CASE-Plattform, auch CASE-Rahmen genannt, stellt Basisleistungen wie eine allgemeine Benutzungsschnittstelle und eine Datenverwaltung zur Verfügung. In die CASE-Plattform können einzelne CASE-Werkzeuge integriert werden.

Da die CASE-Plattform Basisdienstleistungen zur Verfügung stellt, werden die CASE-Werkzeuge von diesen Dienstleistungen entlastet, d.h. sie müssen diese Dienstleistungen nicht selber noch einmal anbieten. [...]

---

[128] Quelle: Bauknecht, Kurt, Informatik-Anwendungsentwicklung - Praxiserfahrung mit CASE, Stuttgart, 1992, S. 277.

CASE-Werkzeuge[129] lassen sich zu *Werkzeugkategorien* zusammenfassen, je nachdem welche Schwerpunkte die Werkzeuge oder Werkzeugkombinationen bieten.

Werkzeuge, die die ersten Phasen einer Software-Entwicklung (Planung, Definition, Entwurf) unterstützen, werden als front end- oder upper-CASE-Werkzeuge bezeichnet.

Werkzeuge, die die späteren Phasen (Implementierung, Abnahme & Einführung, Wartung & Pflege) unterstützen, werden back end- oder lower-CASE-Werkzeuge genannt.

Werkzeugketten, die die frühen und späten Phasen abdecken, nennt man auch I-Case-Werkzeuge (I für integrated).

Phasenübergreifende Werkzeuge, die den gesamten Lebenszyklus eines Software-Produktes begleiten, bezeichnet man als cross life cycle tools. [...]

Bei der *Auswahl von CASE-Umgebungen* spielen drei Gesichtspunkte eine zentrale Rolle:

1. Allgemeine Anforderungen

2. Firmenspezifische Anforderungen

3. Derzeitiges Marktangebot.[...]

Die allgemeinen Anforderungen an eine CASE-Umgebung ergeben sich aus dem Stand der Kunst und sind weitgehend unabhängig von firmenspezifischen Anforderungen. Sie lassen sich in folgende Kategorien gliedern, die sich gegenseitig beeinflussen:

1a.   Anforderungen an die CASE-Plattform

1b.   Anforderungen an CASE-Werkzeuge

1c.   Anforderung an die Entwicklungsumgebung.

Bei den firmenspezifischen Anforderungen geht es darum, welche spezifischen Anforderungen sich aus der eigenen Firmensituation für eine CASE-Umgebung ergeben. Sie lassen sich in folgende Kategorien gliedern, die sich gegenseitig beeinflussen:

2a.   Charakteristika der Zielprodukte

2b.   Zu unterstützende Zielumgebung

---

[129] Die CASE-Werkzeuge wurden bereits in Tabelle 12 aufgeführt.

2c.   Zu unterstützende Methoden

2d.   Zu unterstützendes Vorgehensmodell

2e.   Entwicklungsumfeld. [...]

Aus den firmenspezifischen und den allgemeinen Anforderungen ergibt sich ein Kriterienkatalog für eine ideale, firmenspezifische CASE-Umgebung. Diese ideale CASE-Umgebung muß nun verglichen werden mit den im Markt angebotenen CASE-Umgebungen.

Das Marktangebot sollte unter zwei Gesichtspunkten betrachtet werden:

3a.   Technische Aspekte der CASE-Umgebung

3b.   Kaufmännische Aspekte der CASE-Umgebung. [...]

Bei der Auswahl der CASE-Umgebung empfiehlt sich folgende Vorgehensweise:

1. Aufstellung eines Kriterienkatalogs (firmenspezifische und allgemeine Anforderungen).

2. Gewichtung der Kriterien (KO-Kriterien, Wunschkriterien).

3. Vorauswahl der am Markt angebotenen CASE-Umgebungen an Hand von Veröffentlichungen (Bücher, Artikel, Marktstudien, Testberichte, Berücksichtigung technischer und kaufmännischer Aspekte).

4. Bildung von drei Gruppen: Ausgeschiedene Umgebung (KO-Kriterien), engere Wahl und offene Fragen.

5. Versand eines Fragebogens an die Anbieter der beiden letzten Gruppen [...] und Auswertung des Fragebogens.

6. Quervergleich der drei bis fünf CASE-Umgebungen mit der höchsten Punktzahl.

7. Evaluation der ausgewählten CASE-Umgebungen an Hand einer anwendungs- und projekttypischen Fallstudie.

8. Besuch des Anbieters oder Herstellers sowie von Referenzinstallationen.

9. Testinstallation einer oder mehrerer CASE-Umgebungen.

10. Endgültige Entscheidung und Einführung"[130].

---

[130] Balzert, Helmut, CASE - Systeme und Werkzeuge, 5. Auflage, Mannheim, 1993, S. 124 ff.

Als Fazit sind die Forderungen an CASE zu nennen:

Die *Postulate* (die unbedingten Forderungen) an die CASE-Praxis lassen sich wie folgt ableiten:

- „Zum erfolgreichen Einsatz von CASE gehört die Erkenntnis, daß CASE die Automatisierung der Herstellung von Software ist und die Abkehr von der manuellen Softwareproduktion bedeutet. CASE ist die industrielle Revolution der Software-Entwicklung. Diese Umstellung ist die eigentliche Ursache für die tiefgreifenden und unerläßlichen Veränderungen in den Methodologien. Dieser Tatsache sind sich allerdings noch lange nicht alle Unternehmungen bewußt und behandeln deshalb die Auswahl und Einführung von CASE nicht mit der notwendigen Priorität.

- CASE bewirkt die Faktorsubstitution von Arbeit durch Kapital. Diese Änderung bewirkt Investitionen, deren Nutzen nicht unmittelbar ersichtlich ist.

- Alles was die Fortschritte in der Einführung von CASE jetzt behindert, wirkt sich mittel- und langfristig überproportional auf die anfallenden Kosten aus und kann den Aufbau strategischer Erfolgspositionen behindern. In einer stark von Informationstechnologie abhängigen Branche kann auch die Existenz der Unternehmung gefährdet werden. [...]

- CASE ist das Ende des individualistischen Künstlertums in der Informatik. Nur systematisches und koordiniertes Vorgehen ermöglicht die obengenannte Automatisierung"[131].

2.3.5.5 Methoden der Software-Entwicklung

Folgende Programmierstile bzw. Programmiertechniken sind zu nennen:

- die lineare Programmierung,

- die modulare Programmierung,

- die normierte Programmierung,

- die strukturierte Programmierung und

- die objektorientierte Programmierung.

---

[131] Bauknecht, Kurt, Informatik-Anwendungsentwicklung - Praxiserfahrung mit CASE, Stuttgart, 1992, S. 308.

2.3.5.5.1 Lineare Programmierung

Die *lineare Programmierung* beinhaltet eine Erstellung eines Programmablaufplanes unmittelbar aus den Vorgaben der Phase Detailentwurf sowie nach DIN 66001, d.h. mit den normierten Sinnbildern für Datenfluß- und Programmablaufpläne. Dies bedeutet, daß dann Befehl für Befehl in ein Programm umgesetzt wird. Die Nachteile dieser Programmiertechnik liegen auf der Hand:

1. Die Wartung eines solchen Programmes gestaltet sich sehr schwierig, also Folge der unübersichtlichen Schleifenbildung.

2. Programmsegmentierung, d.h. es existiert keine Möglichkeit große Programme in mehrere, von verschiedenen Entwicklern zu erstellende Teile, zu zerlegen.

3. Es existieren zu viele Programmverzweigungen mit Vor- und Rückwärtssprüngen.

2.3.5.5.2 Modulare Programmierung

Die *modulare Programmierung* gilt als Vorläufer der strukturierten Programmierung. Als einziger Unterschied zur strukturierten Programmierung erfolgt eine Zerlegung des Gesamtprogramms in einzelne Programm-Module.

2.3.5.5.3 Normierte Programmierung

Unter einer *normierten Programmierung* wird eine Strukturierung auf einer höheren Ebene verstanden, d.h. auf der Ebene des Anwendungsproblems. Sie ist speziell auf kommerzielle Probleme der betrieblichen Praxis zugeschnitten, wie z.B. große Datenbestände, sequentielle Dateien; anders ausgedrückt existieren verschiedene Arten von Datensätzen, welche unterschiedlich zu verarbeiten sind. Es müssen also Entscheidungen darüber getroffen werden, welcher Datensatz als nächster ausgewählt wird, ob dieser hinsichtlich der Satzart und des Oberbegriffes mit dem vorhergehenden Datensatz identisch ist und welche Art der Verarbeitung gewählt werden muß.

Nachteilig ist, daß andere Probleme, mit Blick auf die Spezialisierung der Fragestellung, nicht gelöst werden können. Darüber hinaus nimmt die Bedeutung der normierten Programmierung hinsichtlich der Betonung sequentieller Dateien ab, da diese Organisationsform in der gegenwärtigen Praxis nicht mehr so häufig eingesetzt wird, was zur Folge hat, daß diese Programmiertechnik für viele Problemstellungen keine Lösungen mehr bietet.

2.3.5.5.4 Strukturierte Programmierung

E.W. Dijkstra entwickelte in den 60er Jahren die *strukturierte Programmierung* aufgrund der Feststellung, daß alle Programmstrukturen auf drei elementare Formen reduziert werden können:

- die Reihung,

- die Auswahl und

- die Wiederholung.

Umgesetzt in Programmstrukturregeln bedeutet dies, daß Programmstrukturen mit sowohl großer Änderungsfreundlichkeit (Wartung) als auch großer Benutzerfreundlichkeit sowie mit Vorteilen für den Teilnehmerbetrieb realisiert werden. Sie ist die Zusammenfassung der linearen und modularen Programmierung[132].

Die Anwendung wird bei der strukturierten Programmierung in Form von Regelmengen beschrieben. Der Gedanke dabei liegt in der schrittweisen, einzelnen und deskriptiven Erfassung der Regeln. Dadurch erhoffte man sich Vorteile in der Programmproduktivität und in der leichteren Wartbarkeit derartiger Regelmengen[133].

„Eine strukturierte Programmierung besteht aus Programmblöcken, Programmbausteinen oder Modulen, die eine Reihe von Bedingungen erfüllen müssen. So darf jeder Block, der meist eine ganz bestimmte Funktion innerhalb der gesamten Aufgabe erfüllt, die das Programm abdeckt, nur einen Eingang und einen Ausgang haben. Der Übergang von einem Block zum anderen darf nur über die Eingänge und Ausgänge erfolgen. Es dürfen keine Sprungbefehle verwendet werden, die von einem Block zum anderen führen. Jeder Block

---

[132] Vgl.:   Stahlknecht, Peter, Einführung in die Wirtschaftsinformatik, 6. Auflage, Berlin-Heidelberg, 1993, S. 281 ff.
                    Kurbel, Hans, Programmentwicklung, 5. Auflage, Wiesbaden, 1990, S. 66 f.
                    Schulze, Hans Herbert, PC-Lexikon, Reinbek bei Hamburg, 1993, S. 445 f.
[133] Vgl.:   Mertens/Bodendorf/König/Picot/Schumann, Grundzüge der Wirtschaftsinformatik, 2. Auflage, Berlin-Heidelberg, 1992,
                    S. 23.

darf nur einem anderen untergeordnet sein, während ein Block mehrere untergeordnete Blöcke haben darf"[134].

„Ein Sprungbefehl unterbricht den normalen Programmablauf und setzt das Programm an einer dem Benutzer unbekannten Stelle fort. Dies führt zu ´spaghettiartigen´, unleserlichen Programmstrukturen und zusätzlichem Nachdenken über den Programmablauf [...]"[135].

Die strukturierte Programmierung ist demnach eine Methode, bei der ein Programm aus Strukturblöcken zusammengesetzt wird. Ein Strukturblock ist ein Programmbaustein, welcher eine eindeutige Funktion besitzt. Besteht er aus einem einzelnen Befehl (Zuweisung, Ein-/ Ausgabe, Aufruf eines Unterprogrammes), so wird er als Elementarblock bezeichnet. Die Elemente des Strukturblocks werden immer hintereinander, von oben nach unten ausgeführt, wobei Schachtelungen erlaubt sind, Überlappungen dagegen nicht. Entscheidend jedoch ist, daß ein Strukturblock nur einen Eingang und nur einen Ausgang besitzen darf.

Nachfolgende Abbildungen zeigen diese Regel und einen Bruch dieser Regel:

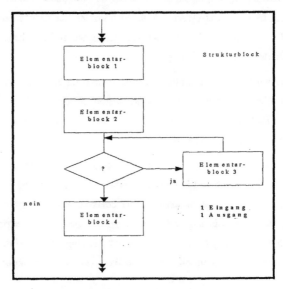

Abbildung 11[136] : Programmablaufplan zur Regel „1 Eingang/ 1 Ausgang"

---

[134] Schulze, Hans Herbert, PC-Lexikon, Reinbek bei Hamburg, 1993, S 445 f.
[135] Simon, Manfred, CASE-Werkzeuge, Wiesbaden, 1992, S. 194.
[136] Quelle: Kurbel, Karl, Programmentwicklung, 5. Auflage, Wiesbaden, 1990, S. 63.

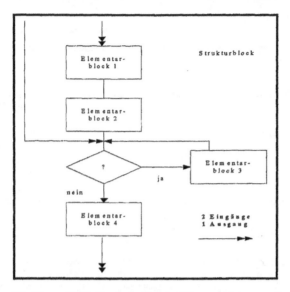

Abbildung 12[137] : Bruch der Regel „1 Eingang/ 1 Ausgang"

Hiermit lassen sich die Beziehungen der Strukturblöcke untereinander ableiten. Zwei Strukturblöcke sind demnach:

- völlig unabhängig untereinander,

- eindeutig hintereinandergeschaltet oder

- ein Strukturblock vollständig in dem anderen Block enthalten[138] .

„Wichtige Darstellungsmittel für die Ergebnisse der strukturierten Programmierung sind:

- Struktogramm   (graphische Form, anschaulich, einprägsam)

- Pseudokode[139]   (textliche Form, änderungsfreundlich, für selbstdokumentierenden Quelltext geeignet; englische oder deutsche Variante möglich)

- Programmkode   (ausführbare Anweisungen, je nach Sprachtyp; Erzeugung wohlstrukturierter Abläufe durch Elemente einer gut geeigneten

---

[137] Quelle: Kurbel, Karl, Programmentwicklung, 5. Auflage, Wiesbaden, 1990, S. 63.

[138] Vgl.:   Kurbel, Karl, Programmentwicklung, 5. Auflage, Wiesbaden, 1990, S. 62 f.

[139] Ein Pseudocode ist eine formale Sprache zum Programmentwurf. Sie kann mit einem Vorübersetzer in eine echte Sprache umgewandelt werden.

Vgl.: Schulze, Hans Herbert, PC-Lexikon, Reinbek bei Hamburg, 1993, S. 457.

Sprache, durch Vorübersetzer bzw. Makrogenerator oder durch manuelle Anwendung typisierter Kodewendungen).

Mit der strukturierten Programmierung kombinierbar sind Darstellungsmittel für Spezialzwecke, z.B.

- Entscheidungstabellen   für Beschreibung von Bedingungskombinationen
- HIPO-Technik   für datenintensive Probleme
- Petri Netze   für Beschreibung paralleler Prozesse
- Interaktionsdiagramme   für Beschreibung von Dialog-Ein- und Ausgaben und ihre Zusammenhänge"[140] .

Als Vorteile der strukturierten Programmierung sind zu nennen:

- „Einzelne Blöcke können in den Baum leicht neu eingefügt oder herausgenommen werden.

- Änderungen erfolgen immer so, daß ein Block davon betroffen ist. Es können sich durch die Änderungen also keine Programmfehler in anderen Blöcken ergeben.

- Das Programm ist dadurch extrem übersichtlich und änderungsfreundlich.

- Es kann bei Teilnehmerbetrieb günstig segmentiert werden, so daß das Programm blockweise überlagert werden kann.

- Schießlich kann man in die Verzweigungen der Baumstruktur übersichtlich Menüs und Hilfefunktionen einfügen, die die einzelnen Bereiche des Baums betreffen.

- Programme dieser Art sind auch von ihrer Struktur her benutzerfreundlich"[141] .

---

[140] Rothhard, Günter, Praxis der Software-Entwicklung, Berlin, 1987, S. 62.
[141] Schulze, Hans Herbert, PC-Lexikon, Reinbek bei Hamburg, 1993, S. 446.

Dennoch hat die strukturierte Programmierung auch entscheidende Nachteile:

- Die Entwicklung eines strukturierten Programmes erfordert Erfahrung und Übung.

- Es herrscht eine gewisse Umständlichkeit, wenn von einem Strukturblock zu einem weit entfernten Block übergegangen werden soll, da der Baumstruktur gefolgt werden muß, notfalls auch bis über die Wurzel des Baumes.

- Fehlende Typen, d.h. die strukturierten Methoden fordern nicht die Modellierung von Typen. Die Namen sollten Exemplare eines Typs sein. Das Datenlexikon der strukturierten Programmierung jedoch ist bis auf das Alphabet strukturlos.

- Fehlende Wiederverwendbarkeit, d.h. es existiert keine Methodenunterstützung für die Wiederverwendbarkeit von Prozessoren.

- Kein Subsystemkonzept, d.h. es gibt kein den Anwendungserfordernissen angepaßtes Systemkonzept.

- Schlechte Objektivierbarkeit von Modellen, d.h. verschiedene Entwickler verwenden meistens unterschiedliche Ergebnismodelle. Diese sind nicht objektivierbar bzw. von subjektiven, emotionalen Einflüssen zu befreien.

- Unklare und schwache Semantik, d.h. viele Details sind in der Beschreibung der strukturierten Programmierung nicht so klar, wie sie es sein sollten[142].

„Bei den heute dominanten Anwendungsklassen und Implementierungsumgebungen sind die Strukturierten Methoden mit großem Vorteil einsetzbar. Dabei müssen folgende Punkte beachtet werden:

1. Analyse und Design sollten die Entwicklung von Datenabstraktionen[143] in direktem Kontakt mit dem Anwender zum Gegenstand haben. [...]

---

[142] Vgl.:   Schulze, Hans Herbert, PC-Lexikon, Reinbek bei Hamburg, 1993, S. 446.
            Der Duden, Das Fremdwörterbuch, 4. Auflage, Mannheim, 1982, S. 533.
            Raasch, Jörg, Systementwicklung mit Strukturierten Methoden, 3. Auflage, München-Wien, 1993, S. 408 ff.
[143] Durch die Weglassung unwesentlicher Merkmale eines Gegenstandes und durch Konzentration auf die wesentlichen, wichtigen Merkmale entstehen Gegenstandsklassen, die einer gemeinsamen Verarbeitung unterzogen werden können.
            Vgl.: Schulze, Hans Herbert, PC-Lexikon, Reinbek bei Hamburg, 1993, S. 10.

2. Es müssen Modelle entstehen, die in einer objektorientierten Zukunft noch Bestand haben. Dazu gehört die Einbettungsfähigkeit in einen objektorientierten Entwurf. Voraussetzung ist die Modellierung im Stile abstrakter Datentypen.

3. Große Aufmerksamkeit muß den Problemen gewidmet werden, die mit der Anwendung der Strukturierten Methoden heute noch verbunden sind"[144].

2.3.5.5.5 Objektorientierte Programmierung

„In traditionellen Softwaresystemen, die in prozeduralen Programmiersprachen, wie z.B. Pascal oder C, erstellt werden, modifizieren Softwareeinheiten (Prozeduren oder Funktionen) Daten. Die Daten werden als Parameter von Einheit zu Einheit gereicht und von der jeweiligen Einheit gemäß ihrer Programmierung manipuliert. Diese Systeme gehören zur Gruppe der Daten/ Prozedur orientierten Softwaresysteme.

Probleme bei dieser Daten/ Prozedur orientierten Sicht entstehen dadurch, daß Daten und die sie manipulierenden Prozeduren als voneinander unabhängige Teile behandelt werden.

Daß dies nicht der Fall ist, läßt sich leicht zeigen, denn jede Prozedur setzt voraus, daß die ihr übergebenen Daten den richtigen Datentyp besitzen. Erhält eine Prozedur Daten mit einem anderen als vom Programmierer beim Entwurf festgelegten Datentyp, so wird das Ergebnis der Datenmanipulation keinesfalls den Erwartungen entsprechen. Normalerweise wird dann das Programm mit einem ziemlich harten Fehlerabbruch beendet. Der Programmierer ist in einer solchen Umgebung selbst dafür verantwortlich, daß die aufgerufenen Prozeduren mit Daten des richtigen Typs versorgt werden.

In kleinen, überschaubaren Softwaresystemen wirkt sich diese Unterscheidung noch recht harmlos aus. In großen komplexen Systemen ist jedoch die Trennung von Daten und Prozeduren für die leicht entstehende Unübersichtlichkeit und Fehleranfälligkeit des Softwaresystems verantwortlich.

In objektorientierten Systemen wird die Trennung zwischen den Daten und ihrer Manipulation aufgehoben. Zentraler Gegenstand in solchen Systemen ist das Objekt, das beides, sowohl die Daten als auch ihre Manipulation, repräsentiert.

---

[144] Raasch, Jörg, Systementwicklung mit Strukturierten Methoden, 3. Auflage, München-Wien, 1993, S. 432 f.

Jeder Gegenstand innerhalb eines objektorientierten Systems stellt ein Objekt dar. Ein Objekt wird zu einem bestimmten Zeitpunkt erzeugt und lebt eine gewisse Zeit. Kann es nicht mehr direkt unter Verwendung eines Namen benannt werden oder ist es nicht über andere Objekte erreichbar, verschwindet es wieder. Innerhalb seines Lebenszyklus kann ein Objekt verschiedene innere Zustände annehmen"[145].

„Der Grundgedanke der objektorientierten Systementwicklung besteht darin, die Daten und Funktionen eines DV-Anwendungssystems nicht nacheinander, sondern simultan zu betrachten und bei der Modellierung zusammen darzustellen. Dabei werden jeweils logisch zusammengehörende Daten mit den sie manipulierenden Operationen zu Objekten zusammengefaßt. Nach dem Prinzip der Datenkapselung können die Daten ausschließlich über diese Operationen angesprochen werden"[146].

Unter Datenkapselung wird hierbei die Bildung einer Datenkapsel verstanden, d.h. die Bildung einer Einheit, welche sowohl Daten als auch Prozeduren für ihre spezifische Behandlung beinhaltet[147].

Nachfolgend werden die objektorientierten Paradigmen, wie aufgelistet, kurz charakterisiert, um u.a. den Unterschied zur strukturierten Programmierung darzulegen:

- Objekte und Klassen.

- Methoden und Botschaften.

- Vererbung.

- Polymorphismus, frühe und späte Bindung.

- Prinzip des Information Hiding, Datenkapselung.

- Abstrakte Datentypen.

- Generizität.

---

[145] Kempel Hans-Jürgen/ Pfander Gotthard, Praxis der objektorientierten Programmierung, München-Wien, 1990, S. 9.

[146] Stahlknecht, Peter, Einführung in die Wirtschaftsinformatik, 6. Auflage, Berlin-Heidelberg, 1993, S. 320.

[147] Vgl.: Schulze, Hans Herbert, PC-Lexikon, Reinbek bei Hamburg, 1993, S. 160.

„Ein objektorientiertes Programmsystem besteht aus einzelnen *Objekten*, die durch Austausch von Botschaften vorgeschriebene Aktivitäten durchführen. Die Idee der Objekte basiert auf der menschlichen Denkweise. Denkt der Mensch zum Beispiel an ein Haus, so sieht er es als das Objekt Haus, nicht als eine Sammlung unzähliger rechteckiger Steine, die - aufeinandergelegt - rechtwinklig zueinander stehende Mauern bilden. In der Datenverarbeitung wird ein Objekt durch eine Liste von Attributen und eine Liste von Funktionen oder Prozeduren definiert, die auf die Attribute zugreifen oder sie verändern. [...]

Objekt:	Angestellter
Attribute:	Name, Anschrift, Steuerklasse.......
Methoden:	Lese Datensatz, ändere Datensatz, lösche Datensatz......

Tabelle 15[148] : Beispiel für ein Objekt `Angestellter´

Um bei umfangreichen Programmen den Überblick über die zahlreichen Objekte zu behalten, kann man diese zu *Klassen* zusammenfassen. Auch hierbei bedient man sich wiederum der menschlichen Denkweise. Um bei dem Beispiel des Hauses zu bleiben: unabhängig davon, ob das Haus rot oder weiß, groß oder klein ist, wir denken an das Objekt `Haus´. Erst wenn wir an ein spezielles Gebäude denken, denken wir an das `große, weiße Haus´. Somit haben wir alle Arten von Häusern zu der *Klasse* Haus zusammengefaßt. Das große, weiße Haus ist ein Objekt dieser Klasse. Eine Klasse im Sinne der objektorientierten Programmierung ist die Zusammenfassung einzelner Objekte. Exemplare oder Instanzen (Instances) genannt, die über gemeinsame Attribute und Methoden verfügen. [...]

`Nur die *Methoden* eines Objektes haben Zugriff auf dessen Zustand; eine Methode kann nur geweckt werden, wenn dem Objekt eine Botschaft geschickt wird.´ [THOMAS89 S. 232]

Hier liegt der entscheidende Unterschied zwischen prozeduraler und objektorientierter Programmierung. Dem Objekt wird nicht gesagt, was zu tun ist, sondern ihm wird durch eine *Botschaft* mitgeteilt, was man von ihm verlangt. Zwei Objekte kommunizieren miteinander,

---

[148] Quelle: Janßen Heike/ Bundschuh Manfred, Objektorientierte Software-Entwicklung, München, 1993, S. 26.

indem dem einen Objekt (Empfänger) von einem anderen (Sender) eine Botschaft geschickt wird, in der der Empfänger um ein Ergebnis gebeten wird. Der Empfänger sucht unter seinen Methoden eine passende, die dieses Ergebnis produziert. Wird eine Methode gefunden, so schickt er eine Botschaft mit dem Ergebnis zurück, andernfalls schickt er eine Botschaft, daß die Anfrage nicht erfüllt werden kann. Die Summe aller Botschaften, zu der ein Objekt die passende Methode findet, nennt man Methodenschnittstelle. [...]

Solche Klassen kann man in eine baumartige Hierarchie bringen, bei der man die übergeordnete Klasse Oberklasse und die ihr untergeordneten Exemplare Unterklassen nennt. Es ist selbstverständlich möglich, daß auch die Exemplare einer Klasse wiederum Klassen sein können.

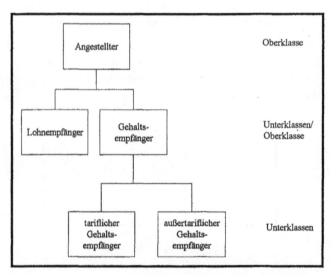

Abbildung 13[149] : Klassensystem

Durch *Polymorphismus* ist es möglich, Methoden unterschiedlicher Objekte eine einheitliche Bezeichnung zu geben. Eine gewisse Problematik liegt hierbei in der Entscheidung, welche Methode zur Laufzeit des Programms ausgeführt wird. In diesem Zusammenhang werden die Begriffe frühe und späte Bindung eingeführt.

---

[149] Quelle: Janßen Heike/ Bundschuh Manfred, Objektorientierte Software-Entwicklung, München, 1993, S. 29.

Späte - oder dynamische - Bindung bedeutet, daß das Programm zur Laufzeit entscheidet, welche zu einem bestimmten Objekt gehörende Methode ausgeführt wird, d.h. ob die Methode der unmittelbaren Klasse des Objekts oder eine Methode der Oberklasse ausgeführt wird.

Dagegen steht die frühe oder statische Bindung. Hier wird schon zur Übersetzungszeit des Programms festgelegt, welche Methode aufgerufen wird. Zur Laufzeit kann keine Veränderung des Aufrufs vorgenommen werden. [...]

Es wurde beschrieben, wie das Objekt Lohnabrechnung das Objekt Gehaltsempfänger dazu auffordert, bestimmte Stammdaten bereitzustellen. Man erkennt, daß nur eine Botschaft mit der Aufforderung zur Bereitstellung geschickt wird. Wie das aufgeforderte Objekt diese Anfrage realisiert, interessiert die 'Umwelt', das heißt den Sender der Botschaft nicht. Die Informationen darüber wird vom Objekt nicht bekannt gegeben. Es handelt sich hierbei um die Realisierung des Geheimhaltungsprinzips (oder Information Hiding). [...]

Der innere Zustand eines Objektes kann von außen nicht verändert werden. Eine Veränderung kann nur durch eine diesbezügliche Botschaft an das Objekt hervorgerufen werden. Das Geheimhaltungsprinzip und die Nicht-Veränderbarkeit von außen wird durch den Begriff Datenkapselung umschrieben.

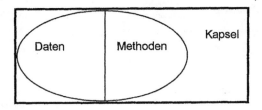

Abbildung 14[150] : Datenkapsel

Ein Anwendungsgebiet des Geheimhaltungsprinzip sind die sogenannten abstrakten Datentypen beziehungsweise der Begriff der Datenabstraktion.

Die zentrale Idee der Datenabstraktion ist, daß auf eine Datenstruktur nicht direkt, sondern ausschließlich über Zugriffsoperationen zugegriffen wird [NAGL90 S. 89]. Das Lesen und/ oder Verändern einzelner Komponenten einer Datenstruktur entfällt. [...]

---

[150] Quelle: Janßen Heike/ Bundschuh Manfred, Objektorientierte Software-Entwicklung, München, 1993, S. 32

Generizität bezeichnet die Möglichkeit, parametergesteuerte Moduln zu definieren. Ein solcher Modul, generischer Modul genannt, ist nicht unmittelbar benutzbar; vielmehr ist er ein Modulmuster [MEYER90 S. 40], eine Art Schablone, die auf mehrere Datentypen anwendbar ist.

Generizität kann als eine Vorstufe der Objektorientierung gesehen werden, da sie mit dem Prinzip der Vererbung artverwandt ist. Ein generischer Modul wird so programmiert, daß seine Operationen auf verschiedene Datentypen anwendbar sind"[151].

Vorteile objektorientierter Systementwicklung

„Mit objektorientierten Methoden wird ein System auf der Grundlage der Konzepte von Objekten und Klassen entwickelt. Dieses realitätsnahe Modell entspricht der menschlichen Denkweise und ist daher insbesondere für Anfänger in der Systementwicklung leicht nachzuvollziehen [BOOCH S. 51].

Die Unterteilung eines Systems in Objekte stellt eine Art der Komplexitätsbewältigung dar. Hierdurch können Systeme, die aufgrund ihrer hohen Komplexität mit strukturierten Methoden nicht zu bewältigen wären, realisiert werden. Dies gilt insbesondere für den Bereich der Simulationstechnik [BUDDE90 S. 16].

Fortschrittliche Entwicklungsumgebungen, wie zum Beispiel die Smalltalk-Programmierumgebung, bieten dem Programmierer umfangreiche Klassenbibliotheken. Unter Zuhilfenahme dieser Bibliotheken können neue Problemstellungen statt durch Neuentwicklung durch Konfiguration vorhandener Objekte gelöst werden. Auf diese Weise erreicht man eine hohe Produktivitätssteigerung, da die Entwicklungszeit um ein Vielfaches verkürzt werden kann. Zusätzlich wird die Fehleranfälligkeit des Systems durch Verwendung bereits ausgereifter Objekte verringert [MOSER91 S. 28].

Das Vorhandensein fertiger Objekte unterstützt ferner die Möglichkeit des Rapid Prototyping. Durch Zusammensetzung vorhandener Bauteile können sehr schnell erste Elemente des zu erstellenden Systems gefertigt werden. Diese können dem Anwender sofort zur Verfügung gestellt werden, so daß er damit arbeiten und Erfahrungen sammeln kann. Beim Design gemachte Fehler können auf diese Weise frühzeitig behoben werden, die Kluft zwischen Anwender und Entwickler wird verringert.

Durch diese Art der evolutionären Programmentwicklung weicht die objektorientierte Methode stark von den sequentiell organisierten Phasenmodellen ab. [...]

Durch das Konzept der Software-ICs[152], das mit Objekten realisiert werden kann, wird die Fehlerbehebung eines Programms stark erleichtert. Ähnlich wie bei der Reparatur eines

---

[151] Janßen Heike/ Bundschuh Manfred, Objektorientierte Software-Entwicklung, München, 1993, S. 25 ff.

Computers wird ein defektes Teil komplett durch ein funktionsfähiges ersetzt. Aufgrund des Prinzips der Datenkapselung braucht sich der Programmierer nicht darum zu kümmern, ob sich die Änderung eines Softwareelements auch auf andere Bausteine auswirkt.

Das Prinzip der Datenkapselung wirkt sich auch auf die Robustheit und Zuverlässigkeit eines Programmsystems positiv aus. Kommt es zu einem Programm- oder Anwendungsfehler, können sich daraus entstehende Fehler infolge der Datenkapselung nicht auf weite Teile des Systems auswirken, sondern beschränken sich auf das Objekt.

Objekte verfügen über 'Eigen-Intelligenz'. Das bedeutet, daß sie zum Beispiel Validitäts-kontrollen oder Typenkonvension von Übergabeparameter selbständig durchführen. Ersteres bedeutet Überprüfung auf Gültigkeit der Daten für das Objekt, letzteres die Umwandlung einer Variablen von einem Datentyp in einen anderen. Dies vereinfacht die Wartung des Systems und ist hinsichtlich der Wiederverwendung vorteilhaft.

Im Wartungsfall muß sich der Programmierer nicht um Datenflüsse außerhalb des Objekts kümmern, es genügt, sich bei der Analyse des Programmteils nur mit dem Objekt zu beschäftigen.

Im Falle der Wiederverwendung kann der Entwickler auf ein bestimmtes Objekt zugreifen, ohne überprüfen zu müssen, ob beispielsweise Übergabeparameter mit Methoden des Objekts funktionieren.

Auch die Konzepte der Vererbung und Polymorphismus bieten große Vorteile im Bereich der Wiederverwendung. Durch diese Eigenschaften kann ein fertiger Programmcode übernommen werden und den Bedürfnissen entsprechend spezialisiert werden.

Nachteile der objektorientierten Systementwicklung

Was für den Anfänger in der Systementwicklung von Vorteil ist, bedeutet für erfahrene Entwickler eher Nachteile. Objektorientierte Programmentwicklung weicht grundlegend von der prozeduralen Denkweise ab. Für einen Programmierer erfordert das Erlernen dieses neuen Paradigmas einen sehr großen Umdenkungsprozeß. Hinzu kommt, daß bereits gesammelte Erfahrungen im Bereich der prozeduralen Programmierung nicht - oder kaum - verwendet werden können.

Die Struktur eines objektorientierten Systems unterscheidet sich völlig von der eines prozedural erstellten Programms. Bereits entwickelte Software kann deshalb nur sehr schwer auf diese neue Methode umgestellt werden.

---

[152] Integrierte Schaltkreise.
        Vgl.: Janßen Heike/ Bundschuh Manfred, Objektorientierte Software-Entwicklung, München, 1993, S. 18.

Ein Nachteil (der sich jedoch durch die Entwicklung neuer Computer und Betriebssysteme in zunehmenden Maße relativiert) ist der Bedarf an leistungsfähigen Rechnern im Bereich objektorientierter Programmierung und bei Anwendung objektorientierter Programmsysteme:

- Zur Speicherung umfangreicher Klassenbibliotheken benötigt der Programmierer große Kapazitäten an externen Speichermedien.

- Obwohl objektorientierte Programmiersprachen wie Smalltalk die Eigenschaft der garbage collection[153] unterstützen, ist die Anwendung von objektorientierten Programmsystemen trotzdem sehr arbeitsspeicherintensiv. Komplexe Objekte im Rahmen einer Klassifikationshierarchie benötigen mehr Arbeitsspeicher als beispielsweise eine einfache Record-Struktur.

Rechner, auf denen objektorientierte Anwendungen gefahren werden sollen, benötigen also einen großen Arbeitsspeicher. Überdies muß auch die Rechnerleistung entsprechend hoch sein, da beispielsweise der Einsatz von dynamischer Bindung das Laufzeitverhalten des Programms um das 1.75-fache erhöht"[154].

2.3.5.6 Programmiersprachen

„Die Programmiersprache ist das wichtigste Werkzeug des Programmierers, des Softwareentwicklers. In ihr beschreibt er erstens die Objekte, mit denen sein Programm arbeiten soll, also z.B. ganze Zahlen, Zeichenfolge, Sammlungen solcher Objekte, oder Dateien.

Außerdem formuliert er in ihr die Rechenvorschriften auf diesen Objekten, z.B. die Berechnung einer Raketenbahn, die Buchung eines Geldbetrages auf der Kontodatei einer Bank oder das Sortieren der Einträge der Kontendatei in alphabetischer Reihenfolge der Namen. Dazu legt er in der Programmiersprache fest, wie verschiedene Programme in einem - möglicherweise sehr komplexen - Gesamtsystem kooperieren. Das Kontoführungsprogramm einer Bank etwa kommuniziert über geeignete Datenfernverarbeitungsprogramme mit ähnlichen Programmen in anderen Banken, um eingehende und hinausgehende Überweisungen zu registrieren"[155].

---

[153] Hilfsmittel der Speicherverwaltung, das in einigen objektorientierten Programmiersprachen implementiert ist. Dieses entfernt automatisch nicht mehr benützte Objekte aus dem Arbeitsspeicher.
   Vgl.: Janßen Heike/ Bundschuh Manfred, Objektorientierte Software-Entwicklung, München, 1993, S. 105.
[154] Janßen Heike/ Bundschuh Manfred, Objektorientierte Software-Entwicklung, München, 1993, S. 85 ff.
[155] Loeckx/Mehlhorn/Wilhelm, Grundlagen der Programmiersprachen, Stuttgart, 1986, S. 15.

Generell kann die Programmiersprache als künstliches System (vgl. Abschnitt 2.1.2.) bezeichnet werden, mit welchem man in der Lage ist, Programme für einen Computer zu erstellen[156].

Nachfolgend werden die Sprachengenerationen und die bekanntesten Sprachen kurz vorgestellt.

Sprachen der 1. Generation:

Sie zählen zu den binären (es werden nur zwei Ziffern Verwendet: 0 und 1) Maschinensprachen, d.h. die Programme werden binär codiert. Der Maschinencode muß für jeden Rechner jeweils neu entwickelt werden. Programme dieser Art sind ausschließlich auf vorgegebener Hardware lauffähig, schwer lesbar, fehleranfällig und deshalb schwer zu warten. Sprachen der 1. Generation werden bei betriebswirtschaftlichen Anwendungen nicht mehr eingesetzt.

Sprachen der 2. Generation:

Sie werden zu den maschinenorientierten Programmiersprachen für universelle Anwendung gezählt. Man bezeichnet sie auch als Assemblersprachen, d.h. zur besseren Verständlichkeit werden die Befehle durch memotechnische Abkürzungen beschrieben (bspw. ein Additionsbefehl wird durch ADD abgekürzt). Assemblersprachen haben den Vorteil, daß sie hinsichtlich der Geschwindigkeit und der Speicherauslastung optimal programmiert werden können. Der Nachteil liegt in der schweren Lesbarkeit, der Fehleranfälligkeit und der Nichtportierbarkeit.

Sprachen der 3. Generation:

Zu nennen wären hier bspw. FORTRAN, COBOL, PL/1, APL, BASIC und PASCAL. Zugerechnet werden sie den problemorientierten prozeduralen Programmiersprachen für spezielle Anwendungen. Darunter versteht man die Codierung von Programmen, und zwar gebunden an die Fachsprache des jeweiligen Problems, d.h. in maschinenunabhängiger Form.

---

[156] Vgl.: Schulze, Hans Herbert, PC-Lexikon, Reinbek bei Hamburg, 1993, S. 440.

Von Vorteil ist die Einsetzbarkeit von Programmen in dieser Sprachengeneration auf verschiedenen Rechnertypen und weiterhin die gute Verständlichkeit der Konstrukte für An-
wendungsfachleute.

Eine prozedurale Programmiersprache ist eine sog. echte Programmiersprache, d.h. ein
Programm wird aus lauter einzelnen Befehle bzw. Kommandos aufgebaut.

Sprachen der 4. Generation:

Sprachen dieser Generation werden als nichtprozedurale datenorientierte Programmiersprachen bzw. als deskriptive Programmiersprachen für unterschiedliche Anwendungen bezeichnet. Sie stellen zumeist Abfragesprachen für Datenbanksysteme dar und sind leicht erlernbar
und benutzerfreundlich. Zu nennen wären hier bspw. OPEN ACCESS, FRAMEWORK,
SQL oder SYMPHONY.

Vorteilig ist, daß der Benutzer nicht mehr formulieren muß, wie das jeweilige Problem zu
lösen ist, sondern lediglich angeben muß, was überhaupt gelöst werden soll. Anschließend
muß noch die exakte Ablaufprozedur vom Benutzer angegeben werden.

Sprachen der 5. Generation:

Hierunter versteht man die wissensorientierten Programmiersprachen bzw. die Programmiersprachen für den Bereich der künstlichen Intelligenz (KI), wie z.B. LISP, PROLOG
oder SMALLTALK. Eine klare und exakte Abgrenzung zu den anderen Generationen von
Programmiersprachen ist bis jetzt noch nicht möglich. Sie sind vor allem geeignet zur Entwicklung von Expertensystemen.

Nachstehend werden die bekanntesten Programmiersprachen kurz charakterisiert:

Eine weit verbreitete, für wissenschaftlich-technische Anwendungen konzipierte Programmiersprache ist *FORTRAN* (Formula Translator). Trotz eines veralteten Konzeptes wird sie
nach COBOL am häufigsten angewendet. Für betriebswirtschaftliche Probleme ist
FORTRAN weniger geeignet.

COBOL (common business oriented language) stellt die verbreitetste Programmiersprache für den kaufmännischen bzw. betriebswirtschaftlichen Einsatz dar. Sie ist zwar schreibaufwendig, aber für die strukturierte Programmierung gut geeignet. Auf leistungsfähige Ausdrucksmittel zur Datenbeschreibung und auf frühzeitige Standardisierung der Sprache wurde besonderer Wert gelegt.

Auch heute genügt sie noch gestiegenen Anforderungen und ist für betriebswirtschaftliche Anwendungen gut geeignet.

Eine für Anfänger gut geeignete und konzipierte Programmiersprache ist *BASIC* (Beginners all-purpose symbolic instruction code), da sie besonders leicht erlernbar und auf kleinsten Rechnern implementierbar ist. Sie eignet sich darüber hinaus hervorragend als Interpretersprache, wodurch BASIC heute als eine der führenden Sprachen in der Anwendungsentwicklung für Mikrorechner anzusehen ist. Für professionelle und umfangreiche Programmentwicklungen ist BASIC weniger geeignet, darüber hinaus hat es eine ungünstige, stilbildende Wirkung auf den Programmierer.

Die Programmiersprache *C* sollte das Betriebssystem UNIX maschinenunabhängig machen. Sie ist fast identisch mit PASCAL. Der auffallendste Unterschied besteht in der Tatsache, daß C sich besonders zur Systemprogrammierung eignet. Sie hat als Merkmale eine kurze Laufzeit, eine universelle Laufzeit und ist nur schwer lesbar. Im Prinzip steht und fällt sie mit der Verbreitung von UNIX.

Eine Weiterentwicklung von C ist *C++*. Sie zählt zu den sog. Hybridsprachen, denn sie stützen sich sowohl auf konventionelle Programmierkonzepte als auch auf objektorientierte Konzepte. Die Sprache C wird als Basissprache für C++ benutzt, da die Sprache vielseitig, knapp und maschinennah ist, wodurch Implementierungen effizient gestaltet werden können. Zum anderen paßt sie ohne weiteres in eine UNIX-Programmierumgebung. Die vorhandenen Programmbibliotheken von C können weiterbenutzt werden. Bisherige C-Programmierer können ohne große Schwierigkeiten C++ anwenden.

Dadurch, daß sich mit C++ ohne Probleme Programme erstellen lassen, die einer konventionellen Programmierweise entsprechen, können in C++ Codeteile, die eine herkömmliche Implementierung benötigen, realisiert und übernommen werden.

Das Hauptziel von *PASCAL* ist die stilbildende Wirkung auf den Programmieranfänger. Angewandt wird sie bei wissenschaftlich-technischen Aufgaben, Systemprogrammierung und bei Mikroanwendungen, bei denen BASIC überfordert ist. Sie wird also für Ausbildungszwecke und weniger für professionelle Anwendungsentwicklung verwendet.

FRAMEWORK beinhaltet ein Anwendungspaket (ähnlich wie MicroSoft Office) mit Textverarbeitung, Tabellenkalkulation, Datenbank, DFÜ (Datenfernübertragung) und Graphikerstellung in sog. frames (Rahmen), die einen beliebigen Inhalt haben.

Die Datenbanksprache, in der heutigen EDV-Praxis schlechthin, ist *SQL* (structured query language), mit der es möglich ist, Daten einzugeben, vorhandene Daten zu suchen, Daten auszugeben, zu ändern, zu löschen, zu speichern etc. Sie ist leicht zu erlernen und sowohl im Dialog als auch für Stapelverarbeitung(größere Anzahl von Daten gleicher Art werden nacheinander nach demselben Verfahren behandelt) einsetzbar. Entwickelt von IBM stellt sie also eine standardisierte Abfragesprache für relationale Datenbanken dar und gestattet neben der Abfrage von Daten auch die Datendefinition, die Datenmanipulation und die Datenkontrolle.

SMALLTALK , eine objektorientierte Programmiersprache, ist mittlerweile zur Basis für HyperCard (Betriebssystem für MacIntosh-Computer von Apple, dem „Rolls Royce" unter den Rechnern) geworden. Dieses Betriebssystem ist objektorientiert und sowohl für die Entwicklung als auch für die Verwaltung von Texten und Bildern geeignet[157] .

---

[157] Vgl.:   Stahlknecht, Peter, Einführung in die Wirtschaftsinformatik, 6. Auflage, Berlin-Heidelberg. 1993,   S. 108 ff.
   Schulze, Hans Herbert, PC-Lexikon, Reinbek bei Hamburg, 1993, S. 442 f, 264, 507 f, 496 und 509.
   Mertens/Bodendorf/König/Picot/Schumann, Grundzüge der Wirtschaftsinformatik, 2. Auflage, Berlin-Heidelberg, 1992, S. 21 ff.
   Rothhard, Günter, Praxis der Software-Entwicklung, Berlin, 1987, S. 174 ff.
   Kempel Hans-Jürgen/ Pfänder Gotthard, Praxis der objektorientierten Programmierung, München-Wien, 1990, S. 24 f.

2.3.6 Programm- und Systemtest

„Programmfehler sind auch durch geeignete Auswahl einer Programmiersprache nicht vollständig vermeidbar. Es gibt keine Programmiersprache, die Fehler beim Codieren ausschließt. Fehlerquellen von Software-Systemen liegen in den Eigenheiten der Menschen begründet. Menschen können sich irren, sie können Denk-, Kommunikations- und Übertragungsfehler begehen. Deshalb muß für Programme eine Funktions- und Leistungsüberprüfung durchgeführt werden. Programme werden mit Testdaten auf Fehler untersucht. Ein vollständiges Testen ist schon aus Zeitgründen unmöglich (vgl. Myers 1987, S. 9 - 14). Auch nach erfolgreichem Test kann ein Programm noch Fehler enthalten. Je mehr Fehler in einem Programm gefunden wurden, um so wahrscheinlicher ist es, daß noch Fehler in diesem Programm existieren: Wurden zwei Programme A und B unter gleichen Bedingungen entwickelt sowie getestet und bei Programm B mehr Fehler als bei Programm A gefunden, so ist die Wahrscheinlichkeit viel größer, daß sich im Programm B noch weitere Fehler befinden"[158].

Die Testphase kann durchaus als eine der wichtigsten Phasen der Software-Entwicklung bezeichnet werden, was allein schon der 50 bis 60 %tige Anteil am gesamten Projektaufwand bei größeren Projekten zeigt.

2.3.6.1 Grundlagen des Testens

Unter Testen wird ganz allgemein die Prüfung von codierten Programmen hinsichtlich der korrekten Formulierung und Ausführung verstanden. Diese Phase beginnt i.d.R. nach der Programmentwicklung bzw. Programmierung und hat den Zweck der Fehlerfindung und der Fehlervermeidung. Mittlerweile jedoch wird versucht, die Fehler schon vor und während der Programmentwicklung weitestgehend zu vermeiden. Hierzu werden einerseits die Systemanforderungen und die Programmspezifikationen auf ihre Vollständigkeit und Redundanzfreiheit frühzeitig überprüft oder andererseits die Einhaltung der Vorgaben aus der Phase Detailentwurf durch intensive und lückenlose Kontrollen.

Unterschieden wird beim Testen generell zwischen der Verifikation (Überprüfung des Programmes hinsichtlich der im fachinhaltlichen Entwurf vorgegebenen Anforderungen) und der Validation, d.h. ob das Programm mit der Realität übereinstimmt bzw. den Anforder-

---

[158] Simon, Manfred, CASE-Werkzeuge, Wiesbaden, 1992, S. 13.

ungen des Benutzers entspricht. Die Verifikation beinhaltet die Testmethode des Black-Box-Tests, welche den Gegensatz zum eigentlichen Programmtest, dem White-Box-Test, darstellt (vgl. Abschnitt 2.3.6.2).

Wird das Programm hinsichtlich der Programmformulierung getestet, so spricht man von einem statischen Test; bezieht sich das Testen auf die Programmausführung, so wird der Test als dynamisch bezeichnet.

Weiterhin unterscheidet man noch den Formaltest (dient zur Aufdeckung formaler bzw. syntaktischer Fehler mit Hilfe von Compilern, Interpretern oder Assemblern) sowie den Logiktest (Aufdeckung logischer bzw. semantischer Fehler)[159].

Damit die Testphase auch die in sie gesetzten Erwartungen der Fehlerfindung und der Fehlervermeidung erfüllt und dementsprechend auch effizient ist, sind folgende Grundsätze zu beachten:

- „Mit jedem Test müssen sinnvolle und quantifizierbare Ziele erfüllt werden. Testen ohne Zielsetzungen ist eine Vergeudung von Zeit und Geld.

- Testziele sind nur dann akzeptabel, wenn sie auch erreichbar und meßbar sind. Für die Umsetzung dieser Forderung sind die Testziele in quantifizierbarer Form vorzugeben, beispielsweise 95 % C_0 - Testabdeckung, d.h. 95 % aller Anweisungen werden beim Testablauf erreicht, oder 100 % funktionale Abdeckung eines Programms, d.h. alle spezifizierten Funktionen des Programms werden durch Testfälle mindestens einmal ausgeführt.

- Es muß für jeden Test ein Endkriterium vorgesehen sein. Das Problem gegenwärtig besteht im Fehlen von theoretisch bestimmbaren Kriterien. Trotzdem gibt es bereits heuristische Ansätze, um Kriterien für das Testende zu finden.

- Es ist praktisch nicht möglich, ein Programm vollständig zu testen. Aufgrund der großen Anzahl von Pfaden in einem nicht trivialen Modul bzw. in einem Programm ist es nicht möglich, entsprechend viele Testfälle aufzustellen, um sämtliche Pfade durch ein Programm zu durchlaufen.

---

[159] Vgl.:   Simon, Manfred, CASE-Werkzeuge, Wiesbaden, 1992, S. 13 f.
                Stahlknecht, Peter, Einführung in die Wirtschaftsinformatik, 6. Auflage, Berlin-Heidelberg, 1993,   S. 292.
                Wallmüller, Ernest, Software-Qualitätssicherung in der Praxis, München-Wien,1990, S. 168.

- Wegen der Unmöglichkeit, ein Testobjekt vollständig zu testen, müssen wir ökonomisch testen, d.h. gerade so viel als nötig. Ökonomisches Testen ist eine Optimierungsaufgabe und wird durch eine systematische und kontrollierte Testfallauswahl ermöglicht.

- Es muß immer gegen etwas getestet (geprüft) werden, d.h. wir müssen für jeden Testfall die erwarteten Testergebnisse a priori spezifizieren.

- Die Ergebnisse eines jeden Tests müssen sorgfältig überprüft werden.

- Der Entwickler ist für die Tests der einzelnen Module verantwortlich (Einzeltest, Modultest). Auch die Integrationstests werden i.d.R. von den Entwicklern durchgeführt. Sind die Module des Programmsystems integriert, tritt die unabhängige Testgruppe in Aktion (geläufige Namen dafür sind z.B. applikatorischer Integrationstest oder Systemtest). In der Praxis arbeiten Entwickler und die unabhängige Testgruppe eng zusammen, damit die Tests möglichst reibungslos durchgeführt und die entdeckten Fehler sofort korrigiert werden. [...]

- Testfälle dürfen nicht nur den Bereich der erwarteten und gültigen Eingabedaten abdekken; sie müssen auch unerwartete ungültige Eingabedaten berücksichtigen.

- Testfälle und ihre Ergebnisse sind zu sammeln und zu archivieren. Sie sind eine wertvolle Investition, die später in der Wartungs- und Pflegephase sehr nützlich für das Retesting von Programmen oder Programmteilen sind, die geändert bzw. erweitert werden müssen.

- Ein Testfall ist dann als erfolgreich anzusehen, wenn er einen bisher unbekannten Fehler entdeckt. Dazu ist es notwendig, eine genaue Fehlerstatistik über jedes Programm zu führen.

- `Wegwerf-Testfälle´ sind grundsätzlich zu vermeiden, außer man schreibt `Wegwerf-Software´. Dann hat aber das Testen an sich auch keine große Bedeutung.

- Der Testplan sollte immer unter der Annahme aufgestellt werden, daß Schwierigkeiten beim Testen auftreten. Bei der Testplanung für ein Projekt sind genügend Zeit, sowie finanzielle und personelle Ressourcen für das Testen zur Verfügung zu stellen.

- Testen muß reproduzierbar sein. Dies hat besonders bei Änderungen, aber auch in der Wartungs- und Pflegephase von Software eine große Bedeutung. Grundsätzlich ist jede Änderung im Programm ein Anlaß, die bisher durchgeführten Testfälle zu wiederholen.

- Die Anzahl von bisher unentdeckten Fehlern eines Moduls ist proportional zur Anzahl der bereits gefundenen Fehler. Dies bedeutet, daß besondere Sorgfalt beim Testen von Modulen an den Tag gelegt werden muß, bei denen bereits Fehler gehäuft aufgetreten sind. Beispielsweise wurden 47 % der Fehler des Betriebssystems IBM OS/370 in nur 4 % der Module gefunden"[160].

Werden diese Grundsätze beachtet, so führt das Testen i.d.R. zum Erfolg. Der Haken dabei ist jedoch wiederum das Management und das Problemdreieck Qualität-Kosten-Zeit, denn die zum effizienten Testen benötigte Zeit, wird in der Praxis relativ selten, aus Kostengründen, gewährt (vgl. Abschnitt 4).

Bevor das eigentliche Testen beginnt, erfolgt als Vorstufe der symbolische Test, d.h. testen ohne das Programm zu starten, also das manuelle Durchspielen des Programms mit wenigen Testdaten, z.B. mit Wertetabellen zur Prüfung von Schleifen.

Dies kann mit einem sog. Schreibtischtest (schriftliche Formulierung des Programmcode) oder mit dem sog. Fingertest (an Hand des am Bildschirm angezeigten Programmcode) erfolgen.

Der symbolische Test wird häufig unterschätzt oder vernachlässigt, was dazu führt, daß der maschinelle Test zu früh gestartet wird, das Programm damit formal noch gar nicht ausgereift ist.

Die minimale Testaufgabe nach der IEEE-Norm 1012 - 1986 bzw. das maschinelle Testen gliedert sich in eine typische bottom up-Vorgehensweise:

- Modultest (Einzeltest),

- Integrationstest (Komponententest),

- Systemtest und

- Abnahmetest.

---

[160] Wallmüller, Ernest, Software-Qualitätssicherung in der Praxis, München-Wien,1990, S. 169 f.

Jede dieser vier Stufen ist wiederum in die Schritte:

- Testvorbereitung (Festlegung des Testumfangs, Auswahl der Testdaten sowie die

         manuelle Vorausberechnung der erwarteten Testergebnisse),

- Testdurchführung (eigentlicher Test, Erstellung eines Testvorfallsberichts),

- Testnachbereitung (Testergebnisse und Abweichungen werden mit den vorangehenden

         Testfällen verglichen und weitere Testfälle festgelegt bzw. be-

         stimmt).

Durch dieses Vorgehen wird das Risiko eines unterschiedlichen Testprozesses merklich verringert.

Das *Modulartesten* bedeutet, daß vorab die Strukturblöcke bzw. Module einzeln getestet werden, wobei im nachfolgenden *Integrationstest* die bereits getesteten Module nacheinander zu Komponenten zusammengefügt werden, um zu prüfen, ob die einzelnen Strukturblöcke als Gesamtheit ebenfalls funktionieren.

Die Durchführung beider Tests ist Aufgabe der Programmierer. Anschließend wird der *Systemtest* mit Hilfe der nun hinzugezogenen Fachabteilung durchgeführt, d.h. das Testen beschränkt sich nun nicht mehr nur auf das eigentliche Programm, sondern das gesamte DV-Anwendungssystem wird nun miteinbezogen; und zwar mit Vordrucken hinsichtlich der Druckformate, der Bildschirmmasken der Ein- und Ausgabeformate, der endgültigen Belegerfassung für die Ein- und Ausgabedaten etc.

Den Abschluß des maschinellen Testens bildet der *Abnahmetest*, d.h. alle beteiligten Stellen (sämtliche Stellen, die Daten und Belege liefern respektive Ergebnisse erhalten) innerhalb des jeweiligen Betriebes sowie alle beteiligten Stellen des Rechenzentrums (speziell bei Banken, Steuerberatern und Wirtschaftsprüfern). Im Prinzip geht es um die Verifikation aller im fachinhaltlichen Entwurf definierten Anforderungen[161].

---

[161] Vgl.: Stahlknecht, Peter, Einführung in die Wirtschaftsinformatik, 6. Auflage, Berlin-Heidelberg, 1993, S. 292 ff.

   Wallmüller, Ernest, Software-Qualitätssicherung in der Praxis, München-Wien,1990, S. 171 f.

   Schulze, Hans Herbert, PC-Lexikon, Reinbek bei Hamburg, 1993, S. 534 f.

2.3.6.2 Methoden des Testens

Wie bereits angedeutet, werden zwei Gruppen von Methoden unterschieden: die Black-Box-Methoden und die White-Box-Methoden.

Black-Box-Methoden bedeuten, daß das Testobjekt bzw. Prüfobjekt in nachfolgender Abbildung als schwarzer Kasten dargestellt werden, womit ausgedrückt werden soll, daß der oder die Tester keinerlei Informationen über die Struktur des Prüfobjekts heranziehen. Die Basis ist nur die Leistungsbeschreibung des Objekts, um die Testfälle abzuleiten. Ein vollständiger Test bei Black-Box-Methoden würde bedeuten, daß er jede Kombination der Eingabewerte (zulässige und unzulässige) umfassen würde, was praktisch nicht durchführbar wäre, allein schon wegen dem deutlich zu hohen Zeitbedarf und den damit verbundenen Kosten. Voraussetzung für die Anwendung von Black-Box-Methoden ist eine exakte Spezifikation des Testobjekts.

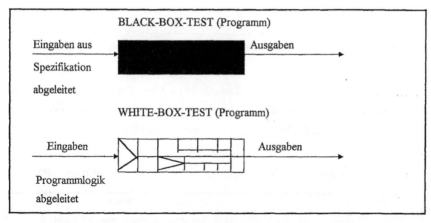

Abbildung 15[162] : Black-Box- und White-Box-Tests

White-Box-Verfahren setzen die Bekanntheit der Struktur des Testobjekts voraus (daher werden sie auch als strukturelle Testmethoden bezeichnet). Der Tester benutzt demzufolge die Informationen über die Struktur des Testobjekts wie z.B. den Detailentwurf oder den Quellcode des Programms, um die Testfälle herzuleiten.

---

[162] Quelle: Wallmüller, Ernest, Software-Qualitätssicherung in der Praxis, München-Wien, 1990, S. 173.

Unter einem vollständigen Test mit White-Box-Methoden wird ein kompletter Durchlauf von jedem Pfad von jedem Eingang zu jedem Ausgang des Moduls verstanden. Nimmt man bspw. ein kleines Codestück einer Schleife, welche zwanzig mal durchlaufen wird und in welcher zwei IF-Anweisungen sind, so ergibt sich aus der Ablaufstruktur 3^{20} Pfade. Aus diesem Sachverhalt erscheint auch hier ein vollständiger Test unmöglich aus den bereits bekannten Gründen. Daher ist es das Bestreben, Zielwerte für die verschiedenen Testabdeckungskenngrößen zu erreichen. Je nach dem, wie hoch der Testabdeckungsgrad liegt, wählt man entsprechend weitere Testfälle aus dem Kontroll- und Datenflußplan, führt die neuen Tests durch und steigert somit den Testabdeckungsgrad.

Testmethoden basierend auf Abdeckungsgrößen
• Anweisungsabdeckung
• Zweigabdeckung
• Bedingungsabdeckung
• Abdeckung aller Bedingungskombinationen
• Pfadabdeckung

Tabelle 16[163] : Abdeckungskenngrößen bei White-Box-Testmethoden

Da, wie beschrieben, ein vollständiger Test sowohl bei Black-Box-Methoden als auch bei White-Box-Methoden undurchführbar ist, entwirft man üblicherweise zuerst mit den Black-Box-Verfahren die Testfälle und ergänzt diese soweit wie nötig durch geeignete White-Box-Verfahren.

Hierfür müssen von beiden Verfahrensarten folgende Dokumente zur Verfügung stehen:

Methode	benötigte Dokumente
Black-Box-Methoden	Produktbeschreibung, Benutzerdokumentation und Installationsanweisung
White-Box-Methoden	Entwurfsdokumente und Programmdokumentation einschließlich Programmlisten

Tabelle 17[164]: Notwendige Dokumente für Black-Box- und White-Box-Methoden

---

[163] Quelle: Wallmüller, Ernest, Software-Qualitätssicherung in der Praxis, München-Wien,1990, S. 180.
[164] Quelle: Wallmüller, Ernest, Software-Qualitätssicherung in der Praxis, München-Wien,1990, S. 174 f.

Als Black-Box-Methoden gelten die folgenden als die Wichtigsten, welche kurz charakterisiert werden:

- Methode der Funktionsabdeckung

- Äquivalenzklassenmethode

- Methode der Grenzwertanalyse

- Ursache-/Wirkungsgraphmethode

- Spezifikationsbezogener Fehlererwartungstest

Bei der Methode der *Funktionsabdeckung* werden die Funktionen des Testobjekts an Hand konkreter Anwendungsfälle identifiziert. Für jede Funktion wird eine Ein-/ Ausgabe-Spezifikation erstellt und auf deren Basis die Testfälle aufgebaut und die dazugehörigen Tests durchgeführt. Dadurch wird aufgezeigt, ob die Funktionen vorhanden und ausführbar sind, wobei die Testfälle sich im Bereich des Normalen bewegen (keine Grenz- und Ausnahmefälle).

Eine *Äquivalenzklasse* stellt eine Menge von Werten und Größen, vergleichbar mit denen der Mathematik, dar, wobei für die Werte angenommen wird, daß während der Testdurchführung ein Wert dieser Klasse die gleiche Wirkung (entdeckte Fehler hinsichtlich Zahl und Art) hat, wie wenn ein beliebiger Wert in dieser Klasse benutzt würde. Bewegen sich die Werte innerhalb des spezifizierten Wertebereichs, so spricht man von einer gültigen Äquivalenzklasse, ansonsten von einer ungültigen Äquivalenzklasse. Beim Entwurf von Testfällen ist darauf zu achten, daß die verschiedenen, spezifizierten Wertebereiche in Äquivalenzklassen eingeteilt werden , aus jeder Klasse ein Wert ausgewählt wird und die Aufsplittung der Klassen auf ihre Vollständigkeit hin überprüft werden sowie ihre Wirksamkeit bei der Aufdeckung von Fehlern beurteilt wird. Sind dann die gültigen und ungültigen Äquivalenzklassen definiert und eingeteilt, werden die Testfälle mit nachfolgendem Hilfeschema erstellt.

Ein-/Ausgabegößen	gültige Äquivalenzklasse	ungültige Äquivalenzklasse
Tagesdatum	≥ 1, ≤ 31 TF1 TF2	< 1, > 31 TF3 TF4
konkrete Testfälle	TF1: 25 TF3: 0 TF4: 40	

Tabelle 18[165] : Hilfeschema für die Äquivalenzklassenmethode

Die *Grenzwertanalyse* (auch für White-Box-Methoden einsetzbar) erzeugt Testfälle, die die Grenzen der Wertebereiche ausleuchten. Sie ist als Ergänzung der Äquivalenzklassenmethode anzusehen; der Unterschied besteht lediglich darin, daß nicht nur ein, sondern mehrere Elemente aus der jeweiligen Klasse ausgewählt werden, mit dem Ziel, jeden Rand der Äquivalenzklasse zu testen.

Die *Ursache-/ Wirkungsgraphmethode* beschränkt sich nicht nur auf Ein- und Ausgabegrößen, sondern sie setzt die Programmspezifikation in einen graphischen Formalismus (alle Programmfunktionen werden über die Ursachen- und Wirkungsdefinition spezifiziert, also ein Ursachen-/Wirkungsbezug) um. Dieser Graph wird dann in eine Entscheidungstabelle (vgl. Abschnitt 2.3.2.4.) umgesetzt, wobei jede Spalte einen Testfall impliziert. Als Vorteil dieser Methode wird die Betrachtung der Kombination von Ein- und Ausgabewerten sowie deren gemeinsame Semantik gesehen. Dies, verstärkt durch die frühzeitige Validierung der Spezifikation, macht sie zum leistungsfähigsten Black-Box-Testverfahren, allerdings aber auch zum Aufwendigsten und Schwierigsten, da eben die Programmfunktionen berücksichtigt werden[166].

---

[165] Quelle: Wallmüller, Ernest, Software-Qualitätssicherung in der Praxis, München-Wien,1990, S. 176.
[166] Vgl.:   Wallmüller, Ernest, Software-Qualitätssicherung in der Praxis, München-Wien,1990, S. 173 ff.
                  Scheibl, H.-J., Software-Entwicklungs-Systeme und -Werkzeuge, 3. Kolloquium, Technische Akademie Esslingen, 1989,
                  S. 5.3-2.

„Ziel des *spezifikationsbezogenen Fehlererwartungstests* (`Error Guessing`) ist es, das Programm mit Daten zu testen, bei denen aufgrund der Spezifikation erwartungsgemäß vermutlich mit größerer Wahrscheinlichkeit mit Fehlern zu rechnen ist als bei anderen. Jede fehlerträchtige Situation bildet einen Testfall. Gegebenenfalls sind zusätzliche fehlerträchtige Eingaben zu kombinieren. Die zu erwartenden Fehler können in den meisten Fällen nur durch Intuition und langjährige Programmiererfahrung gefunden werden"[167]

„Beim White-box-Test werden die Testfälle auf der Basis des Programms, insbesondere seiner Kontrollstruktur und seiner Algorithmen, ausgewählt. Die Auswahl kann nach verschiedenen Kriterien erfolgen. Die wichtigsten White-box-Methoden werden im folgenden kurz beschrieben und bezüglich Leistungsfähigkeit und Aufwand beurteilt"[168].

Zu den wichtigsten White-Box-Methoden zählen:

- Statement-Test,

- Zweigtest,

- Pfadtest,

- programmbezogener Fehlererwartungstest.

„Ziel des *Statement-Tests* ist es, alle Anweisungen des Programms beim Test mindestens einmal auszuführen. Die Testfälle werden aus den Verzweigungsbedingungen des Programms abgeleitet. Der Überdeckungsgrad C0 gibt das Verhältnis zwischen der Anzahl der beim Test ausgeführten und der Anzahl der tatsächlich im Programm vorhandenen Anweisungen an. Der Statement-Test gehört zu den schwächsten White-box-Testverfahren, der Aufwand ist vergleichsweise gering. Die Anzahl der Testfälle hängt vom Verzweigungsgrad des Programms ab. [...]

Ziel des *Zweigtests* ist es, alle Zweige des Programms beim Test mindestens einmal zu durchlaufen. Ein Programmzweig ist, grob definiert, ein möglicher Weg vom Programmanfang bzw. von einer Verzweigung des Kontrollflusses bis zur nächsten Verzweigung bzw.

---

[167] Scheibl, H.-J., Software-Entwicklungs-Systeme und -Werkzeuge, 3. Kolloquium, Technische Akademie Esslingen, 1989, S. 5.3-2.
[168] Scheibl, H.-J., Software-Entwicklungs-Systeme und -Werkzeuge, 3. Kolloquium, Technische Akademie Esslingen, 1989, S. 5.3-2.

zum Programmende. Die Testfälle werden aus den Verzweigungsbedingungen des Programms abgeleitet. Der Überdeckungsgrad C1 gibt das Verhältnis zwischen der Anzahl der beim Test durchlaufenen und der Anzahl der tatsächlich im Programm vorhandenen Zweige an. Der Zweigtest umfaßt den Statement-Test, d.h. beim Durchlaufen aller Programmzweige werden alle Statements des Programms mindestens einmal ausgeführt. Der Aufwand für einen Zweigtest ist nur dann wesentlich größer als für einen Statement-Test, wenn das Programm viele leere Zweige enthält. [...]

Ziel des *Pfadtests* ist es, jeden Pfad des Programms beim Test mindestens einmal zu durchlaufen. Ein Programmpfad stellt einen möglichen Durchlauf durch das ganze Programm dar, wobei jede mögliche Durchlaufanzahl einer Programmschleife zu einem eigenen Pfad führt. Die Testfälle werden aus den Verzweigungsbedingungen des Programms abgeleitet, wobei jede Kombination von Zweigen und Schleifendurchläufen, die einen programmlogisch möglichen Weg vom Programmanfang zum Programmende bildet, einen Testfall darstellt. Der Überdeckungsgrad C gibt das Verhältnis zwischen der Anzahl der beim Test durchlaufenen und der Anzahl der tatsächlich im Programm vorhandenen Pfade an.

Der Pfadtest umfaßt den Zweigtest. Der Aufwand ist im allgemeinen sehr groß. Können für Schleifen mit datenflußabhängiger Durchlaufhäufigkeit keine Obergrenzen für die Durchlaufhäufigkeiten angegeben werden, ist die Anzahl der Pfade unendlich und damit der Pfadtest nicht durchführbar. Selbst bei Existenz einer Obergrenze ergeben sich jedoch durch die Vielzahl möglicher Kombinationen im allgemeinen so viele Testläufe, daß der Testaufwand nicht vertretbar ist. [...]

Ziel des *programmbezogenen Fehlererwartungstests* (`Error Guessing´) ist es, kritische Stellen des Programms zu testen, an denen erfahrungsgemäß oder vermutlich mit größerer Wahrscheinlichkeit mit Fehlern zu rechnen ist als an anderen. Kritische Stellen für den programmbezogenen Fehlererwartungstest können beispielsweise fehleranfällige Konstruktionen oder singuläre Stellen in bestimmten Algorithmen sein. Bei der Überlegung, welche Fehler in einem Programm zu erwarten sind, spielen viele Aspekte wie Kontrollfluß, Datenfluß, Art der verwendeten Datenstrukturen und Algorithmen eine Rolle. Die zu erwartenden

Fehler können in den meisten Fällen nur durch Intuition und langjährige Programmiererfahrung gefunden werden"[169].

2.3.6.3 Gegenüberstellung von White-Box- und Black-Box-Test

„Der wichtigste Pluspunkt des Black-box-Tests ist die Testfallermittlung aus der Spezifikation, da nur sie einen applikationsorientierten Test mit praxisrelevanten Testdaten garantiert. Der White-box-Test dagegen ermöglicht den gezielten Test verschiedener Programmteile und liefert durch Angabe eines Überdeckungsgrades ein Maß für den Umfang des Tests. Die relative Leistungsfähigkeit der Verfahren wird klar, wenn man die jeweiligen Nachteile der Verfahren betrachtet:

Der Black-box-Test hat gegenüber dem White-box-Test den Nachteil, daß bei ihm im allgemeinen nicht alle Programmteile erreicht werden, da viele Programme algorithmenspezifische oder programmtechnisch bedingte Zweige enthalten, die im Zuge des Black-box-Tests nicht zwangsläufig getestet werden. Ein weiterer Nachteil des Black-box-Tests ist die Tatsache, daß der Erfolg sehr stark vom Detaillierungs- und Exaktheitsgrad der Spezifikation abhängt. Dazu kommt, daß die auf der Spezifikation basierenden Verfahren zur Testfallermittlung im Gegensatz zum White-box-Verfahren in den meisten Fällen heuristisch sind. Nur bei streng formal formulierter Spezifikation, beispielsweise in Syntax der Prädikatenlogik, ist eine deterministische Testfallermittlung möglich.

Ein wichtiger prinzipieller Nachteil des White-box-Tests gegenüber dem Black-box-Test ist die Tatsache, daß nicht festgestellt werden kann, ob Programmpfade fehlen, das heißt ob spezifizierte Anforderungen bzw. Funktionen im Laufe der Programmentwicklung unberücksichtigt geblieben (z.B. einfach vergessen worden) sind. Darüber hinaus erfolgt die Testfalldefinition beim White-box-Test nicht spezifikations- sondern strukturbezogen, was dazu führen kann, daß für manche Zweige Testdaten ausgewählt werden, die nicht dem Anforderungsprofil des Programms entsprechen.

Diese Gegenüberstellung zeigt, daß die beiden Verfahrensklassen nicht die gleichen Nachteile aufweisen, sondern daß die Nachteile der einen Klasse weitgehend durch die Leistungen der anderen kompensiert werden"[170].

---

[169] Scheibl, H.-J., Software-Entwicklungs-Systeme und -Werkzeuge, 3. Kolloquium,Technische Akademie Esslingen, 1989, S. 5.3-2 f.
[170] Scheibl, H.-J., Software-Entwicklungs-Systeme und -Werkzeuge, 3. Kolloquium,Technische Akademie Esslingen, 1989, S. 5.3-3.

2.3.6.4 Empfehlung für eine Teststrategie

„Welche Strategie zum Software-Test im Einzelfall die optimale ist, wird entscheidend durch die an die Software gestellten Zuverlässigkeits- und Sicherheitsanforderungen und durch die Komplexität der Programme bestimmt:

- Der außerordentlich große Testaufwand bei den leistungsfähigsten Verfahren ist in der Praxis nur zu rechtfertigen, wenn die Software hohe Zuverlässigkeits- und Sicherheitsanforderungen erfüllen muß.

- Der Aufwand für die verschiedenen Verfahren, insbesondere der White-box-Verfahren, hängt unmittelbar von der Komplexität der Software ab. Beispielsweise steigt der Aufwand für den Zweigtest exponentiell zu der Anzahl der Verzweigungsebenen des Programmkontrollflusses.

Im folgenden wird eine Teststrategie vorgeschlagen, die hohen Zuverlässigkeits- und Sicherheitsanforderungen Rechnung trägt. Sie kann für Programme mit geringeren Anforderungen abgeschwächt werden.

Da der Black-box-Test auf der Spezifikation basierend einen gezielten Test der Programmfunktion ermöglicht, sollte zunächst jedes Programm nach einem der oben genannten Black-box-Verfahren getestet werden. In vielen Fällen erweist sich eine Kombination aus verschiedenen Verfahren als geeignet. Ist der leistungsfähigste Black-box-Test, der Ursache-Wirkungs-Graph-Test, wegen zu großen Aufwands praktisch nicht durchführbar, so ist die Kombination von Äquivalenzklassen- und Grenzwerttest eine geeignete Alternative. Nach Möglichkeit sollten die genannten Verfahren durch Testfälle des spezifikationsbezogenen Fehlererwartungstests erweitert werden, bei denen im letzteren Fall auch fehlerträchtige Funktionskombinationen berücksichtigt werden. Auf jeden Fall ist zu beachten, daß ein wirkungsvoller Black-box-Test immer eine exakte und detaillierte Spezifikation erfordert.

Da beim Black-box-Test nicht zwangsläufig alle Teile des Programms erreicht werden, ist eine Ergänzung des Black-box-Tests durch einen der oben beschriebenen White-box-Tests erforderlich, wobei der Zweigtest im allgemeinen das beste Verhältnis zwischen Leistungsfähigkeit und Aufwand bietet. Bereits beim Black-box-Test sollte die erreichte Zweigüberdeckung gemessen werden. Der Aufwand für den Zweigtest stark verzweigter Programme kann durch Abschwächung der Forderung nach hundertprozentigem Überdeckungsgrad auf

Test gewährleistet dabei, daß die spezifikationsgemäß wichtigen Zweige auf jeden Fall durchlaufen werden. Der White-box-Test sollte nach Möglichkeit Testfälle des programmbezogenen Fehlererwartungstests enthalten, durch die unter anderem auch fehlerträchtige Mehrfachbedingungen und verschiedene Durchlaufhäufigkeiten bei Schleifen mit variabler Durchlaufanzahl berücksichtigt werden"[171].

2.3.6.5 Organisation und Management des Testprozesses

„Generell ist der Testbetrieb um so effizienter, je mehr Testhilfen (debugger) zur Verfügung stehen. Dazu zählen u.a. Programme

- zur Ablaufüberwachung (tracing) und -rückverfolgung (backtracing),

- zur Protokollierung von Ein- und Ausgaben (logging) und

- zur Erstellung von Hauptspeicherabzügen (dump).

Testhilfen gehören zur systemnahen Software und werden oft als Bestandteile der Software-Entwicklungswerkzeuge angeboten. [...]

Zur systematischen Erkennung und Behebung von Programmfehlern werden - ergänzend zum Testen - sogenannte Begutachtungsverfahren vorgeschlagen. Dazu gehören

- Reviews, bei denen systematisch alle Entwicklungsdokumente geprüft werden, und

- (Programm-)Inspektionen, bei denen stichprobenweise die Programme inspiziert werden"[172].

Abschließend bleibt zu bemerken, daß der Programmtest sowohl als eine der wichtigsten Phasen der Software-Entwicklung als auch als eine der Grundlagen für effiziente, kostenbewußte Programmentwicklung anzusehen ist.

---

[171] Scheibl, H.-J., Software-Entwicklungs-Systeme und -Werkzeuge, 3. Kolloquium, Technische Akademie Esslingen, 1989, S. 5.3-3.

[172] Stahlknecht, Peter, Einführung in die Wirtschaftsinformatik, 6. Auflage, Berlin-Heidelberg, 1993, S. 295 f.

2.3.7 Der Fremdbezug - Kauf von Standardsoftware

„In manchen Firmen stellt sich die Frage, ob eine ganze Anwendung erst erstellt oder gleich vollständig erworben werden soll.

Auf dem Markt werden Softwarepakete angeboten, die allgemeine Verwaltungsarbeiten ausführen können, wie zum Beispiel Erstellen von Gehaltslisten, Rechnungen, Lagerhaltung oder Verkauf. Manche dieser Pakete können ohne Verzögerung nach der Installation die Arbeit aufnehmen, andere müssen zuerst an die Umgebung angepaßt werden.

Oft behaupten die Anbieter solcher Pakete, daß dadurch Zeit und Geld gespart wird, und daß eine Firma, die ihre eigene Implementation erstellt, sozusagen das Rad neu erfindet.

Auf der Gegenseite wenden Benutzer und EDV-Fachleute ein, daß ein solches Paket von vornherein unmöglich so zugeschnitten sein kann, daß es unverzüglich in einer bestimmten Firmenstruktur eingesetzt werden kann. Der Zeitaufwand und die Kosten, die dadurch entstehen, daß ein Fertigpaket durch eigene Arbeit erst modifiziert werden muß, neutralisiere die gesparten Kosten.

Zusätzlich ergäben sich Schwierigkeiten bei der Softwareanpassung dadurch, daß sich der Auftraggeber voll auf die beauftragte Firma verlassen muß oder sich eigene EDV-Leute erst in ein unbekanntes Programm einarbeiten müssen"[173].

Ein Standardprogramm kann von vielen Benutzern und Anwendern verwendet werden. Standardsoftware ist ein Programm oder ein ganzes Programmpaket mit den Eigenschaften, daß

- von dem Programmpaket ein definiertes, betriebliches Anwendungsgebiet übernommen wird, wie z.B. die Lohnabrechnung, Fakturierung, Kosten- und Erfolgsrechnung, Angebots- und Auftragsbearbeitung etc.,

- und daß die Standardsoftware für die Grundversion einen Festpreis hat. Zusätzliche Anpassungen an die betrieblichen Anforderungen erfolgen individuell und erhöhen damit den Preis für die Software.

---

[173] Ward, Paul T., Systementwicklung mit System, 1. Auflage, München, 1989, S. 290.

Ein Beispiel für Standardsoftwarepakete ist Microsoft Office (einschließlich Textverarbeitung, Tabellenkalkulation, Graphikerstellung und Präsentationen sowie einer Datenbank auf SQL-Basis).

Der Vorteil dieser Pakete, daß die Bausteine des Paketes von einem Hersteller entwickelt wurden und somit zu 100 % kompatibel sind hinsichtlich von z.B. Graphikeinbindungen und Geschäftspräsentationen[174].

2.3.7.1 Einsatz von Standardsoftware

„Voraussetzung für den Einsatz von Standardsoftware ist, daß die Anforderungen des Unternehmens mit den Leistungsmerkmalen der am Markt angebotenen Standardsoftware weitgehend übereinstimmen. Das Unternehmen muß auch in der Lage sein, auf Teilfunktionen zu verzichten oder diese selbst hinzuzufügen, wenn sie von der Standardsoftware nicht unterstützt werden. Ebenso ist zu berücksichtigen, daß möglicherweise organisatorische Änderungen notwendig sind. Erfolgen keine Änderungen, so spricht man von einer schlüsselfertigen Lösung"[175].

„Leider werden immer wieder Programme unter der Bezeichnung `Standardsoftware´ angeboten, die zunächst nur individuell für einen einzigen Anwender entwickelt worden sind und sich bei der anschließenden `Vermarktung´ keineswegs von anderen Anwendern problemlos übernehmen lassen. Für die Anpassung von Standardsoftware an die individuellen betrieblichen Anforderungen kommen drei Möglichkeiten in Betracht, und zwar

- Parametrisierung,

- Customizing (Konfigurierung) oder

- Individualprogrammierung.

---

[174] Vgl.:   Schulze, Hans Herbert, PC-Lexikon, Reinbek bei Hamburg, 1993, S. 508 f.
              Stahlknecht, Peter, Einführung in die Wirtschaftsinformatik, 6. Auflage, Berlin-Heidelberg, 1993, S. 300.
[175] Mertens/Bodendorf/König/Picot/Schumann, Grundzüge der Wirtschaftsinformatik, 2. Auflage,Berlin-Heidelberg, 1992, S. 170.

Bei der *Parametrisierung* werden die gewünschten Programmfunktionen durch das Setzen von Parametern initialisiert. Voraussetzung ist, daß alle denkbaren Programmfunktionen in der Standardsoftware vorhanden sind. Die Programme sind damit von vornherein unhandlich und die Programmlaufzeiten bzw. Antwortzeiten häufig hoch.

Beim *Customizing* werden lediglich die gewünschten Programmbausteine in das Softwarepaket aufgenommen. Die Generierung erfolgt computergestützt durch Auswahl aus vorhandenen Bausteinen, und zwar wie folgt:

- Zunächst werden die gewünschten Programmfunktionen an Hand eines Fragebogens entweder schriftlich oder im Bildschirm-Dialog festgelegt.

- Dann erfolgen Prüfungen auf Logik und Hardware-Realisierbarkeit. Gegebenenfalls werden Korrekturen vorgenommen.

- Abschließend wird das gesamte Programm generiert. Voraussetzung für Customizing ist, daß alle Programmfunktionen zur Auswahl zur Verfügung stehen.

Individualprogrammierung bedeutet, daß für die erforderlichen Anpassungen Software erstellt wird. Die so modifizierte Standardsoftware wird den Anforderungen des Kunden am besten gerecht. Diese Lösung ist allerdings am teuersten"[176].

Umseitig werden die Argumente für und gegen die Anschaffung von Standardsoftware dargestellt.

---

[176] Stahlknecht, Peter, Einführung in die Wirtschaftsinformatik, 6. Auflage, Berlin-Heidelberg, 1993, S. 302 f.

Vorteile von Standardsoftware	Nachteile von Standardsoftware
• Kauf ist i.d.R. günstiger als Eigenentwicklung. • Einführungsdauer ist wesentlich kürzer, da die Standardsoftware sofort verfügbar ist. • Standardsoftware ermöglicht Anwendungen auch dann, wenn kein oder nur unzureichend qualifiziertes DV-Personal im Betrieb vorhanden ist. • Die Fehler und Risiken, die bei der Softwareentwicklung häufig auftreten, entfallen. • Standardsoftware von namhaften Herstellern ist meist von hoher Qualität, einfach schon durch die Erfahrung der Programmierer. • Standardsoftware ermöglicht evtl. betriebswirtschaftliches und organisatorisches Know-how, welches bisher in dem jeweiligen Unternehmen noch nicht verfügbar war. • Anwenderschulungen von namhaften Softwarehäusern sind meist von wesentlich höherer Qualität und Effizienz, als bei Schulungen, die von der DV-Abteilung des eigenen Hauses durchgeführt werden. • Schonung der eigenen DV-Ressourcen für besonders wichtige Aufgaben.	• Anwenderanforderungen sind in den meisten Fällen nicht zu 100 % berücksichtigt, wodurch erheblich Anpassungen erforderlich werden. • Evtl. ungewollte Abhängigkeit von dem Softwarelieferanten. • Eigenes DV-Know-how wird nur geringfügig eingesetzt. • Möglicherweise treten Schnittstellenprobleme zu anderen DV-Anwendungen auf, wenn kein Standardsoftwarepaket erworben wird. • Innere Bereitschaft der betroffenen Belegschaft, die neue Lösung anzunehmen, ist vielleicht nicht so groß wie bei einer Eigenentwicklung, wo diese dauernd mit eingebunden wird. • Die Softwarewartung ist besonders bei kleinen Anbietern nicht immer gewährleistet. • Die Programmspezifikation wird bei Kauf von Software nicht immer sorgfältig genug vorgenommen, so daß spätere Änderungen nicht ausgeschlossen werden können. • Evtl. zusätzliche Belastung der Hardware, da die Software nicht an die jeweilige, spezielle Rechnerumgebung des Unternehmens angepaßt ist.

Tabelle 19[177] : Vor- und Nachteile von Standardsoftware

Wurden die dargestellten Vor- und Nachteile beim Kauf von Standardsoftware gegeneinander abgewogen und die Anschaffung befürwortet, so sind noch die Kriterien bei der Auswahl der Software und des Softwarehauses bzw. des Softwarelieferanten zu betrachten.

---

[177] Quelle: Stahlknecht, Peter, Einführung in die Wirtschaftsinformatik, 6. Auflage, Berlin-Heidelberg, 1993, S. 301 f.
Mertens/Bodendorf/König/Picot/Schumann, Grundzüge der Wirtschaftsinformatik, 2. Auflage, Berlin-Heidelberg, 1992, S. 170 f.

2.3.7.2 Kriterien für den Kauf von betrieblicher Standardsoftware

Die Kriterien zur Anschaffung betrieblicher Standardsoftware lassen sich zu folgenden Gruppen zusammenfassen:

- betriebswirtschaftliche Kriterien, wie Leistungsumfang und Schnittstellen zu anderen Anwendungen;

- softwaretechnische Kriterien, wie Effizienz, Benutzerfreundlichkeit, Datensicherheit und Zuverlässigkeit;

- Anschaffungskriterien, wie Lieferzeit, Garantien, Wartungskosten, Kaufpreis, Schulungen, Handbücher, Vertragsbedingungen, Rücktrittsrechte usw.;

- Informationen über den potentiellen Anbieter, wie Ansehen, Qualifikation, Referenzen, geographische Nähe, Branchenerfahrung etc.;

- Gesichtspunkte zur Systemeinführung und zum eigentlichen Systembetrieb, wie Handbücher und deren Qualität, Schulungen, Testmöglichkeiten vor der Installierung, Wartung und Unterstützung bei Problemen (Hotline) etc.[178].

Nach der Aufstellung eines Kriterienkataloges muß noch der passende und geeignete Anbieter herausgefiltert werden. Dies erfolgt mit dem eigentlichen Auswahlprozeß.

2.3.7.3 Auswahl des Softwareanbieters

Die Auswahl erfolgt einerseits nach betriebswirtschaftlichen Gesichtspunkten in Form einer Ausschreibung oder einer Angebotseinholung und andererseits nach DV-technischen Kriterien wie Schnittstellen, Leistungsumfang, Module, Fenstertechnik, Wartung, Kundenservice etc.

Bei der Ausschreibung ist zu beachten, daß sie folgende Punkte enthält:

- Charakterisierung des eigenen Unternehmens,

- Darlegung der Arbeitsabläufe, die die Datenverarbeitung betreffen,

- Preisobergrenze,

---

[178] Vgl.:Stahlknecht, Peter, Einführung in die Wirtschaftsinformatik, 6. Auflage, Berlin-Heidelberg, 1993, S. 302.

- Ziele und Mindestanforderungen an die gewünschte Software,

- Aufforderung zu Schulungen, Wartung, Systemeinführung, Unterstützung sowie die Angabe von Referenzen,

- Terminsetzung für die Angebotseinreichung.

Nach erfolgreicher Ausschreibung bzw. erfolgreicher Angebotseinholung werden die nun vorliegenden Angebote miteinander verglichen und ausgewertet. Für diese Auswertung kommt i.d.R. die Nutzwertanalyse in Betracht, d.h. die Angebote werden hinsichtlich der gewählten Kriterien, aus dem vorhergehend aufgestellten Kriterienkatalog, gegenübergestellt und gewichtet, wie nachfolgende Abbildung verdeutlicht.

Kriterium	Gewicht
Kaufpreis der Software	30 %
Kaufpreis der Hardware	20 %
Erweiterungsfähigkeit der Hardware	10 %
Garantie regelmäßiger Software-wartung	25 %
Nähe des Anbieters	10 %
Anzahl der Referenz-Installationen	5 %
Summe der Gewichtsprozente	100 %

Tabelle 20[179] : Aufstellung und Gewichtung der Kriterien

Kriterium	Angebot		
	A	B	C
1. Kaufpreis der Software	12.000	12.000	12.000
2. Kaufpreis der Hardware	15.000	12.000	8.000
3. Erweiterungsfähigkeit der Hardware	Hauptspeicher und Peripherie	Peripherie	keine
4. Garantie regelmäßiger Softwarewartung	ab nächstem Jahr	ja	evtl.
5. Nähe des Anbieters	50 km	am Ort	500 km
6. Anzahl der Referenz-Installationen	15	3	6

Tabelle 21[180] : Gegenüberstellung der Angebote

---

[179] Quelle: Stahlknecht, Peter, Einführung in die Wirtschaftsinformatik, 6. Auflage, Berlin-Heidelberg, 1993, S. 308.

Kriterium	Gewichtung	Angebot		
		A	B	C
1.	30 %	5	4	2
2.	20 %	1	3	4
3.	10 %	5	3	1
4.	25 %	2	5	3
5.	10 %	2	5	1
6.	5 %	5	2	4
Nutzwert		315	395	255

Tabelle 22[181] : Bewertung der Angebote

„Im Beispiel hat das Angebot B mit 395 den höchsten Nutzwert. Da die Nutzwertanalyse - ebenso wie die Multifaktorenmethoden - sowohl bei der Auswahl und der Gewichtung der Kriterien als auch bei der Bewertung der Angebote stark von subjektiven Einschätzungen beeinflußt wird, empfiehlt sich die Durchführung von Sensitivitätsanalysen.

Dabei wird untersucht, wie sich Veränderungen von Gewichtsbewertungen für die Kriterien oder von Punktbewertungen für die Angebote auf das Gesamtergebnis auswirken. Würde man beispielsweise den Kaufpreis der Software nur noch mit 25 % (statt mit 30 %), die Anzahl der Referenz-Installationen aber mit 10 % (statt mit 5 %) gewichten, so erhielte man die Nutzwerte 315 für A, 385 für B und 265 für C, die Reihenfolge bliebe also unverändert.

An Hand der Feinbewertung, insbesondere der Ergebnisse der Nutzwertanalyse, wird - wenn keine Gründe für eine Verschiebung sprechen (z.B. in Aussicht gestellte neue Branchensoftware eines namhaften Anbieters) - die Endauswahl getroffen. Daran schließt sich der Vertragsabschluß an. Die Einführung verläuft dann analog zur Einführung von Individualsoftware"[182] .

[180] Quelle: Stahlknecht, Peter, Einführung in die Wirtschaftsinformatik, 6. Auflage, Berlin-Heidelberg, 1993, S. 308.
[181] Quelle: Stahlknecht, Peter, Einführung in die Wirtschaftsinformatik, 6. Auflage, Berlin-Heidelberg, 1993, S. 308.
[182] Stahlknecht, Peter, Einführung in die Wirtschaftsinformatik, 6. Auflage, Berlin-Heidelberg, 1993,S. 309.

2.3.8 Systemeinführung

Nach erfolgreicher Testphase bzw. Abnahmetest erfolgt nun die Einführungsphase. Systemeinführung bedeutet Implementierung, d.h. sie umfaßt die Einführung eines neuen Programms für einen PC bzw. eine DV-Anlage einschließlich der Programmanpassung an bereits vorhandene Software und Hardware, wobei die frühzeitige Anwenderschulung auf betrieblicher Ebene eine wichtige Voraussetzung ist.

Die Verantwortlichkeit wird nun der auftraggebenden Fachabteilung und ggfs. dem Rechenzentrum (bei zentralem Systembetrieb) übertragen, wobei die nachfolgenden Aspekte besonders zu beachten sind:

- Programmdokumentation,

- Schulungsmaßnahmen und der

- Umstellungsplan.

Die *Programmdokumentation* (Verfahrensbeschreibung) wird innerhalb einer förmlichen Programmübergabe auf ihre Vollständigkeit hin überprüft, d.h. die gesamten schriftlichen Dokumentationen (Handbücher) sowie alle gespeicherten Unterlagen wie z.B. Datenverzeichnisse müssen vorhanden sein.

Die Verantwortung verlagert sich vom Projektleiter auf den Leiter der DV-Abteilung, mit dem Ziel einer einheitlichen Dokumentation innerhalb interner Richtlinien. Betroffen davon sind die beteiligten Fachabteilungen und die DV-Abteilung.

Für die Benutzer der jeweiligen Fachabteilungen sind Handbücher zu erstellen, was auch als sog. Online-Handbuch bzw. Bildschirm-Dialog verstanden wird (ein Art Lernprogramm, wie von Windows bekannt), was aber die Detaillierung eines schriftlichen Handbuches nicht ersetzen kann.

Die Dokumentation für die DV-Abteilung muß unterschieden werden nach:

- der Beschreibung für die Programmierer bzw. Entwickler hinsichtlich der Software-Wartung (vgl. Abschnitt 2.4) und

Die Programmdokumentation wird in der DIN 66230 nach Anwendungshandbuch für die Fachabteilung und Datenverarbeitungstechnisches Handbuch für die DV-Abteilung zweigeteilt und exakt beschrieben. Sie sollte ab der Phase Grobkonzept beginnen und auch nach der Installation laufend fortgeführt werden, was bedeutet, daß nach jeder Programmänderung die Dokumentation explizit aktualisiert werden muß und daß zeitlich verschiedene Programmversionen strikt zu trennen sind.

Die Dokumentation sollte sinnvollerweise projektbegleitend erfolgen und nicht erst nach der Entwicklung, was aber in der Praxis nicht selten der Fall ist.

Die eigentliche Systemeinführung ist lediglich eine förmliche Übergabe, verbunden mit Anweisungen für alle Beteiligten. Wesentlich früher ist mit den *Schulungsmaßnahmen* für die zukünftigen, betrieblichen Anwender zu beginnen.

Dabei ist vor allem zu beachten:

- Bildung von kleinen, überschaubaren Gruppen der Benutzer, um die Effizienz der Schulung nicht zu mindern.

- Die Schulungen sollten von qualifizierten EDV-Trainern mit pädagogischem Verständnis durchgeführt werden.

- Die Handbücher für die Fachabteilungen sind in „verständlichem Deutsch" abzufassen, damit der unerfahrene Anwender nicht durch unverständliche Fachbegriffe abgeschreckt wird und damit seine innere Einstellung gegenüber der EDV nicht ablehnend wird.

Wird die Schulung bei der eigentlichen DV-Nutzung erst begonnen, so ist diese unzureichend, da dadurch die Umstellung verzögert wird und somit die Gesamtkosten des DV-Projektes unnötig steigen.

Der exakte *Umstellungsplan*, in dem festgelegt ist, wer zu welcher Zeit welche Arbeiten auszuführen hat und wer die Verantwortung dafür trägt, gewährleistet eine problemlose Systemeinführung.

Die zentrale Rolle spielt hierbei die sorgfältige Datenerfassung und -eingabe (z.B. Adressenaufnahme in die Datenbank, Einrichtung von Dateien etc.) sowie die Umorganisation von Datenbeständen (z.B. Wechsel von Dateiorganisation zu einem relationalen Datenbankmanagementsystem RDBMS etc.).

Ist die Phase der Systemeinführung erfolgreich abgeschlossen, folgt die Systemnutzung und -wartung; also die Pflege, Änderung und Weiterentwicklung der Software bzw. des Systems. Die Einsatzphase endet dann mit der Einführung eines neuen Verfahrens respektive einer neuen Software[183].

---

[183] Vgl.:   Stahlknecht, Peter, Einführung in die Wirtschaftsinformatik, 6. Auflage, Berlin-Heidelberg, 1993, S. 315 ff.
            Mertens/Bodendorf/König/Picot/Schumann, Grundzüge der Wirtschaftsinformatik, 2. Auflage,Berlin-Heidelberg, 1993,
            S. 162 f.
            End/Gotthardt/Winkelmann, Softwareentwicklung, 5. Auflage, Berlin-München, 1986, S. 303.
            Schulze, Hans Herbert, PC-Lexikon, Reinbek bei Hamburg, 1993, S. 303.

2.4 Wartung von Software

2.4.1 Grundlagen der Software-Wartung

Nach Abschluß des vorgestellten Phasenschemas der Softwareentwicklung beginnt der Systembetrieb bzw. die Softwarenutzung, welche den größten Anteil am Software-Lebenszyklus besitzt.

In dieser Zeit hat eine ständige Wartung (als Oberbegriff für Wartung und Pflege) der Software zu erfolgen, welche vier Funktionen zu erfüllen hat:

- Korrektion bzw. korrigierende Wartung hinsichtlich der Fehlerbereinigung,

- Anpassung bzw. adaptive Wartung zur Anpassung an veränderte Anforderungen,

- Erweiterung bzw. enhansive Wartung im Sinne der Erweiterung um neue Programmteile und

- Optimierung bzw. perfektionierende Wartung zur Qualitätsverbesserung[184].

„*Korrektion* ist die Arbeit, die damit verbunden ist, Fehler zu beheben. Das können Fehler sein, die schon bei der Erstentwicklung der Software entstanden sind oder die durch die Wartung selbst entstehen.

Diese sogenannten 'Second Level Defects' vermehren sich besonders rapide und machen bald die Mehrzahl der Fehler aus. Verursacht werden sie durch die schlechte Konstruktion und die Unüberschaubarkeit der ursprünglichen Version.

Dennoch beträgt der Anteil der Korrektionsarbeiten nur rund 24 % des gesamten Wartungsaufwands. Um diese Kosten zu reduzieren, muß die Pflegbarkeit der Software erhöht werden.

---

[184] Vgl.:   Stahlknecht, Peter, Einführung in die Wirtschaftsinformatik, 6. Auflage, Berlin-Heidelberg, 1993, S. 318.
Sneed, Harry M., Softwarewartung und -wiederverwendung, Köln, 1991, S. 13.

Anpassung umfaßt jene Arbeiten, die durch Änderungen in der Umwelt erzwungen werden. Es handelt sich hier um drei Arten von Änderungen: zum einen

- Änderungen der technischen Umgebung, d.h. der Basis-Software - z.B. des TP-Monitors oder des DB-Systems; zum anderen

- Änderungen an den Benutzerschnittstellen, d.h. in den Bildschirmmasken, Listen oder Austauschbändern; zum dritten sind es

- Änderungen der Funktionen, die das System ausführt, z.B. aufgrund von Gesetzesänderungen oder anderen betrieblichen Regelungen.

Diese notwendigen Systemanpassungen betragen rund 22 % des gesamten Wartungsaufwands. Um diese Kosten zu reduzieren, muß die Anpassungsfähigkeit der Software erhöht werden.

Erweiterung bedeutet die funktionale Ergänzung des Systems. Es werden zusätzliche Funktionen eingebaut, Funktionen, die bei der Erstentwicklung nicht vorgesehen waren oder die zwar geplant, aber nicht implementiert wurden. [...]

Es ist fraglich, ob man die Erweiterung überhaupt zu der Wartung zählen sollte, aber diese Arbeit läßt sich nur schwer von den bisher genannten Tätigkeiten trennen. Falls ein Modul überarbeitet wird, werden in der Regel Anpassungen, Erweiterungen und Optimierung in einem durchgeführt, d.h. die Arbeit schließt alle Komponenten ein. Deshalb wird die funktionale Erweiterung zu der Wartung gezählt, obwohl sie keine echte Wartungstätigkeit ist.

Die Systemerweiterung macht rund 40 % des gesamten Wartungsaufwands aus. Um die Kosten der Erweiterung zu reduzieren, muß die Ausbaufähigkeit der Software erhöht werden.

Optimierung umfaßt alle Arbeiten, die dazu dienen, die Performance oder die Konstruktion des Systems zu verbessern.

Sie beinhaltet Aufgaben wie Tuning und Speicherbedarfsreduzierung, aber auch die Restrukturierung des Systems mit dem Ziel, die Pflegbarkeit, Anpassungsfähigkeit und Ausbaufähigkeit zu verbessern.

Die Optimierungsarbeiten betragen rund 14 % des gesamten Wartungsaufwands. Dieser Anteil läßt sich reduzieren, indem das System von Anfang an besser konstruiert wird, d.h. bei der Erstentwicklung mehr Ressourcen eingeplant werden"[185].

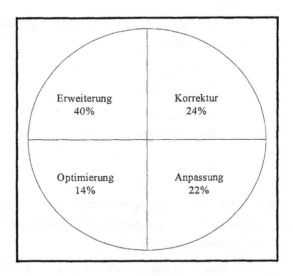

Abbildung 16[186] : Wartungstätigkeiten

Entsprechend den Wartungstätigkeiten und den dadurch entstehenden Personalkapazitätsbindungen spielen die Wartungskosten eine nicht unbeachtliche Rolle.

2.4.2 Kosten der Software-Wartung

„ Die Kosten der Wartung eines Anwendungssystems setzen sich zusammen aus den Kosten zur Beseitigung von aufgetretenen Fehlern und den Kosten für die Anpassung an veränderte Hardware und Systemsoftware.

Leider werden in der Praxis in diese eigentlichen Wartungskosten vielfach auch die Kosten für Funktionserweiterungen eingerechnet. Deshalb sind Zahlen über die Höhe der War-

---

[185] Sneed, Harry M., Softwarewartung und -wiederverwendung, Köln, 1991, S. 13 f.
[186] Quelle: Sneed, Harry M., Softwarewartung und -wiederverwendung, Köln, 1991, S. 15.

tungskosten mit einer gewissen Skepsis und Vorsicht zu betrachten. Bei der Aufzeichnung der Kosten ist die Differenzierung nach dem oben zugrundegelegten Wartungsbegriff empfehlenswert.

Über die Kostenentwicklung bei Anwendungssystemen werden in der Literatur folgende Aussagen gemacht:

- Die Wartungskosten sind um so höher, je mehr Benutzer des Anwendungssystems vorhanden sind.

- Die Wartungskosten eines Anwendungssystems steigen mit der Lebensdauer des Anwendungssystems an"[187].

Daraus ist ersichtlich, daß die Wartung relativ viel Personalkapazität bindet. Tatsächlich beläuft sich diese Personalbindung auf über 70 % der Personalkapazität in der Softwareentwicklung.

Um dieser Fehlallokation (Fehlleitung des Produktionsfaktors Arbeit) entgegenzuwirken, sind Bemühungen festzustellen, die auch als Softwaresanierung bezeichnet werden. Unter Softwaresanierung versteht man demnach die Reduzierung des Wartungsaufwands und folglich die Erhöhung des Qualitätskriteriums Wartbarkeit, die Möglichkeit, die Software hinsichtlich zukünftiger Erfordernisse ändern und pflegen zu können.

Nehmen die Änderungen aber unverhältnismäßig zu, so muß unterschieden werden, ob die Software neu entwickelt oder reorganisiert werden soll.

Eine Neuentwicklung gestaltet sich wesentlich einfacher, wenn sich die bereits existierende Software wiederverwenden läßt; d.h. sowohl Programmteile (Module, Prozeduren etc.) als auch zugehörige Software-Entwürfe wie ER-Diagramme, Struktogramme usw.

Die Wiederverwendbarkeit wird unterschieden in die ungeplante Wiederverwendbarkeit (es wird von vorhandener Software ausgegangen, die dahingehend analysiert werden muß) und in die geplante Wiederverwendbarkeit, d.h. Teile des Entwurfs und der Software sind schon während ihrer Erstellung für eine mögliche Wiederverwendung konzipiert worden.

Die geplante Wiederverwendung wird hauptsächlich von der objektorientierten Programmierung (vgl. Abschnitt 2.3.5.4) nachhaltig unterstützt[188].

---

[187] Lehner, Franz, Nutzung und Wartung von Software, München-Wien, 1989, S. 72.

Durch die bereits genannten Aspekte und durch die Managementfehlsteuerungen (vgl.: Abschnitt 2.3.5.1) werden die Verfahrenskonzeptionen gar zu oft vernachlässigt, so daß die Systeme unzuverlässig werden, was wiederum die Wartungskosten dermaßen ansteigen läßt, daß die früheren Kostenerwartungen bei weitem übertroffen werden, so daß der Gesamtaufwand der Nutzungs- und Wartungsphase ein Vielfaches der Entwicklungsphase ausmacht[189].

Die folgende Graphik verdeutlicht dies:

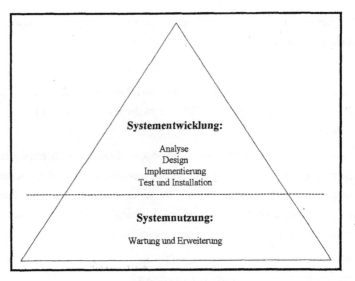

Abbildung 17[190] : „Eisbergeffekt": Wartungskosten vs. Entwicklungskosten

Die Softwaresanierung ist demzufolge dringend notwendig, um die stetig steigenden Wartungskosten, besonders durch den hohen Anteil der Personalkapazitätsbindung, zu senken und zwar nicht auf Kosten der Softwarequalität.

---

[188] Vgl.:   Schulze, Hans Herbert, PC-Lexikon, Reinbek bei Hamburg, 1993, S. 563.
                 Stahlknecht, Peter, Einführung in die Wirtschaftsinformatik, 6. Auflage, Berlin-Heidelberg, 1993, S. 318 ff.
[189] Vgl.:   Raasch, Jörg, Systementwicklung mit Strukturierten Methoden, 3. Auflage, München-Wien ,1993, S. 3.
[190] Quelle: Raasch, Jörg, Systementwicklung mit Strukturierten Methoden, 3. Auflage, München-Wien ,1993, S. 4.

2.4.3 Wege zur Durchführung von Wartungsmaßnahmen

„Sollten im Rahmen der Kontrolle größere Schwächen festgestellt worden sein, so kann es sinnvoll sein, ein völlig neues Methodenprojekt zu starten. In diesem Fall löst also ein Methodenentwicklungs- und Implementierungsprozeß den nächsten ab: Man geht inkrementell[191] vor, eine Wartung im eigentlichen Sinne gibt es nicht.

Jedoch erfordern nicht alle Probleme den Anstoß eines neuen Methodenprojektes. Als ein Weg der Wartung sind hier zunächst die [...] gruppenorientierten Instrumente wie Review[192] (Walkthrough, Inspektion, Peer Ratings[193]), Workshop und Quality-Circle[194] zu nennen.

Sie stellen integrierte Instrumente zur Kontrolle und Wartung dar. So führt jede der vorgenannten Gruppenaktivitäten zu Lerneffekten bei den Beteiligten, die insbesondere Veränderungen von Fähigkeiten und Einstellungen bewirken.

Die Schwäche der Konzepte liegt darin, daß sie sich primär auf das personale System beziehen. Aussagen etwa zu aufbauorganisatorischen Veränderungen lassen sich von Reviews nicht erwarten.

Ähnlich ist auch das Refreshment zu beurteilen. Das Refreshment stellt eine Schulungsmaßnahme dar, bei der sich das Stoffangebot an den konkreten Problemen der Methodenanwender orientiert.

Das Refreshment stellt des weiteren weniger theoretische, als vielmehr anwendungsorientierte Aspekte in den Vordergrund. Als Übungs- und Anschauungsmaterial dienen Arbeitsergebnisse der Teilnehmer.

---

[191] Darunter versteht man den Betrag, um den eine Größe zunimmt.
Vgl.: Der Duden, Das Fremdwörterbuch, 4. Auflage, Mannheim, 1982, S. 345.
[192] Vgl.: Abschnitt 2.2.3.
[193] Walkthrough bedeutet die Prüfung auf die Funktionsfähigkeit von Produkten und Zwischenprodukten, die Inspektion prüft hinsichtlich der Konsistenz und Vollständigkeit.
Bei Peer Ratings werden die Arbeitsergebnisse einer formalen Prüfung unterzogen und zwar in einer Gruppenarbeit.
Vgl.: Bauermann, Ralf, Die Implementierung organisatorischer und softwaretechnologischer Methoden und Techniken: Probleme und Lösungsansätze, Frankfurt a. M., 1988, S. 276 f.
[194] Jeder Teilnehmer ist zu einer intensiven Mitarbeit aufgefordert.
Vgl.: Bauermann, Ralf, Die Implementierung organisatorischer und softwaretechnologischer Methoden und Techniken: Probleme und Lösungsansätze, Frankfurt a. M., 1988, S. 275.

Abschließend sei hier auch noch einmal das Konzept des Informationsmarktes[195] erwähnt. Die bei der Kontrolle erkannten Probleme können als Themenblöcke vorgestellt und im Rahmen der Veranstaltung bearbeitet werden"[196].

2.4.4 Zusammenfassender Überblick

„In der Wartungsphase werden [...] notwendige Programmänderungen und -anpassungen durchgeführt. Man beseitigt Fehler, die trotz des Systemtests nicht erkannt wurden oder die erst nach längerer Nutzung des Programms auftreten.

Oft ändern sich auch die Benutzerwünsche, wodurch Anpassungsmaßnahmen erforderlich sind. Hinzu kommen z.B. gesetzliche Neuerungen, beispielsweise ein verändertes Steuerrecht, das in der Lohnabrechnung berücksichtigt werden muß. Darüber hinaus wird eine Wartung der Programme durch Änderungen der Systemumgebung (z.B. neue Rechner, Systemsoftware oder Netzkomponenten) notwendig.

Untersuchungen haben gezeigt, daß die Wartungsphase, die über Jahre hinweg bis zum Ausmustern der Software andauert, mehr als 50 % des Aufwandes aller Software Life Cycle-Phasen verursachen kann"[197].

---

[195] Es werden verschiedene Themen behandelt, wobei für jedes Thema ein Stand in einem separaten Raum errichtet wird. Nach einer Einführung durch den Spielleiter erfolgt die Diskussionsrunde, nach deren Beendigung die Zusammenfassung der Ergebnisse erfolgt.
Vgl.: Bauermann, Ralf, Die Implementierung organisatorischer und softwaretechnologischer Methoden und Techniken: Probleme und Lösungsansätze, Frankfurt a. M., 1988, S. 265.

[196] Bauermann, Ralf, Die Implementierung organisatorischer und softwaretechnologischer Methoden und Techniken: Probleme und Lösungsansätze, Frankfurt a. M., 1988, S. 280 f.

[197] Mertens/Bodendorf/König/Picot/Schumann, Grundzüge der Wirtschaftsinformatik,2. Auflage,Berlin-Heidelberg, 1993, S. 162 f.

2.5 Grundlagen der Software-Ergonomie

2.5.1 Einführung

Zu unterscheiden sind die Hardware- und die Software-Ergonomie. Die Hardware-Ergonomie beschäftigt sich mit den physischen Verhältnissen der Maschine, wie z.B. Tastatur, Bildschirm, Schreibtisch, Drehstuhl etc.

„Software-Ergonomie ist eine Teildisziplin der Ergonomie. Die Ergonomie ist eine angewandte wissenschaftliche Disziplin der Analyse und Optimierung menschlicher Tätigkeiten und Leistungen unter Einbeziehung subjektiver und objektiver Faktoren und Prozesse. Ziel der Ergonomie ist die Anpassung der Arbeitsbedingungen und Werkzeuge an den Menschen. In der Ergonomie werden biologische, medizinische und psychologische Methoden und Erkenntnisse angewandt, um Arbeitsbedingungen und insbesondere Mensch-Maschine-Systeme zu verbessern. Das Mensch-Maschine-System wird dabei als Triade von Benutzer, Aufgabe und Werkzeug im Rahmen der Arbeitsumgebung verstanden [...]. In unserem Kontext ist das Computersystem das Werkzeug. Ein Computersystem ist ein intellektuelles Werkzeug insofern, als das Computersystem als Werkzeug menschliche kognitive[198] Funktionen unterstützt und kurzfristig sowie längerfristig beeinflußt [...]."

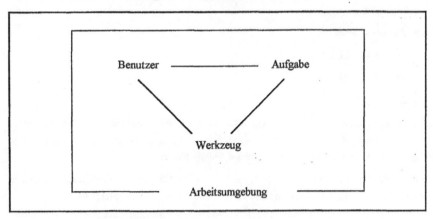

Abbildung 18[199] : Schema eines Mensch-Maschine-Systems

---

[198] Kognitiv bedeutet „erkenntnismäßig".
Vgl.: Der Duden, Das Fremdwörterbuch, 4. Auflage, Mannheim, 1982, S. 399.
[199] Quelle: Wandmacher, Jens, Software-Ergonomie, Berlin,1993, S. 1.

Gegenstand der Software-Ergonomie ist die Anpassung der Arbeitsbedingungen bei der Mensch-Computer-Interaktion an die sensumotorischen[200] und kognitiven Fähigkeiten und Prozesse des Menschen.

Die Software-Ergonomie untersucht die Auswirkungen der Benutzungsschnittstelle[201] auf den Menschen und die Wirkungen von Merkmalen der Benutzungsschnittstelle auf die Benutzbarkeit.

Ziel der Software-Ergonomie ist die Entwicklung und Gestaltung gut benutzbarer Computersysteme als intellektuelle Werkzeuge und die Verbesserung von Benutzungsschnittstellen oder Benutzungsoberflächen"[202].

2.5.2 Anwendung der Software-Ergonomie

„Gegenstand der Software-Ergonomie ist die Untersuchung der Auswirkungen der Benutzungsschnittstelle von Mensch-Computer-Systemen auf den Menschen und die Gestaltung gut benutzbarer Benutzungsschnittstellen.

Die Benutzungsschnittstelle ist die Gesamtheit der Komponenten und Aspekte eines Mensch-Computer-Systems, mit denen die Benutzer begrifflich oder sensumotorisch in Verbindung kommen. Die Benutzungsschnittstelle wird in eine Hierarchie von vier Ebenen untergliedert:

- Aufgabenebene,

- semantische Ebene,

- syntaktische Ebene und

- Interaktionsebene.

Diese Hierarchie entspricht der nach unten zunehmenden Spezifizierung der Systemeingaben und -ausgaben. Die Benutzungsoberfläche ist der zum Computersystem gehörende und für die Benutzer erkennbare oder sichtbare Teil der Benutzungsschnittstelle.

Unter der Benutzbarkeit eines Computersystems versteht man die Benutzerreaktionen in Abhängigkeit von Merkmalen der Benutzungsoberfläche, von Benutzermerkmalen, Aufgaben- und Tätigkeitsmerkmalen. Die Benutzerreaktionen sind die abhängigen Variablen der

---

[200] Darunter wird die durch Reize bewirkte Gesamtaktivität in sensorischen (Sinnesorgane) und motorischen (bewegenden) Teilen des Nervensystems und des Organismus verstanden.
Vgl.: Der Duden, Das Fremdwörterbuch, 4. Auflage, Mannheim, 1982, S. 696 und 508.
[201] Vgl.: Abschnitt 2.3.5.3.
[202] Wandmacher, Jens, Software-Ergonomie, Berlin,1993, S. 1.

Benutzbarkeit, und die übrigen Merkmale sind die unabhängigen Variablen der Benutzbarkeit.

Die Benutzbarkeit eines Computersystems wird bestimmt an Hand der Benutzerreaktionen, insbesondere der Performanz[203], beim Lernen und bei der Aufgabenbearbeitung und an Hand von Merkmalen der Benutzungsoberfläche. Merkmale der Benutzungsoberfläche zur Bestimmung der Benutzbarkeit ergeben sich aus Standards und anderen allgemeinen Bewertungsmerkmalen sowie aus Entwurfsrichtlinien. Die heuristische Evaluation[204] ist eine Methode zur Bestimmung der Benutzbarkeit, bei der Experten versuchen, durch nichtanalytische Anschauung die für die Benutzbarkeit kritischen Probleme und Schwachstellen der Benutzungsoberfläche zu entdecken"[205].

„Die *Aufgabenebene* besteht aus den aufgabenbezogenen und werkzeugunabhängigen Zielen des Benutzers, die er über die Benutzung des Computersystems erreichen möchte[206].
[...]
Zur Aufgabenebene gehören weiterhin die werkzeugunabhängige Aufgabenkompetenz oder das Aufgabenwissen des Benutzers, d.h. seine werkzeugunabhängigen Methoden zur Aufgabenbearbeitung, aufgabenrelevante Problemlösestrategien und entsprechende kognitive Fertigkeiten wie beispielsweise die Fertigkeit des Zerlegens einer komplexen Aufgabe in eine Folge von Teilaufgaben. [...]

Die *semantische Ebene* besteht aus den beim Benutzer repräsentierten Objekten des Systems und den Systemfunktionen zur Manipulation dieser Objekte. Auf der semantischen Ebene werden die Objekte des Systems und die Systemfunktionen zur Bearbeitung von Aufgaben festgelegt [...]. Auf der semantischen Ebene wird die werkzeugunabhängige Aufgabenebene in die Funktionalität des Systems abgebildet.

Unter der Funktionalität eines Computersystems versteht man die Gesamtheit der verfügbaren Systemfunktionen zur Bearbeitung von Aufgaben. Die semantische Ebene ist der Ort der Funktionalität des Systems. [...]

---

[203] Performanz ist die konkrete Realisierung von Ausdrücken in einer bestimmten Situation.
   Vgl.: Der Duden, Das Fremdwörterbuch, 4. Auflage, Mannheim, 1982, S. 578.
[204] Wissenschaftliche Beurteilung.
   Vgl.: Der Duden, Das Fremdwörterbuch, 4. Auflage, Mannheim, 1982, S. 232 und 306.
[205] Wandmacher, Jens, Software-Ergonomie, Berlin,1993, S. 17 f.
[206] Manuskript editieren, Text ausschneiden etc.
   Vgl.: Wandmacher, Jens, Software-Ergonomie, Berlin,1993, S. 86.

Die *syntaktische Ebene* erfaßt das notwendige Benutzerwissen über die Auflösung der Systemfunktionen durch Eingaben in das System, über die Auswahl von Argumenten, Objekten und Optionen, über die Kontexte, in denen bestimmte Funktionen ausgelöst werden können, und über die Bedeutung von Systemausgaben und anderer wahrnehmbarer Systemzustände. Auf der syntaktischen Ebene werden die Methoden der Aufgabenbearbeitung als ausgewählte Systemfunktionen der semantischen Ebene in die Auswahl von Eingaben in das System umgesetzt. Umgekehrt werden auf der syntaktischen Ebene Systemausgaben im Hinblick auf die semantische Ebene interpretiert. [...]

Auf der *Interaktionsebene* werden die physikalischen Ein- und Ausgabeoperationen für Kommandos und Meldungen des Systems spezifiziert: Tastatureingaben, Eingaben mit der Maus oder anderen analogen Eingabegeräten, Ausgaben auf dem Bildschirm, akustische Signale des Rechners, Ausgaben auf dem Drucker usw.

Auf der Interaktionsebene werden also die motorischen Operationen des Benutzers und die für ihn wahrnehmbaren Ereignisse spezifiziert, die den Einheiten der syntaktischen Ebene entsprechen. Die Interaktionsebene ist abhängig von den für die sensumotorischen Interaktionen relevanten Eigenschaften der Ein- und Ausgabegeräte"[207].

2.5.3 Integration der Software-Ergonomie in die Software-Entwicklung

„Die Umsetzung software-ergonomischer Anforderungen erfordert die Integration der Software-Ergonomie-Tätigkeiten in die `normale´ Software-Entwicklung. Welche Software-Ergonomie-Tätigkeiten durchzuführen sind, hängt davon ab, wie umfassend die Software-Ergonomie betrachtet wird. Der Gegenstandsbereich der Software-Ergonomie kann in einem weiten Sinne oder in einem engen Sinne definiert werden.

Software-Ergonomie i. w. S. bedeutet, daß dem Endbenutzer auf seinem Arbeitsplatzrechner ein oder mehrere Anwendungssoftware-Systeme zur Verfügung stehen, die ihm eine ergonomische, d.h. bezogen auf seine Person, menschengerechte Lösung seiner Arbeitsaufgaben gestatten.

Software-Ergonomie i. e. S. bedeutet, daß die Dialogstruktur und die Ein/ Ausgaben eines Software-Systems nach ergonomischen Richtlinien gestaltet sind. Will man Software-Ergonomie i. w. S. gestalten, dann muß Wissen über den jeweiligen Endbenutzer, über sei-

---

[207] Wandmacher, Jens, Software-Ergonomie, Berlin,1993, S. 2 f.

ne zu lösenden Aufgaben und das organisatorische Umfeld bekannt sein. Um dieses Wissen zu erhalten, ist es erforderlich, von einem Unternehmen, einem Unternehmensbereich oder einem Arbeitskomplex auszugehen. Ausgehend von einer solchen Modellierung ist dann eine Betrachtung des einzelnen Arbeitsplatzes und im Anschluß daran eines einzelnen Anwendungssystems möglich [...]"[208].

Wird die Software-Ergonomie i.w.S. betrachtet, so läßt sich folgendes feststellen:

„Die Entwicklung von Software-Systemen ist eine etablierte Technologie. Die Integration der software-ergonomischen Aspekte in den Entwicklungsprozeß ist erst teilweise vollzogen. Standardmethoden der Software-Technik müssen ergänzt und erweitert werden, um ergonomische Anforderungen geeignet beschreiben zu können.

CASE-Werkzeuge und Werkzeuge für die Erstellung von Benutzungsoberflächen müssen in geeigneter Form zusammenwirken können. Im Bereich der UIMS[209] müssen Standards für die Schnittstellen geschaffen werden.

Die Software-Ergonomie selbst muß auf der Unternehmensebene, der Arbeitsplatzebene und der Software-Produktebene betrachtet werden. Heute steht die Software-Produktebene noch zu sehr im Mittelpunkt. Darauf konzentriert sich auch die klassische Software-Technik. Mit der Unternehmensebene befaßt sich das Information Engineering[210].

Gerade auf dieser Ebene fallen die wesentlichen Entscheidungen, die die Ergonomie bis zur Produktebene hin beeinflussen. Die Software-Ergonomie muß auf dieser Ebene stärker dazu beitragen, daß die Makroarbeitsstrukturierung nach ergonomischen Kriterien erfolgt.

Die Arbeitsplatzebene wird von der Software-Technik in der Regel nicht betrachtet. Sie ist eine Domäne der Arbeitswissenschaft. Hier müssen noch starke integrative Anstrengungen unternommen werden.

---

[208] Eberleh Edmund/ Oberquelle Horst/ Oppermann Reinhard, Einführung in die Software-Ergonomie, 2. Auflage, Berlin, 1994, S. 407.

[209] UIMS (User Interface Management Systems) faßt primitive Prozeduren eines Fenstersystems zu komplexeren Prozeduren zusammen, so daß auf einer höheren Abstraktionsebene gearbeitet werden kann. Es erfolgt eine Generierung einer Ansteuerung für ein-Fenstersystem sowie von Prozeduraufrufen, die der Anwender befriedigen muß. Darüber hinaus erlauben sie die kontextunabhängige Definition der Dialogdynamik sowie die Animation bzw. Simulation der gesamten Benutzungsoberfläche.
Vgl.: Eberleh Edmund/ Oberquelle Horst/ Oppermann Reinhard, Einführung in die Software-Ergonomie, 2. Auflage, Berlin, 1994, S. 423.

[210] Befaßt sich mit der Erstellung von unternehmensweiten Informationssystemen, mit dem Ziel, durch den Einsatz rechnergestützter betrieblicher Informationssysteme die richtigen Informationen den richtigen Mitarbeitern zur richtigen Zeit zur Verfügung zu stellen.
Vgl.: Eberleh Edmund/ Oberquelle Horst/ Oppermann Reinhard, Einführung in die Software-Ergonomie, 2. Auflage, Berlin, 1994, S. 409.

Insgesamt läßt sich aus der Sicht der Software-Technik feststellen, daß softwareergonomische Aspekte zunehmend ernster genommen werden. Es bleibt aber noch eine Menge zu tun, bis die Software-Ergonomie ein integraler Bestandteil jeder Software-Entwicklung ist"[211].

Zusammenfassend läßt sich festhalten:

„Ob ein Softwareprodukt nach seiner Fertigstellung vom Nutzer akzeptiert wird, hängt davon ab, ob es ihm Arbeitsentlastung bringt, angenehm und flexibel zu nutzen ist und sich leicht erlernen läßt. Damit wird die ergonomische (menschengerechte) Gestaltung der Nutzerschnittstelle zu einem besonders kritischen Entwicklungsziel. Dies gilt in erhöhtem Maße bei Dialogprogrammen. [...]

Die Anpassung von Dialogprogrammen an Kenntnisstand, Einarbeitungsgrad und momentane Aufgabe des Nutzers wird ermöglicht durch

- Mischformen zwischen Menü- und Kommandotechnik,

- HELP-Funktion zum Abrufen erläuternder Texte.

- Sicherungen gegen ungewollte Fehlbedingungen.

Bei einer nutzerfreundlichen Dateneingabe gibt es wenige, klar ersichtliche Formvorschriften, aber umfassende Prüfungen auf Eingabefehler. Im Dialog erfolgt die Dateneingabe vorzugsweise durch Abfrage von Einzelwerten (weitgehend geräteunabhängig) oder durch Bildschirmmasken (auch für Ablaufsteuerung und Ergebnisausgabe nutzbar).

Eine nutzerfreundliche Ergebnisausgabe wird schnell, fehlerfrei und aufgabengerecht vom Nutzer aufgenommen. Drucklisten müssen in sich vollständig, übersichtlich und einheitlich aufgebaut und z.T. als Dokument verwendbar sein. Dialogausgaben sollen in kleinen Portionen operativ abrufbar sein.

Das Zeitverhalten eines Dialogsystems beeinflußt wesentlich das Wohlbefinden des Nutzers. Anzustreben sind Antwortzeiten um 1 bis 2s. Wartezeiten sollen zumindest angekündigt, bei größerem Ausmaß mit Action gefüllt werden.

---

[211] Eberleh Edmund/ Oberquelle Horst/ Oppermann Reinhard, Einführung in die Software-Ergonomie, 2. Auflage, Berlin, 1994, S. 431.

Der Softwareentwickler entscheidet über die Ergonomie seines Produkts während der Zielpräzisierung (Zweckbestimmung; Einordnung in die Arbeitswelt), in Spezifikations- und Entwurfsphase (Festlegung der Nutzerschnittstelle) sowie bei Einarbeitung der Nutzer (Schulung, Training, Nutzerdokumentation).

Von besonderer Wichtigkeit sind dabei:

- maximale Einbeziehung tatsächlicher Nutzer in die Softwareentwicklung,

- Nutzung verfügbarer Grundsoftware zur Dialoggestaltung,

- Einordnung der Softwareergonomie vor der Programmökonomie"[212].

2.5.4 Ausblick in die Zukunft

„Die Notwendigkeit ergonomischer, qualitativ hochstehender Bedieneroberflächen von Computersystemen ist mittlerweile weitgehend in der Software- und Hardwarebranche anerkannt. Dies liegt nicht zuletzt daran, daß einige wenige Protagonisten im PC- und Workstationbereich[213] den Beweis antraten, daß u.a. mit dem Einsatz neuer Hard- und Softwaretechniken überzeugende und den Benutzer zufriedenstellende Systeme realisiert werden können. Auf PCs und Workstations existieren bereits eine Reihe von Programmen, mit denen ohne großen Lernaufwand komplexe, anspruchsvolle Aufgabenstellungen geradezu mühelos erledigt werden. [...]

Daß der Einsatz von Grafik einen qualitativen Sprung der Oberfläche nach vorne bedeutet, ist heute ebenso unumstritten. Entsprechend beginnt man nun verstärkt auch konventionelle Anwendungen auf Großrechnern mit grafischen Frontends auszustatten. In der Industrie wird versucht, auf entsprechenden gemeinsamen Standards wie X-Windows und OSF/Motif aufzusetzen. Die Technik der objektorientierten Programmierung beginnt allmählich im breiten Feld der Entwicklung Fuß zu fassen.

Dennoch stehen wir erst am Anfang einer wahrscheinlich nach wie vor rasanten Entwicklung in der Forschung, deren Ergebnisse mit einem gewissen zeitlichen Nachlauf in der breiten Anwendung ihre Nutzung finden werden.

Zunächst gilt es jedoch, die verwendeten Werkzeuge zu konsolidieren und weiter auszubauen. Es müssen, dafür gibt es bereits Ansätze, Bibliotheken mit allgemein verwendbaren

---

[212] Rothhard, Günter, Praxis der Softwareentwicklung, Berlin, 1987, S. 75 f.

[213] Wird auch als Arbeitsplatzrechner bezeichnet,. Sie sind besonders leistungsfähig, da sie meistens für bestimmte, sehr anspruchsvolle arbeitsplatzbezogene Anwendungen eingesetzt werden, wie z.B. Expertensysteme, Simulationen, technische Konstruktionen etc. Vgl. Stahlknecht, Peter, Einführung in die Wirtschaftsinformatik, 6. Auflage, Berlin-Heidelberg, 1993, S. 41.

Bausteinen geschaffen werden, die über die bisher vorhandenen Grundbausteine der Dialogoberfläche hinausgehen und Lösungen komplexerer Dialogsequenzen standardmäßig bieten. Die in den Toolkits zur Verfügung gestellten Rahmenelemente (Fenster) müssen ohne großen Programmieraufwand mit Inhalt, z.B. in Form von allgemein einsetzbaren Diagrammbausteinen, Netzen und Bäumen usw., gefüllt werden können. Gerade hier ist der objektorientierte Ansatz mit seinen Klassen von großem Nutzen.

In der Forschung gibt es bereits eine Reihe von Entwicklungen, die zum Teil in nicht allzu ferner Zukunft auch in der Praxis ihren Einzug halten werden.

So dürften z.B. auf dem Sektor der Grafik in Zukunft auch bei der Realisierung von `normalen´ Dialogobjekten dreidimensionale Darstellungen zur Anwendung kommen.

Neben dem Einsatz der dreidimensionalen Grafik wird die Nutzung der Multimediatechnik verstärkt an Bedeutung gewinnen. In diesem Zusammenhang steht der Einsatz von akustischer Spracheingabe und Sprachsynthese.

Generell gibt es auf dem Hardwaresektor neue Entwicklungen für die Ein- und Ausgabe. Denken wir z.B. an Eye-Tracking, Datenhandschuhe, Datenanzüge, die sogenannten Private Eyes und `Datenhelme´ (head mounted displays).

Virtual Reality ist ein Schlagwort, hinter dem sich eine aufsehenerregende Entwicklung verbirgt, die dem oder den Benutzern eine dreidimensionale, gegenständliche Welt suggeriert, in die der Benutzer mit einbezogen ist. Diese Technik fußt unter anderem auf den eben genannten neuen Eingabegeräten, auf animierter dreidimensionaler Grafik und äußerst leistungsfähigen Maschinen. Programming by Demonstration oder Programming by Example sind Begriffe, die Verfahren der künstlichen Intelligenz umschreiben, mit denen der Rechner Handlungsmuster des Benutzers analysiert, um diese dann selbsttätig im Dienste des Benutzers durchführen können"[214].

---

[214] Zeidler Alfred/ Zellner Rudolf, Software-Ergonomie, München Wien, 1992, S. 267 f.

2.6 Die Projektaufwandschätzung am Beispiel des Function-Point-Verfahrens (FPV)

2.6.1 Heutige Situation bei der Ermittlung des Projektaufwandes

„Es ist immer noch eine Ausnahme, wenn die ursprüngliche Aufwandsschätzung für ein Software-Projekt am Ende um nicht mehr als 25 % überschritten ist. Dabei wird bei den meisten Anwendern schon auf die erste `Experten-Schätzung´ eine Sicherheitsmarge von 100 % zugeschlagen. [...]

Ein Grund ist darin zu sehen, daß die Schätzung zu einem Zeitpunkt abgegeben wird, zu dem der genaue Inhalt und der Umfang des neuen Projektes noch nicht bekannt ist. Es besteht nur eine Idee, die oft noch weniger als eine Skizze ist.

Die Hauptursache dürfte jedoch sein, daß für die Erarbeitung einer soliden Angebotsgrundlage - und eine Schätzung ist eine innerbetriebliche Angebotsabgabe - nicht genügend Zeit zugebilligt wird. Man gewinnt den Eindruck, daß die Aufwandsschätzung, auf die sich die Entscheidung für oder gegen das neue Projekt stützt, kein Geld kosten darf. Dies kann man auch darin erkennen, daß bei den heute üblichen Phasenmodellen für die Software-Entwicklung die Vorstudien nicht zum Projekt gerechnet werden. [...]

In der Praxis stößt man auf Widerstand, wenn für die Vorstudie 5 - 10 % des Gesamtaufwandes angesetzt wird. Dies ist die Größenordnung, mit der gute Software-Häuser für ein fundiertes Angebot rechnen.

Aus der Forderung nach `kostenloser´ Aufwandsschätzung folgt nun wiederum, daß keine vernünftige Dokumentation über die Schätzung erstellt wird. Was vorliegt ist das nackte Schätzergebnis. Der Gegenstand der Schätzung wird nur mit knappen Überschriften dargestellt. Eine detaillierte Beschreibung der Aufgabenstellung, aus der eine verbindliche Aussage über den zukünftigen Inhalt des Projektes abgeleitet werden kann, liegt in der Regel erst zu einem Zeitpunkt vor, bei dem bereits etwa 25 % des Projektaufwandes erbracht wurden"[215].

Eine Lösung dieser Problematik bietet das Function-Point-Verfahren, welches nachfolgend beschrieben wird.

---

[215] Scheibl, H.-J., Software-Entwicklungs-Systeme und -Werkzeuge, 3. Kolloquium, Technische Akademie Esslingen, 1989, S. 2.3-1.

2.6.2 Das Function-Point-Verfahren (FPV)

„In drei aufeinanderfolgenden Schritten wird der Realisierungsaufwand für das zu schätzende Informationssystem ermittelt. [...]

Schritt 1

Zu Beginn des Verfahrens werden alle Funktionen des zu realisierenden Systems dadurch abgeschätzt, daß man die Datenflüsse, die diese verursachen, genau betrachtet. Diese müssen eindeutig in die fünf zur Verfügung stehenden Kategorien Eingabedaten, Ausgabedaten, Abfragen, Datenbestände und Referenzdaten eingeteilt werden. [...]

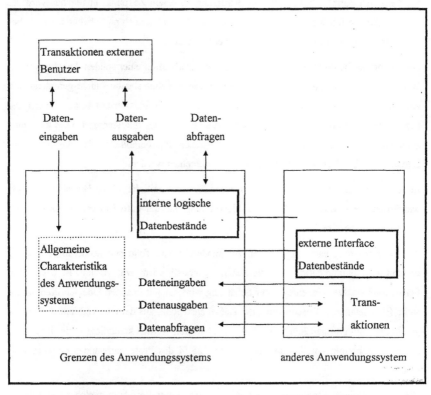

Abbildung 19[216] : Logische Zusammenhänge der Funktionskategorien

---

[216] Quelle: Schweiggert, Franz, Wirtschaftlichkeit von Software-Entwicklung und -Einsatz, Stuttgart, 1992, S. 183.

Mit Hilfe dieser Komponenten werden alle Vorgänge in einem Büroinformationssystem beschrieben. Dateneingaben lösen Aktionen aus, greifen auf interne oder externe Datenbestände zu und erzeugen eventuell eine Ausgabe.

Nun werden die konkreten Merkmale angegeben, die die jeweilige Komponente charakterisieren. Darüber hinaus wird jede Komponente hinsichtlich ihres Einflusses auf die Komplexität des Systems gewichtet. Für diese Klassifizierung werden ebenfalls empirisch ermittelte Werte vorgeschlagen. Dieses Vorgehen wird am Beispiel der Dateneingaben näher erläutert.

Gemäß Function-Point-Verfahren zählen zu den Dateneingaben:

- Bildschirmeingaben,

- Eingaben über Diskette,

- Eingaben von Beleglesern, Lichtgriffel etc.,

- Interface-Daten von anderen Anwendungen[217]

- Datenbestände, die vollständig sequentiell abgearbeitet werden.

Gezählt wird jeweils jede einzelne Eingabe, wenn sie eine unterschiedliche Verarbeitungslogik zur Folge hat oder ein unterschiedliches Format hat. [...]

Anforderungen	einfach	mittel	komplex
# unterschiedlicher Datenelemente	1 - 5	6 - 10	> 10
Eingabeprüfung	formal	formal / logisch	formal / logisch Zugriff auf Datenbank
Anspruch an Bedienerführung	gering	normal	hoch
Cursorhandhabung	einfach	mittel	schwierig
Gewichtung	3	4	6

Tabelle 23: Klassifizierungsmerkmale für Dateneingaben

Die gleiche Vorgehensweise wird auf Datenausgaben, Datenbestände, Referenzdaten sowie auf Abfragen angewendet. Nachdem alle Funktionalitäten des Systems kategorisiert und entsprechend gewichtet sind, erhält man in Schritt 1 durch einfache Addition der Funktionspunkte die *noch nicht angepaßten Function-Points* [...].

---

[217] Quelle: Schweiggert, Franz, Wirtschaftlichkeit von Software-Entwicklung und -Einsatz, Stuttgart, 1992, S. 184.

Schritt 2

Mit dem sehr benutzerorientierten Schätzvorgehen in Schritt 1 wurde, bewußt losgelöst von dem DV-technischen Hintergrund des Anwendungssystems, eine fachseitige Bewertung vorgenommen. Genau dieser Aspekt wird im Schritt 2 berücksichtigt, indem 14 Einflußfaktoren für eine Korrektur der bisher ermittelten Function-Points sorgen.

Für jeden dieser Einflußfaktoren wird dann der Grad seines Einflusses auf die Anwendungsentwicklung bestimmt. Die Höhe des Einflusses kann innerhalb des Intervalls von null (kein Einfluß) bis 5 (starker Einfluß) variieren.

Die 14 Einflußfaktoren
1. Die Daten- und Kontrollinformationen, die im Anwendungssystem benutzt werden, werden über Kommunikationseinrichtungen gesendet oder empfangen. Auch alle mit dem Rechner verbundenen Terminals, werden so behandelt, als ob sie Kommunikationseinrichtungen benutzen.
2. Das Anwendungssystem ist durch verteilte Daten- und Verarbeitungs-Funktionen charakterisiert.
3. Performance-Ziele bezüglich Antwortzeiten oder Durchsatz, die vom Benutzer entweder vorgegeben oder bestätigt werden, beeinflussen Entwurf, Entwicklung und Installation des Anwendungssystems.
4. Das Anwendungssystem soll auf einer kapazitätsmäßig stark belasteten Rechnerkonfiguration laufen. Dies beeinflußt die Entwurfsüberlegungen.
5. Die Transaktionsrate ist hoch und beeinflußt Entwurf, Entwicklung, Installation und Unterstützung des Anwendungssystems.
6. Online-Dateneingabe und -Kontrollfunktionen sind vorgesehen.
7. Die Online-Funktionen sollen betont unter Endbenutzer-Effizienzaspekten entworfen werden.
8. Ein Online-Update für die internen logischen Datenbestände sind vorgesehen.
9. Das Anwendungssystem wird durch komplexe Verarbeitungsprozeduren (z.B. sensitive Kontroll- und/ oder Sicherheitsprozeduren) gekennzeichnet.
10. Die Anwendungssoftware ist speziell entworfen, entwickelt und unterstützt worden, um auch in anderen Anwendungssystemen benutzt werden zu können.
11. Man legt Wert darauf, das Anwendungssystem leicht konvertieren und installieren zu können. Ein Konvertierungs- und Installationsplan sowie Konvertierungswerkzeuge werden vorgesehen und getestet.
12. Das Anwendungssystem soll leicht betrieben und bedient werden können.
13. Entwurf, Entwicklung und Entwicklungs-Unterstützung sind darauf ausgerichtet, daß das Anwendungssystem in vielen Organisationen benutzt werden kann.
14. Das Anwendungssystem soll flexibel verändert werden können.

Tabelle 24[218] : Die Einflußfaktoren des Function-Point-Verfahrens

---

[218] Quelle: Schweiggert, Franz, Wirtschaftlichkeit von Software-Entwicklung und -Einsatz, Stuttgart, 1992, S. 184 f.

Die endgültige Anzahl an Funktionspunkten erhält man, indem die in Schritt 1 bestimmten Funktionspunkte (E1) mit der Summe der Einflußfaktoren aus Schritt 2 (E2) gemäß nachstehenden Rechenschema verrechnet werden.

Bezeichnung	Erläuterung	Rechenvorschrift
E1	Summe der Function-Points	
E2	Summe der Einflußfaktoren	
E3	Faktor der Einflußbewertung	0,65 + (0,01 x E2)
	angepaßte Function-Points	E1 x E3

Tabelle 25[219] : Rechenschema

Schritt 3

Im dritten und letzten Schritt erfolgt die Umrechnung der Funktionspunkte in den Aufwand für die Anwendungsentwicklung. Die ermittelte Anzahl an Funktionspunkten macht eine Aussage über die Komplexität des zu entwickelnden Systems"[220].

„Das Function-Point-Verfahren darf nicht nur als ein Instrument für die Ermittlung des zukünftigen Projektaufwandes gesehen werden.

Das Function-Point-Verfahren zeigt im Verlauf des Projektes auf, ob wegen einer Veränderung im Projekt-Inhalt eine Terminverschiebung droht"[221].

Abschließend werden hier die 10 Merkmale der Function-Point-Methode vorgestellt:

1. *„Genauigkeit.* Ein hohes Maß an Genauigkeit wird erreicht durch den Erfahrungsaustausch zwischen abgeschlossenen Projekten und neuen Anwendungsprojekten. Die Methode wird im Laufe der Zeit - bei kontinuierlicher Anwendung - immer sicherere Ergebnisse bringen.

2. *Eindeutigkeit.* Eine Function Point Bewertung kann auch von Benutzern inhaltlich und rechnerisch nachvollzogen werden.

---

[219] Quelle: Schweiggert, Franz, Wirtschaftlichkeit von Software-Entwicklung und -Einsatz, Stuttgart, 1992, S. 185.
[220] Schweiggert, Franz, Wirtschaftlichkeit von Software-Entwicklung und -Einsatz, Stuttgart, 1992, S. 182 ff.
[221] Scheibl, H.-J., Software-Entwicklungs-Systeme und -Werkzeuge, 3. Kolloquium, Technische Akademie Esslingen, 1989, S. 2.3-3.

3. *Frühzeitigkeit.* Dadurch, daß die Benutzeranforderungen die Basis für die Bewertung sind, kann die Methode sehr frühzeitig eingesetzt werden.

4. *Erfaßbarkeit.* Die Basisinformationen für die Bewertung sind einfach zu ermitteln.

5. *Objektivität.* `Managementbare´ Faktoren und persönliche Einflüsse fließen nicht in die Kalkulation ein.

6. *Transparenz.* Mit dem Benutzer kann die Bewertung durchgeführt und diskutiert werden. Das Ergebnis ist erklärbar und kontrollierbar.

7. *Detaillierbarkeit.* Eine Bewertung auf Einzelaktivitäten, Programm- und/ oder Modulebene ist nicht möglich.

8. *Stabilität.* Die Methode bleibt konstant, auch wenn sich IS-Techniken[222] und IS-Methoden ändern.

9. *Flexibilität.* Durch den iterativen[223] Prozeß und den Plan-/ Ist-Vergleich werden die Abweichungen (Projektänderungen, bessere Erkenntnisse) erkennbar. Die Bewertung kann korrigiert werden.

10. *Benutzerfreundlichkeit.* Die Methode ist leicht erlernbar, kommt mit wenigen Parametern aus und ist nicht zeitaufwendig"[224].

---

[222] Unter IS-Techniken versteht man Informationssystem-Techniken, d.h. Entwicklungstechniken, sowie IS-Methoden quasi Entwicklungswerkzeuge darstellen.

[223] Iterativ bedeutet eine sich schrittweise in wiederholten Rechengängen Annäherung an eine exakte Lösung.
Vgl.: Der Duden, Das Fremdwörterbuch, 4. Auflage, Mannheim, 1982, S. 365.

[224] Scheibl, H.-J., Software-Entwicklungs-Systeme und -Werkzeuge, 3. Kolloquium, Technische Akademie Esslingen, 1989, S. 2.1-4 f.

3. Software-Qualitätssicherung

3.1 Einführung in die Software-Qualitätssicherung

„Neben der zunehmenden Bedeutung von Software-Systemen gibt es eine steigende Anzahl von Berichten über Mängel beim Einsatz dieser Systeme. Spektakuläre Fälle von Software-Fehlern waren beispielsweise:

- Die erste Venussonde flog im Jahre 1979 am Ziel vorbei, weil in einem Fortran-Programm ein Punkt mit einem Komma verwechselt wurde. Der Verlust betrug einige hundert Millionen Dollar.

- Im Jahre 1983 übten Jagdbomber vom Typ F18 mit neuer Bordsoftware. Bei Testflügen, bei denen der Äquator überquert wurde, drehten sie sich auf den Kopf. Die Ursache war ein Vorzeichenfehler in einem Programm.

- 1984 gab es eine Überschwemmung im südfranzösischen Tarntal, weil der Computer des automatischen Sperrwerks bei Réquista die Falschmeldung einer Überlaufgefahr nicht erkannte und zwei Schleusentore öffnete.

Diese Liste von Software-Fehlern ließe sich beliebig erweitern. Einerseits stellen wir fest, daß durch die zunehmende Computerdichte immer mehr Software zum Einsatz gebracht wird. Dadurch wird unsere Abhängigkeit von Software-Systemen, die steuernde und regelnde Funktionen ausüben, immer größer. Andererseits erkennen wir aber auch, daß es zuwenig gesundes Mißtrauen und konstruktive Kritik gegenüber dem Einsatz von Software-Systemen gibt, wahrscheinlich bedingt durch die weit verbreitete Fortschrittsgläubigkeit. Einer der Gründe dafür ist, daß viel zu wenig über fehlgeschlagene Informatik-Projekte berichtet wird. Informatik-Spezialisten sprechen ungern über Mißerfolge in ihrer Arbeit. Der Stand des Software-Engineering in Wirtschaft, Industrie und öffentlicher Verwaltung ist aus der Sicht einer ingenieurmäßigen Informatik gegenwärtig noch als unbefriedigend zu bezeichnen. Eines dieser Kennzeichen dafür ist das Fehlen einer systematischen, auf Methoden und Werkzeuge gestützten Vorgehensweise bei der Software-Entwicklung. [...]

Aufgrund dieser Fakten ist es angebracht, sich verstärkt um die Sicherung der Software-Qualität zu kümmern und geeignete Prinzipien, Methoden und Werkzeuge dafür bereitzustellen. Die Erwartungen, die man an Software-Ersteller in allen Bereichen unserer Gesellschaft hat, sind sehr hoch. Einerseits wird von den Software-Entwicklern eine hohe Produktivität und andererseits eine strikte Einhaltung der Kosten- und Zeitpläne für die Entwicklungsprojekte verlangt. Daß Programme mit zufriedenstellender Produktqualität geliefert werden müssen, ist eine oft implizite[225] Anforderung, die erst bei Nichterfüllung offenkundig wird"[226].

„Bestandteile der Qualitätssicherung sind die Qualitätsplanung, die Qualitätslenkung und die Qualitätsprüfung.

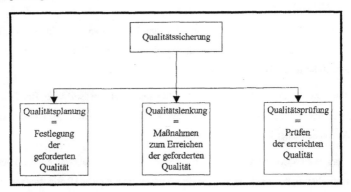

Abbildung 20[227] : Bestandteile der Qualitätssicherung

Die *Qualitätsplanung* bezieht sich auf die Auswahl der Qualitätsmerkmale sowie die Festlegung ihrer geforderten und ihrer zulässigen Werte bei einem Softwareprodukt im Hinblick auf die durch die Anwendung gegebenen Erfordernisse und deren Realisierbarkeit. Die Qualitätsplanung ist zu unterscheiden von der Planung der Qualitätssicherung.

Die *Qualitätslenkung* erstreckt sich auf das Planen, Überwachen und Ausführen der Korrekturen eines Produkts oder einer Tätigkeit mit dem Ziel, im Anschluß an die Qualitätsplanung unter Verwendung der Ergebnisse der Qualitätsprüfung und/ oder anderer Qualitätsdaten die vorgegebenen Qualitätsanforderungen zu erfüllen, mit anderen Worten, alle Maßnahmen zum Erreichen der Qualität und zur Korrektur aufgetretener Mängel.

Die *Qualitätsprüfung* umfaßt die Maßnahmen zum Feststellen, inwieweit ein Softwareprodukt die Qualitätsanforderungen erfüllt"[228].

---

[225] Nicht ausdrücklich.
[226] Wallmüller, Ernest, Software-Qualitätssicherung in der Praxis, München-Wien,1990, S. 1 f.
[227] Quelle: End/Gotthardt/Winkelmann, Softwareentwicklung, 5. Auflage, Berlin-München, 1986, S. 21.
[228] End/Gotthardt/Winkelmann, Softwareentwicklung, 5. Auflage, Berlin-München, 1986, S. 21.

3.2 Begriffsabgrenzungen

Um den Begriff der Software-Qualitätssicherung nicht einfach im Raum stehen zu lassen, ist es notwendig, sowohl die Qualität, Qualitätssicherung als auch die Software-Qualitätssicherung zu definieren.

- **Qualität**

„ Als Bezugsbasis für die Definition des Begriffs Qualität wird üblicherweise die Norm DIN 55350, Teil 11, herangezogen, die teilweise durch die internationale Norm DIN ISO 8402 abgelöst werden soll. Danach ist Qualität die `Gesamtheit von Eigenschaften bzw. Merkmalen eines Produkts bezüglich seiner Eignung, festgelegte und vorausgesetzte Erfordernisse zu erfüllen´ "[229].

- **Qualitätssicherung**

„Qualitätssicherung ist die Gesamtheit aller geplanten Maßnahmen und Hilfsmittel, die bewußt dazu eingesetzt werden, um die Anforderungen an den Entwicklungs- und Pflegeprozeß und an das Software-Produkt zu erreichen"[230].

- **Softwarequalitätssicherung**

Die Software-Qualitätssicherung dagegen ist der Oberbegriff all jener Tätigkeiten, deren Zweck es ist, die Qualität der Software zu sichern oder zu erhöhen. Demnach hat sie die Aufgabe, die Effizienz eines Software-Qualitätsprogrammes zu sichern[231].

„Software-Qualitätssicherung ist ein Managementwerkzeug. Durch die Verwaltung von Qualitätsprogrammen, die auf Produkt- und Prozeßqualität ausgerichtet sind, gewährleistet Software-Qualitätssicherung die Wirksamkeit derartiger Programme"[232].

---

[229] Stahlknecht, Peter, Einführung in die Wirtschaftsinformatik, 6. Auflage, Berlin-Heidelberg, 1993, S. 310.

[230] Wallmüller, Ernest, Software-Qualitätssicherung in der Praxis, München-Wien,1990, S. 18.

[231] Vgl.:   Janßen Heike/ Bundschuh Manfred, Objektorientierte Software-Entwicklung, München, 1993, S. 17.
         Dunn, Robert H., Software-Qualität, München-Wien, 1993, S. 12 f.

[232] Dunn, Robert H., Software-Qualität, München-Wien, 1993, S. 16.

3.3 Ziele der Software-Qualitätssicherung

Man unterscheidet die Ziele bzw. Qualitätsmerkmale aus Benutzer- und Entwicklersicht:

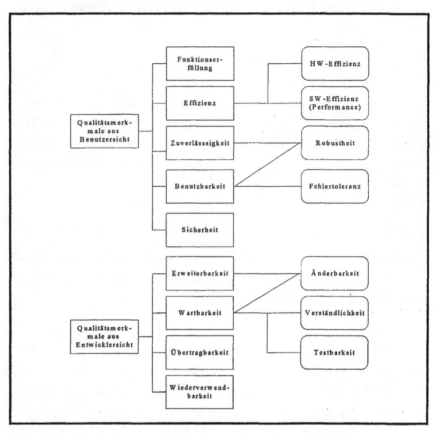

Abbildung 21[233] : Software-Qualitätssicherungs-Ziele

---

[233] Quelle: Raasch, Jörg, Systementwicklung mit Strukturierten Methoden, 3. Auflage, München-Wien, 1993, S. 21.

3.3.1 Ziele aus der Sicht des Benutzers

Folgende Qualitätsmerkmale respektive Ziele werden im folgenden charakterisiert:

- Funktionserfüllung,

- Effizienz,

- Zuverlässigkeit,

- Benutzbarkeit und

- Sicherheit.

3.3.1.1 Funktionserfüllung

„Funktionserfüllung ist ein Maß für die Übereinstimmung zwischen geplantem und tatsächlich realisiertem Funktionsumfang.

Dem Anwender präsentiert sich das Software-System über dessen Benutzerschnittstelle[234], die verschiedene Funktionen zur Nutzung anbietet. Er ist meistens primär an den Funktionen interessiert, die er als Unterstützung seiner Aufgabenstellung anwenden kann. [...]

Die Funktionserfüllung ist das entscheidende Kriterium für die Nützlichkeit aus Benutzersicht. Sie wird in der Entwicklungs- oder Auswahlphase oft stark in den Vordergrund gestellt und führt dann leicht zur Planung umfangreicher Systeme, die mit verfügbaren Mitteln an Zeit und Budget nicht realisierbar sind. Nach Systemeinführung sind meistens andere Qualitätskriterien wichtiger.

Für das Projekt ist ein vorläufiger Verzicht auf einige Funktionen oft der einzige Weg, (scheinbar) den Termin zu halten. Zur Erfolgsabsicherung des Projektes gilt daher die Empfehlung, nach einem zu Anfang des Projektes entwickelten Stufenplan vorzugehen, der natürlich mit dem Anwender abzustimmen ist. Bereits fertiggestellte Systemteile sollten so früh wie möglich dem Anwender zur Durchführung von Praxistests übergeben werden"[235].

---

[234] Vgl.: Abschnitt 2.2.2.
[235] Raasch, Jörg, Systementwicklung mit Strukturierten Methoden, 3. Auflage, München-Wien, 1993, S. 23.

3.3.1.2 Effizienz

„Die Effizienz ist das Ausmaß der Inanspruchnahme von Betriebsmitteln (Hardware) durch das Software-Produkt bei gegebenem Funktionsumfang. Dabei sind Speicherbedarf, Zeitbedarf, Durchsatz und Antwortzeiten besonders zu berücksichtigen. [...]

Man unterscheidet die Effizienz hinsichtlich der Hardware-Ausstattung (Hardware-Effizienz) von der Effizienz hinsichtlich minimaler Antwortzeiten bzw. Laufzeiten (Software-Effizienz, Performance).

Optimiert man das Software-System in Richtung Hardware-Effizienz, so entsteht eine geringere Gesamtqualität. Die Wartbarkeit, Portabilität, Erweiterbarkeit werden etwa bei Nutzung einer rechnernahen Sprache (Assembler) oder anderer spezieller Eigenschaften der Implementierungsumgebung, des Rechners oder der Endgeräte eventuell stark beeinträchtigt. Daher gelten folgende Empfehlungen:

1. Kompromisse zugunsten der Hardware-Effizienz sollte man nach Kräften vermeiden. Sie führen leicht zu unangemessen vergrößerten Wartungskosten.

2. Hardware ist im Vergleich zu den Kosten der Wartung[236] in der Regel billig. [...]

3.3.1.3 Zuverlässigkeit

Zuverlässigkeit ist gegeben, wenn das System die geforderten Leistungen erbringt, ohne fehlerhaft in gefährliche oder sonst unerwünschte Zustände zu gelangen. Technische Systeme mit Sicherheitsverantwortung müssen stets in einem sicheren Zustand gehalten werden.

Die Zuverlässigkeit ist heute der entscheidende Qualitätsmaßstab geworden. Unzuverlässige Software ist wertlos, egal, wie effizient sie ist. Bei einigen Anwendungen sind Ausfallkosten weitaus größer als die gesamten EDV-Kosten inclusive Entwicklung und Hardware [...]. Ein ineffizientes System kann nachverbessert werden [...], ein unzuverlässiges nur schwer. Zuverlässigkeit ist durch konstruktive Voraussicht (/BALZERT-82/ S. 21 ff) erreichbar, und nicht nachträglich in das Produkt `hineinzutesten´. Sie muß daher schon in der Konzeption konstruktiv berücksichtigt und geplant werden. In der Realisierungsphase können noch fehlerhafte Moduln die Entwicklung anderer Moduln eventuell so behindern, daß erhöhter Implementierungsaufwand erforderlich wird. [...]

---

[236] Vgl.: Abschnitt 2.4.2.

Zuverlässigkeit umfaßt die Robustheit. Ein System kann nur dann als zuverlässig gelten, wenn jegliche Fehlbedienung vom System erkannt und mit Fehlermeldung zurückgewiesen wird.

Ein Software-System ist robust, wenn es auch auf alle unvorhergesehenen Eingaben vernünftig reagiert. Vernünftige Reaktion bedeutet dabei, daß alle Fehler, die der Benutzer machen kann, vom Programm abgefangen und in eine verständliche Fehlermeldung umgesetzt werden. Darüber hinaus darf eine Verarbeitung von Eingaben nur stattfinden, wenn in den Eingaben des Benutzers keine Fehler erkannt worden sind. [...]

3.3.1.4 Benutzbarkeit

Die Benutzbarkeit (auch Benutzungskomfort, Benutzerfreundlichkeit) umfaßt alle Software-Eigenschaften, die dem Anwender oder Bediener ein einfaches, angenehmes und damit gleichzeitig effizientes und fehlerarmes Arbeiten mit dem Software-Produkt gestatten. Dabei sind viele ergonomische Kriterien zu berücksichtigen: Lernaufwand, Installationsaufwand, Bedienerbelastung, Häufigkeit von Bedienungsfehlern, einfache und einheitliche Benutzeroberfläche (besser: `Benutzerschnittstelle´, Robustheit, d.h. Unanfälligkeit gegen falsche Bedienung und Benutzung)[237] . [...]

Benutzerschnittstellen sollten unabhängig von der benutzten Technologie den folgenden Grundsätzen folgen:

1. **Durchgängigkeit, Einheitlichkeit**

   Innerhalb der gesamten Anwendungs- und Arbeitsumgebung, auch anwendungsübergreifend, müssen alle Anwendungssysteme gleichartige Benutzerschnittstellen aufweisen.

2. **Dialoggestaltung**

   Die vom System bereitgestellte Nutzbarkeit von Funktionen muß sich dem Kenntnisstand des Anwenders flexibel anpassen lassen.

---

[237] Vgl.: Abschnitt 2.5.

3. **Menügestützte Arbeitsweise**

Führung des Benutzers durch einen Menübaum an die jeweils gewünschte Funktion in einheitlicher Weise. Der Benutzer darf keinen Zugang zur Kommandozeile des Betriebssystems haben.

4. **Maskengestaltung**

Bildschirminhalte müssen genau die im jeweiligen Arbeitsschritt relevanten Informationen wiedergeben. Bildschirme dürfen nicht mit Informationen überladen sein. Die wiedergegebenen Informationen müssen strukturiert dargeboten werden. Hier kann auch die sparsame Nutzung der Farbattribute bei geeigneten Endgeräten nützlich sein.

5. **Standardfunktionen**

Das Dialogsystem muß neben den Kernfunktionen des Anwenders zusätzliche Dienste anbieten, die den Umgang mit dem Software-System erleichtern und absichern. Zum Beispiel gehören dazu Dienste der Bürokommunikation, Mailing, Notizbuch, Wiedervorlagelisten.

6. **Fehlertoleranz und Fehlertransparenz**

Das System muß im Falle eines erkannten Fehlers besonders freundlich sein und den Benutzer mit Einfühlungsvermögen informieren.

Das System muß immer bedienbar bleiben, d.h. alle auftretenden Fehlerbedingungen müssen abgefangen werden.

7. **Hilfesysteme, Nachrichten, Handbücher**

Man vermeide Handbücher in gedruckter Form. Ein Dialogsystem sollte sämtliche Informationen, die für den Benutzer relevant sind, online zur Verfügung stellen.

8. **Technische Konsequenzen**

Die Bereitstellung einer hochwertigen und orthogonalen[238] Benutzerschnittstelle ist nur sinnvoll möglich, wenn das System intern ein gutes Design aufweist. [...]

---

[238] Rechtwinklig.

3.3.1.5 Sicherheit

Unter dem Begriff der Sicherheit fassen wir alle System-Eigenschaften zusammen,

- die verhindern, daß ein technisches System in einen gefährlichen Zustand gerät,

- die verhindern, daß Software-Systeme und EDV-Verfahren unbefugt benutzt werden,

- die verhindern, daß Daten oder Programme unbeabsichtigt oder mutwillig zerstört oder verfälscht werden (z.B. Viren),

- und die dafür sorgen, daß eine ordnungsgemäße und revisionsfähige Verarbeitung im Sinne geltender Normen und Gesetze und anderer Rechtsvorschriften sichergestellt wird (Datenschutz, Grundsätze ordnungsgemäßer Speicherbuchführung,...).

- Durch Datensicherheit wird angestrebt, daß Daten und Programme stets auf dem letzten Sicherungsstand restauriert werden können.

- Für technische Systeme gelten besondere Normen und Vorschriften für die Klassifikation von Anwendungen, ihre Konstruktion und Abnahme (Zertifizierung).

Die Sicherheitsmaßnahmen umfassen neben Eigenschaften der Software auch das organisatorische Umfeld und die Hardware"[239].

3.3.2 Ziele aus der Sicht des Entwicklers

Folgende Qualitätsmerkmale, welche anschließend charakterisiert werden, sind hier zu unterscheiden:

- Erweiterbarkeit,

- Wartbarkeit,

- Übertragbarkeit bzw. Portabilität und

- Wiederverwendbarkeit.

---

[239] Raasch, Jörg, Systementwicklung mit Strukturierten Methoden, 3. Auflage, München-Wien, 1993, S. 23 ff.

3.3.2.1 Erweiterbarkeit

„Erweiterbarkeit ist das Ziel, auch noch nach Fertigstellung den Leistungsumfang des Software-Produktes durch Einbau zusätzlicher Funktionen zu verändern und dabei einer speziellen Anwendungssituation anzupassen. [...]

Erweiterbarkeit kann prinzipiell durch die Zeit gemessen werden, die für eine Änderung oder Anpassung der Software jeweils erforderlich ist. Diese hängt stark von den Maßnahmen ab, die für die Softwareänderung ergriffen werden müssen.

Hier sind mehrere Fälle zu unterscheiden:

1. Eine Softwareänderung ist nur durch den Hersteller möglich (geschlossenes System). [...]

2. Eine Änderung oder Systemerweiterung kann durch den Anwender über definierte Schnittstellen erfolgen (offenes System). [...]

3. Customizing[240] (Anpassung des Systems an spezielle Benutzeranforderungen ohne Source-Code-Änderung[241] ausgelieferter Programme). [...]

3.3.2.2 Wartbarkeit

Die Wartbarkeit[242] eines Software-Systems wird nach der Zeitdauer beurteilt, die im produktiven Einsatz nach Auftreten und Meldung eines Fehlers erforderlich ist, um diesen zu lokalisieren und zu beheben.

Auch dieses Qualitätsziel ist abhängig von den Design-Eigenschaften. Unterziele sind Verständlichkeit, Änderbarkeit und Testbarkeit. [...]

---

[240] Vgl.: Abschnitt 2.3.7.1.
[241] Quellcodeänderung.
[242] Vgl.: Abschnitt 2.4.

3.3.2.3 Übertragbarkeit bzw. Portabilität

Ein System ist portabel, wenn es leicht in eine neue oder andere Hardware- oder Software-Umgebung überführt werden kann. [...]

Die Portabilität hat eine steigende Bedeutung gewonnen (vgl. /LECARME et.al. 89/). Die Hardware hat heute zwar eine erhebliche physikalische Lebensdauer, aber ihre Nutzungszeit in konkreter Installation ist meistens kürzer als die gesetzlichen Abschreibungszeiträume. Weil neue Anwendungen hinzukommen und auf der bisherigen Hardware nicht mehr performant abgebildet werden können oder aufgrund von gestiegenen Fallzahlen werden Rechner oftmals vor der Zeit durch größere oder gar andere Modelle abgelöst. Dieser Effekt ist auf allen Hardware-Ebenen vom PC bis zum Großrechner zu beobachten. [...]

Das Ausmaß, in dem ein Softwaresystem portabel ist, hängt entscheidend von der Software-Architektur ab. Wenn es im Schichtenmodell der Software klare Schnittstellen gibt, die eventuell sogar internationalen Standards folgen, dann ist Portabilität leichter zu erreichen. [...]

3.3.2.4 Wiederverwendbarkeit

Wiederverwendbarkeit[243] (Reusability) ist die Anwendung von bereits entwickelten Software-Komponenten in anderen Umgebungen, für die sie ursprünglich nicht geplant waren. [...]

Wiederverwendbarkeit (Reusability) ist nicht in wünschenswertem Umfang nachträglich erreichbar. Bereits bei der Systemkonzeption müssen Vorkehrungen getroffen werden, die später eine Wiederbenutzung in anderen Zusammenhängen eröffnen"[244] .

---

[243] Vgl.: Abschnitt 2.4.2.
[244] Raasch, Jörg, Systementwicklung mit Strukturierten Methoden, 3. Auflage, München-Wien, 1993, S. 30 ff.

3.4 Arten der Qualitätssicherung

Die Qualitätssicherungsmaßnahmen werden nach konstruktiven und analytischen Verfahren unterschieden. Beide werden nachfolgend charakterisiert.

3.4.1 Konstruktive Qualitätssicherungsmaßnahmen

Unter konstruktiver Qualitätssicherung wird der Einsatz technischer, organisatorischer oder psychologisch-orientierter Maßnahmen und Hilfsmittel verstanden.

Konstruktiv selbst bedeutet soviel wie `aufbauend, helfend oder einen brauchbaren Beitrag liefernd´.

Das Ziel der konstruktiven Qualitätssicherung ist die Entwicklung oder Pflege eines Produktes, welches bestimmte Eigenschaften aufweist und welches so wenig Mängel und Fehler als möglich inne hat[245].

3.4.1.1 Konstruktive Elemente des Software Engineering zur Qualitätssicherung

„Software Engineering ist die praktische Anwendung wissenschaftlicher Erkenntnisse für die wirtschaftliche Herstellung und den wirtschaftlichen Einsatz zuverlässiger und effizienter Software. [...]

Zu den konstruktiven Elementen des Software Engineering zur Qualitätssicherung gehören jene, die zur Qualitätslenkung [...] beitragen. Es sind dies:

- Prinzipien (Konzepte), die wir unserem Handeln im Software Engineering zugrunde legen;

- Methoden, die Software Engineering-Prinzipien unterstützen und die Entwickler zu planbaren Ergebnissen führen;

---

[245] Vgl.:   Wallmüller, Ernest, Software-Qualitätssicherung in der Praxis, München-Wien,1990, S. 73.
                 Duden, Das Fremdwörterbuch, 4. Auflage, Mannheim, 1982, S. 418.

- Formalismen, insbesondere Sprachen, die auf den verschiedenen Abstraktionsebenen zur Ergebnisbeschreibung verwendet werden und die die Darstellung von Zwischen- und Endergebnissen des methodischen Arbeitens ermöglichen;

- Werkzeuge, die die Anwendung von Prinzipien, Methoden und Formalismen unterstützen und sowohl dem Software-Entwickler, als auch der Projektführung und dem Software-Qualitätssicherungsingenieur nützen;

- Strukturierung des Entwicklungs- und Pflegeprozesses durch ein standardisiertes Vorgehen (Vorgehensmodell)"[246].

Nachstehende Graphik verdeutlicht den Zusammenhang jener Elemente:

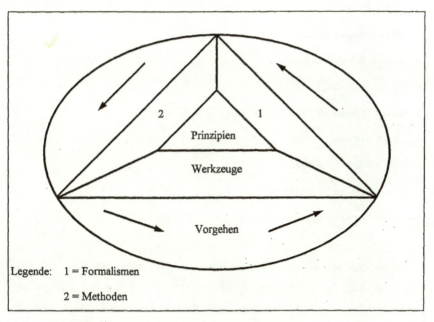

Abbildung 22[247] : Konstruktive Elemente des Software Engineering für die Qualitätslenkung

---

[246] Wallmüller, Ernest, Software-Qualitätssicherung in der Praxis, München-Wien,1990, S. 75 f.

[247] Quelle: Wallmüller, Ernest, Software-Qualitätssicherung in der Praxis, München-Wien,1990, S. 76.

3.4.1.1.1 Prinzipien

Unter einem Prinzip wird jener Grundsatz verstanden, der dem menschlichen Handeln zugrunde gelegt wird.

Prinzipien stellen allgemeine Verhaltensregeln dar, nicht aber Vorschriften zur Zielerreichung[248].

Folgende Prinzipien lassen sich feststellen:

- Konstruktive Voraussicht

- Abstraktionsstufen mit schrittweiser Verfeinerung (Konkretisierung) und schrittweiser Vergröberung

- Strukturierung

- Modularisierung (Bausteinprinzip)

- Lokalität (Überschaubarkeit)

- Information Hiding

- Integrierte Dokumentation (Single Source-Prinzip)

- Objektorientierter Entwurf

- Wohldefinierte Schnittstellen

- Standardisierung (Einheitlichkeit)

- Mehrfachverwendung [...]

Prinzipien sind aus der Sicht der konstruktiven Qualitätssicherung eine Art von `Katalysator´, der das Entstehen von Qualität unterstützt bzw. fördert. Beispielsweise hilft ein gut strukturiertes Dokumentenmuster (Anwendung des Prinzips der Strukturierung) für eine Anwendungsdefinition (Numerierung der Anforderungen nach bestimmten Kriterien) einem Analytiker bei der Spezifikation klarer, widerspruchsfreier und vollständiger Aussa-

---

[248] Vgl.: Wallmüller, Ernest, Software-Qualitätssicherung in der Praxis, München-Wien,1990, S. 76.

---

gen. Aus der Sicht der analytischen Qualitätssicherung verbessern diese Prinzipien die Prüfbarkeit der Ergebnisse"[249].

3.4.1.1.2 Methoden

Methoden sind planmäßig angewandte Vorgehensanweisungen, mit dem Zweck der Erreichung von festgelegten Zielen (z.B. Qualitätsverbesserung und standardisierte Ergebnisse).

Sie zeigen dem Benutzer den Weg auf, wie das Ziel erreicht werden kann ohne sinnloses `Herumprobieren´.

Methoden beruhen auf Prinzipien, wie z.B. das der Abstraktionsstufen (Zerlegung eines groben Datenflusses in konkretere Datenflüsse, also eine Hierarchie von Datenflußdiagrammen).

Methoden, wie z.B. die Jackson-Programmentwicklung[250] oder die Systementwicklungsmethode ISD, werden durch folgende Charakteristiken gekennzeichnet:

- **Gesichtspunkt**

  Die Zielerreichung erfolgt, je nach Methode, unter verschiedenen Gesichtspunkten (funktions-, daten-, verhaltens- oder objektorientierte).

- **Anwendungsgebiet**

  Im Life Cycle werden von vielen Methoden lediglich nur bestimmte Tätigkeiten unterstützt, wie z.B. Entwurf oder Spezifikation. Des weiteren sind sie oft nur anwendbar auf bestimmte Problemklassen.

- **Prinzipien**

  Es werden Prinzipien benutzt (bei Anwendungen), welche die Erreichung der Ziele unterstützen.

- **Notation**

  Zur Beschreibung der Ergebnisse werden bestimmte Notationen, wie z.B. natürliche oder graphische oder formale Sprachen, von den Methoden verwendet.

---

[249] Wallmüller, Ernest, Software-Qualitätssicherung in der Praxis, München-Wien,1990, S. 75 f.

[250] Sie baut streng auf hierarchische Datenstrukturen, wobei die elementaren Programmstrukturen der Reihung, Auswahl und Wiederholung verwendet werden. Sie ist weitestgehend der strukturierten Programmierung zuzurechnen.
Vgl.: Schulze, Hans Herbert, PC-Lexikon, Reinbek bei Hamburg, 1993, S. 317.

- **Anleitung**

  Soll eine Methode angewendet werden, wird eine Anleitung (Reihenfolge der Vorgehensschritte, notwendige Entscheidungen etc.) benötigt.

Der qualitätssichernde Zweck des Methodeneinsatzes besteht einerseits in der systematischen und nachvollziehbaren Ergebnisermittlung und andererseits in der projektbegleitenden Dokumentationserstellung.

Quantitative Untersuchungen über den Effekt von Methoden belegen einen durchschnittlichen Produktivitäts- und Qualitätsgewinn von ca. 50 - 150 % je nach Methode, wodurch der Effekt durchaus als bedeutsam anzusehen ist[251].

3.4.1.1.3 Formalismus bzw. Sprachen

Der Formalismus ist eine spezielle textuelle oder graphische Notation, d.h. er wird durch ein System von Regeln festgelegt, welche die Syntax und die Semantik beschreiben.

Der konstruktive Qualitätssicherungsaspekt von Formalismen und Sprachen ist die Methodenlieferung und zwar durch die Unterstützung einer formalisierten Ergebnisbeschreibung. Diese wiederum ist Voraussetzung für die automatisierten Prüfungen (analytischer Qualitätssicherungsaspekt)[252].

3.4.1.1.4 Werkzeuge

Die Werkzeuge werden nach folgender Klassifikation unterschieden:

- Erzeugen, wie z.B. Editoren und Textformatiersysteme;

- Prüfen, wie z.B. Spezifikationsanalysatoren und statische Programmanalysatoren;

- Generieren; wie z.B. Entscheidungstabellen-Generatoren und Compiler;

- Texten, wie z.B. Textverarbeitungssysteme und

- Verwalten, wie z.B. Datenlexikas und Konfigurationsverwaltungssysteme

---

[251] Vgl.: Wallmüller, Ernest, Software-Qualitätssicherung in der Praxis, München-Wien,1990, S. 77 f.
[252] Vgl.: Wallmüller, Ernest, Software-Qualitätssicherung in der Praxis, München-Wien,1990, S. 78 f.

von Software sowie zur

- Planung und Kontrolle, wie z.b. Tabellenkalkulationen und Netzplantechnik-Verfahren

ihrer Entwicklung.

Durch die Werkzeuge wird die Qualität verbessert und zwar hinsichtlich der Fehlervermeidung (konstruktiver Aspekt) und der Unterstützung sowie Vereinfachung von Prinzipien, Methoden und Formalismen.

Erhebliche Qualitätsverbesserungen werden durch einen Werkzeugeinsatz in den frühen Phasen der Software-Entwicklung erzielt. Desweiteren unterstützen die Werkzeuge die organisatorische und physische Bewältigung von großen Informationsmengen bei größeren Anwendungen.

Durch ihren Einsatz werden die Entwicklungstätigkeiten weniger verwaltungsorientiert, sondern mehr schöpferisch[253].

3.4.1.1.5 Die Technik des Prototyping

Eine Technik besteht aus einer Kombination konstruktiver Elemente, die aufeinander abgestimmt sind.

Durch das Prototyping (vgl. Abschnitt 2.2.2) soll unnötiger Ressourcenverbrauch sowie die Entwicklung eines falschen Produktes verhindert werden.

Das Prototyping wird eingeteilt in das:

- Explorative Prototyping,

- Experimentelle Prototyping und in das

- Evolutionäre Prototyping[254].

---

[253] Vgl.: Wallmüller, Ernest, Software-Qualitätssicherung in der Praxis, München-Wien,1990, S. 79.
[254] Vgl.: Wallmüller, Ernest, Software-Qualitätssicherung in der Praxis, München-Wien,1990, S. 80.

„Das Ziel beim *explorativen Prototyping* [Remm87] ist eine möglichst vollständige Systemspezifikation, um den Entwicklern einen Einblick in den Anwendungsbereich zu ermöglichen, mit dem Anwender verschiedene Lösungsansätze zu klären und die Realisierbarkeit des geplanten Systems in einem gegebenen organisatorischen Umfeld abzuklären. An Hand des Prototyps werden konkrete Anwendungsbeispiele durchgespielt und die gewünschte Funktionalität erprobt. Im Vordergrund steht nicht die Qualität der Konstruktion des Prototyps, sondern die Funktionalität, die leichte Änderbarkeit und die Kürze der Entwicklungszeit. [...]

Aus der Sicht der Qualitätssicherung hat das explorative Prototyping folgende Vorteile:

- Anforderungs- und Spezifikationsprobleme/ -fehler werden sehr früh (und damit kostendämpfend) erkannt und behoben. Die Funktionalität wird umfassender spezifiziert und durch den Anwender geprüft.

- Neben der Benutzeroberfläche des Systems wird auch die Dynamik im Ablauf modelliert und geprüft.

- Die Sprach- und Kommunikationsprobleme zwischen Entwicklern und Anwendern werden minimiert und somit daraus resultierende potentielle Fehlerquellen beseitigt.

- Der Anwender validiert sehr früh seine Wünsche und Anforderungen an das geplante System an Hand eines ausführbaren Systemmodells. Dies ist eine nützliche Ergänzung zu den statischen Reviews der schriftlichen erstellten Anforderungs- und Systemspezifikationen.

- Die Entwickler können mit dem Anwender sinnvolle Ausbaustufen für das System definieren und so einen Teil der Wartungsprobleme durch ein Release-Stufenkonzept abfangen.

Als Nachteil sehen wir die Gefahr, den Prototyp permanent zu ändern und somit die Projektplanung zu destabilisieren. Auch könnte der Anwender bei fehlender Aufklärung meinen, der Prototyp sei bereits das fertige System.

Der qualitätssichernde Beitrag liegt bei dieser Art des Prototyping durch eine frühzeitige Kommunikation zwischen Anwendern und Entwicklern sowohl im konstruktiven Bereich (Vermeidung von Anforderungsfehlern, vollständige und konsistente Funktionsspezifikation), als auch im analytischen Bereich (Validieren der Wünsche und Ziele der Anwender an einer ausführbaren Anforderungs- und Systemspezifikation). [...]

Das Ziel beim *experimentellen Prototyping* ist eine ausführbare Entwurfsspezifikation, die die Basis für die Implementierung bildet. Dies bedeutet die Überprüfung der technischen Zielsetzungen auf Durchführbarkeit. Es soll damit die Tauglichkeit und Güte der Software-Architektur des geplanten Systems, der darin enthaltenen Lösungsideen und der Zerlegung in Systemkomponenten (Module) experimentell nachgewiesen werden. [...]

Die Vorteile aus der Sicht der Qualitätssicherung sind:

- frühzeitige Prüfung von Entwurfs- und Implementierungsanforderungen;

- verbesserte Wartbarkeit durch Verifikation der Modularisierung im Hinblick auf die Eigenschaften Erweiterbarkeit und Anpaßbarkeit;

- konsistente und vollständige Schnittstellenspezifikation der Systemkomponenten;

- geringeres Risiko von Entwurfsüberarbeitungen;

- Ergänzung zu statischen Entwurfsreviews.

Als Nachteil sehen wir den zusätzlichen Aufwand, der das Projekt verzögern kann. Der Einsatz entsprechender Werkzeuge mildert diesen Nachteil.

Das experimentelle Prototyping bietet dem Entwickler sowohl im konstruktiven Bereich der Qualitätssicherung (Erforschung der Funktionsstruktur), als auch im analytischen Bereich (Prüfen von Entwurfsentscheidungen und Verifizieren der Anwenderanforderungen) Unterstützung. [...]

Das *evolutionäre Prototyping* unterscheidet sich von den zwei oben beschriebenen Prototyping-Ansätzen derart, daß es sich dabei um eine inkrementelle[255] Systementwicklung, d.h. eine sukzessive[256] Entwicklungsstrategie handelt. Der Prototyp wird laufend den neu hinzukommenden und aktualisierten Anforderungen angepaßt. Die Entwicklung ist somit kein abgeschlossenes Projekt, sondern verläuft parallel zur Nutzung der Anwendung. Es gibt keine Trennung zwischen Prototyp und Produkt.

Bei dieser Art des Prototyping wird der Prototyp in der Regel nicht weggeworfen, sondern sukzessive zum Produkt `hochgezogen´ [...]. Es handelt sich im Gegensatz zu Wegwerf-

---

[255] Inkrement ist der Betrag, um den eine Größe zunimmt.
  Duden, Das Fremdwörterbuch, 4. Auflage, Mannheim, 1982, S. 345.
[256] Allmählich, eintretend; nach und nach.
  Duden, Das Fremdwörterbuch, 4. Auflage, Mannheim, 1982, S. 737.

Prototypen und zu unvollständigen Prototypen hier um einen vollständigen Prototyp, der alle wesentlichen Funktionen einer Evoluationsstufe des Produkts enthält.

Die Vorteile aus der Sicht der Qualitätssicherung sind:

- Das Spezifikationsproblem des klassischen Life Cycle, immer mit einer unvollständigen Spezifikation zu arbeiten, läßt sich dadurch vereinfachen. Der Prototyp ist ein ausführbarer Teil der Systemspezifikation.

- Die Wartungsproblematik (schwere Änderbarkeit, `auseinanderlaufende´ und veraltete Dokumentation) wird entschärft, weil Anforderungen an die Wartbarkeit von vornherein berücksichtigt werden.

- Die rasche Validierung der Anforderungen durch die Anwender ist sofort am ausführbaren System möglich.

Die Nachteile aus der Sicht der Qualitätssicherung sind gefährlich:

- Die Entwurfsstruktur kann mangelhaft sein [...]. Das Problem des Systementwurfs ist durch diesen Ansatz nicht gelöst.

- Entwickeln wird zu einem permanenten Änderungsprozeß, der nicht mehr zielgerichtet ist und dadurch schwer kontrollierbar werden kann.

- Das Projektmanagement wird dadurch wesentlich aufwendiger. [...]

Das evolutionäre Prototyping ist aus der Sicht der Qualitätssicherung kritisch zu beurteilen und birgt die Gefahr einer chaotischen und unkontrollierten Entwicklung"[257].

---

[257] Wallmüller, Ernest, Software-Qualitätssicherung in der Praxis, München-Wien,1990, S. 80 ff.

3.4.1.2 Anforderungen an Vorgehensmodelle aus der Sicht der Qualitätssicherung und Verbesserungen

Ein bedeutender Schritt beim Übergang von einer chaotischen Software-`Bastelei´ zu einer industriellen Software-Produktion ist die Einführung und Verwendung von Vorgehensmodellen[258].

Neben einer klaren und systematischen Vorgehensweise wird dabei die zeitliche und inhaltliche Strukturierung des Entwicklungsprozesses angestrebt. Durch Vorgehensmodelle wird der Software-Entwicklungsprozeß in aufeinander abgestimmte Phasen zerlegt, und für jede Phase werden Tätigkeiten und Ergebnisse festgelegt.

Ein Vorgehensmodell beschreibt modellhaft, d.h. idealisiert und abstrahierend, den Software-Entwicklungs- und Pflegeprozeß. [...]

Vorgehensmodelle werden neben Methoden und Werkzeugen als eines der wichtigsten konstruktiven Qualitätssicherungselemente bewertet"[259].

„Ein Vorgehensmodell sollte eine eindeutige Beschreibung über das Was (`Ergebnistypen´) und das Wie (`Aktivitätentypen´) eines Prozesses zur Verfügung stellen. Insbesondere sollte die Prozeßbeschreibung detaillierte Auskunft über die Prozeßführung (`Prozeßsteuerung´, `Prozeßmanagement´), die Qualitätssicherung und das Konfigurationsmanagement geben. [...]

Im Rahmen der Phasenüberwachung finden Überprüfungen der anfallenden Ergebnisse (z.B. Reviews) statt. Diese Überprüfungen sind wesentliche Voraussetzungen für die Fertigstellung und Freigabe der Phasenergebnisse.

Die Tätigkeiten einer Phase werden unter Zuhilfenahme von konstruktiven Qualitätssicherungselementen, wie beispielsweise Prinzipien, Methoden, Werkzeugen, Mustern und Hilfsinformationen durchgeführt [...]. Die Durchführung einer Tätigkeit setzt gewisse Informationen voraus (z.B. Ergebnisse von anderen Tätigkeiten) und erzeugt Ergebnisse.

---

[258] Vgl.: Abschnitt 2.2.
[259] Wallmüller, Ernest, Software-Qualitätssicherung in der Praxis, München-Wien,1990, S. 83 f.

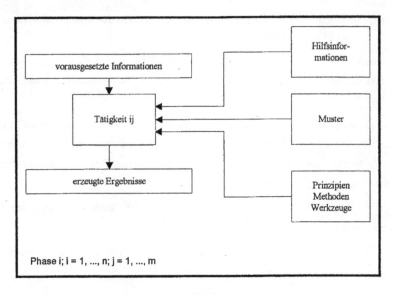

Abbildung 23[260] : Ablaufschema einer Tätigkeit

Die begleitenden qualitätssichernden Tätigkeiten sind nach Radice [Radi85] durch Start- und Endekriterien mit den eigentlichen Entwicklungs- oder Pflegetätigkeiten einer Phase zu koppeln [...]. Nachfolgende Elemente und deren Zusammenhang bilden ein Schema:

- Liste der Startkriterien, die erfüllt sein müssen, um die Arbeitseinheit zu beginnen,

- Beschreibung der Tätigkeit oder Gruppe von Tätigkeiten, die durchzuführen ist,

- Qualitätsprüfung bzw. -bewertung der durchgeführten Tätigkeit(en),

- Liste der Endekriterien, die erfüllt sein müssen, um die Tätigkeit(en) abzuschließen.

---

[260] Quelle: Wallmüller, Ernest, Software-Qualitätssicherung in der Praxis, München-Wien,1990, S. 89.

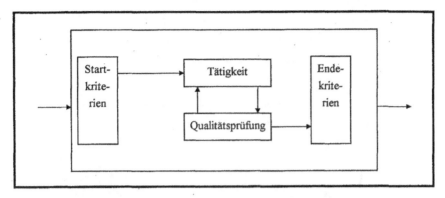

Abbildung 24[261] : Schema zur Beschreibung von Tätigkeiten

Der Vorteil eines solchen Schemas besteht darin, daß für eine Phase besser geplant wird, was parallel abgewickelt werden kann und damit die Produktivität erhöht wird.

Eine wesentliche Anforderung an ein Vorgehensmodell ist die Unterstützung der Prozeßführung durch geeignete Tätigkeitstypen zur Prozeßüberwachung.

Diese Tätigkeitstypen sind einerseits durch das Vorgehensmodell selbst bedingt, indem beispielsweise für alle wesentlichen Tätigkeitsgruppen Prüfungen/ Bewertungen vorgegeben sind [Radi85].

Andererseits wird der Prozeß durch Erfassung, Analyse und Auswertung von statistischen Produkt- und Prozeßdaten ('Qualitätsdaten') kontrolliert und kann beim Auftreten von Anomalien gegebenenfalls verbessert werden"[262] .

3.4.1.3 Anforderungen an die Dokumentation und deren Erstellung aus der Sicht der Qualitätssicherung

„Die gegenwärtige Praxis beim Durchführen von Software-Projekten ist dadurch gekennzeichnet, daß der größte Teil der Dokumentation (System-, Benutzerdokumentation) nicht aktuell, unvollständig und oft schwer zu lesen und zu verstehen ist. Übergeordnete Konzepte und Strukturübersichten, die den Einstieg für den Leser erleichtern würden, fehlen und

---

[261] Quelle: Wallmüller, Ernest, Software-Qualitätssicherung in der Praxis, München-Wien,1990, S. 89.

[262] Wallmüller, Ernest, Software-Qualitätssicherung in der Praxis, München-Wien,1990, S. 88 ff.

sind nur in den Köpfen der Entwickler vorhanden; sie sind deshalb nach einiger Zeit nicht mehr vollständig rekonstruierbar. Zusammen mit der hohen Personalfluktuation trägt dieser Zustand wesentlich zur allgemeinen Software-Krise, insbesondere zur Wartungskrise bei. [...]

Ohne ausreichende Dokumentation kann nur schlecht oder überhaupt nicht beurteilt werden, ob die Prozeß- und Produktanforderungen erfüllt werden. [...]

Die Auswahl der Anforderungen an eine qualitativ gute Dokumentation sollte sich an den heute bekannten Qualitätsmerkmalen orientieren. In [DGQ86] werden folgende Qualitäts- merkmale für Dokumente vorgeschlagen und deren Förderung durch konstruktive Maß- nahmen erläutert:

- **Änderbarkeit**

  Eignung von Dokumenten zur Ermittlung aller von einer Änderung betroffenen Doku- mententeile und zur Durchführung der Änderung.

- **Aktualität**

  Übereinstimmung der Beschreibung des Programms in der Dokumentation mit dem je- weils geltenden Zustand des Programms.

- **Eindeutigkeit**

  Eignung von Dokumenten zur unmißverständlichen Vermittlung von Informationen an jeden Leser.

- **Identifizierbarkeit**

  Eindeutige Ansprechbarkeit der Teile von Dokumenten, die Angaben zu einem ange- grenzten Sachverhalt geben, die den Leser interessieren.

- **Normkonformität**

  Erfüllung der für die Erstellung von Dokumenten geltenden Vorschriften und Normen.

- **Verständlichkeit**

  Eignung von Dokumenten zur erfolgreichen Vermittlung der darin enthaltenen Informa- tionen an einen sachkundigen Leser.

- **Vollständigkeit**

  Vorhandensein der für den Zweck der Dokumentation notwendigen und hinreichenden Information.

- **Widerspruchsfreiheit**

  Nichtvorhandensein von einander entgegenstehenden Aussagen im Dokument. [...]

Es ist ratsam, die Mängel und Fehler, die bei Dokumentenprüfungen anfallen, zu zählen und zu klassifizieren. Damit lassen sich einfache Qualitätskenngrößen, z.B. Fehleranzahl pro Seite eines Dokuments, angeben und somit einfache quantitative Vorgaben für Qualitätsziele erstellen. [...]

Jedes Dokument ist nach seiner Erstellung einem Prüfprozeß zu unterwerfen, um die inhaltliche und die äußere, formale Qualität festzustellen, sofern dies nicht vom verwendeten Werkzeug selbst zumindest zum Teil erzwungen wird. Je nach Bedeutung des Dokuments können abgestufte Qualitätssicherungsmaßnahmen ausgewählt werden. [...]

Sobald ein erstelltes Dokument fertig ist, übergibt es der Autor einem Kollegen zur kritischen Durchsicht. Das Dokument wird von diesem sorgfältig und genau gelesen. Der Kritiker sollte die fachliche Qualifikation für die inhaltliche Prüfung des Dokuments besitzen. Kritik, Mängel und Verbesserungsvorschläge sind schriftlich festzuhalten.

Reviews sind bereits umfangreichere Prüfmaßnahmen, wobei mehrere Prüfer und eine strukturierte Vorgehensweise zum Einsatz gelangen. Bei Reviews werden sowohl inhaltliche als auch formelle textliche Aspekte geprüft. Die wesentlichen Dokumente, die durch Reviews geprüft werden, sind Anforderungsdefinition, Entwurfsspezifikationen, Testplan, Testfälle, Code und Benutzerhandbücher"[263].

---

[263] Wallmüller, Ernest, Software-Qualitätssicherung in der Praxis, München-Wien,1990, S. 98 ff.

3.4.1.4 Qualitätssichernde Konzepte von Programmiersprachen

„Die Bedeutung der jeweils gewählten Programmiersprache für ein Software-Projekt wird heute geringer eingestuft als früher. Bei einem gut organisierten Software-Entwicklungsprozeß beträgt der Aufwand für die Implementierung nur mehr ca. 20 bis 30 % des Projektaufwands. Die Bedeutung der Sprache kommt gegenwärtig im Wartungsprozeß zum Tragen. Hier stellt sich die Frage, welche Eigenschaften eine Sprache besitzen muß, um den Wartungsaufwand so gering wie möglich zu halten.

Die Applikation sollte auf alle Fälle in einer höheren Programmiersprache geschrieben werden, die die Möglichkeit bietet, ein System von unabhängigen Modulen zu realisieren, die über wohldefinierte Schnittstellen miteinander kommunizieren. Die Sprache sollte weiters Kontroll- und Datenstrukturen besitzen, die gut strukturierte Programme ermöglichen. Durch ein flexibles Datentypenkonzept werden die problembezogenen Daten leichter lesbar und zuverlässiger. [...]

Folgende Konzepte und Merkmale von Sprachen fördern die Erstellung von qualitativ guter Software:

- ein Modulkonzept mit klarer Trennung von Modulschnittstelle und Modulrumpf;

- getrennte Übersetzung, die es ermöglicht, bereits zum Übersetzungszeitpunkt der Schnittstellen etwaige Schnittstellenfehler aufzuzeigen;

- Datenkapselung und abstrakte Datentypen zur sauberen Trennung von Datenrepräsentation und Datenverwendung, wodurch die objektorientierte Entwicklung gefördert und die Wiederverwendbarkeit von Code-Teilen erhöht wird;

- strukturierter Kontrollfluß, der zu übersichtlichen, leicht lesbaren und überprüfbaren Programmstrukturen führt und dadurch die Abstraktion des Kontrollflusses verbessert;

- ein Datentypenkonzept und Laufzeitprüfungen, die eine problemnahe und ausdrucksstarke Darstellung von Daten erlauben und somit die Problemabstraktion fördern;

- beschreibende Namen zur relevanten Bezeichnung von Programm- und Datenelementen;

- objektorientierte Programmierung [...], die die Änderbarkeit, Erweiterbarkeit und Wiederverwendbarkeit erheblich steigert. [...]

Zusammenfassend läßt sich sagen, daß die Wahl der Programmiersprache bedeutend für alle Entwicklungs- und Wartungsaspekte ist. Keine der heute bekannten Sprachen eignet sich für alle denkbaren Applikationen gleich gut.

Bei der Wahl der Programmiersprache ist einerseits auf die jeweilige Einsatzsituation und andererseits auf die Unterstützung heute bekannter qualitätsfördernder Prinzipien des Software-Engineering zu achten [Balz82]"[264].

3.4.1.5 Anforderungen an eine Software-Produktionsumgebung aus der Sicht der Qualitätssicherung

Bei einer Software-Produktionsumgebung „handelt es sich um eine integrierte Sammlung von Werkzeugen, die die Programmentwicklung über den gesamten Software-Entwicklungsprozeß unterstützen"[265], wie z.B. CASE.

„Eine ausgereifte Software-Produktionsumgebung hat nach Frühauf [Früh87b] eine einheitliche Benutzerschnittstelle, stellt ein Informationssystem für das Projektteam zur Verfügung und stellt die Konsistenz der Entwicklungsergebnisse durch den Einsatz eines Software Engineering-Datenbanksystems sicher. Generator- und Transformationsfunktionen unterstützen einerseits die Dokumentations- und Code-Erstellung, andererseits helfen sie, die Entwicklungsergebnisse von einem Entwicklungszustand (beispielsweise Grobentwurf) in den nächsten (z.B. Feinentwurf) überzuführen, ohne daß dabei Informationen mehrfach erfaßt werden müssen. [...]

Eine SPU kann nach Charette durch eine Drei-Schichten-Architektur dargestellt werden [...]. Die Grundschicht beschreibt den Entwicklungsprozeß. Die darüberliegende Schicht legt die einsetzbaren Methoden fest. Die abschließende Schicht enthält die für die darunterliegenden Ebenen nötigen Werkzeuge. [...]

---

264 Wallmüller, Ernest, Software-Qualitätssicherung in der Praxis, München-Wien,1990, S. 106 ff.
265 Stahlknecht, Peter, Einführung in die Wirtschaftinformatik, 6. Auflage, Berlin-Heidelberg, 1993, S. 297.

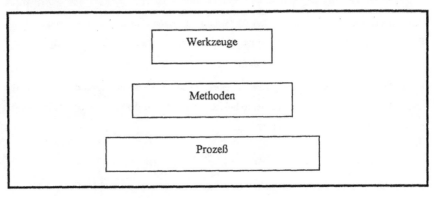

Abbildung 25[266] : SPU-Modell

Das Ziel der konstruktiven Qualitätssicherungsmaßnahmen besteht in der Entwicklung von qualitativ hochwertigen Produktbausteinen (Prozeßergebnissen mit möglichst wenig Mängeln). Um dies zu erreichen, muß eine SPU folgendes anbieten:

- rechnergestütztes Vorgehensmodell mit Aktivitäten- und Ergebnismanagement (Prozeßmanagement),

- methodengestützte Werkzeuge,

- Muster von Produktbausteinen,

- Hilfsmittel zum Wiederfinden von Produktbausteinen, die sich zur Wiederverwendung eignen,

- Hilfsmittel zum Zusammenbau von wiederverwendbaren Produktbausteinen und

- ausreichende Hilfs- und Lernunterstützung.

Das Ziel der analytischen Qualitätssicherung besteht in der qualitativen und quantitativen Prüfung der Prozeßergebnisse. Eine SPU hat durch automatisierte Prüffunktionen diese Qualitätsprüfungen zu unterstützen. Diese Prüffunktionen sind entweder in den Werkzeugen oder direkt in der Steuerungs- und Kontrollschicht (Repository Manager) integriert [...]

---

[266] Quelle: Wallmüller, Ernest, Software-Qualitätssicherung in der Praxis, München-Wien,1990, S. 116.

Eine weitere Hilfsfunktion der SPU für Prüfmethoden sind Auswertungen. Darunter verstehen wir beispielsweise das Aufzeigen von Querverweisen zwischen Produktbausteinen oder die Ermittlung und Aufbereitung von Qualitätsdaten (z.B. Werte von Prozeß- und Produktkenngrößen, Fehlerdaten, etc.). [...]

Neben automatisierten Prüffunktionen und Auswertungen trägt der Bau von Prototypen zur Qualitätssicherung bei. [...]

Die Anforderungen der Qualitätssicherung an die Benutzerschnittstelle einer SPU sind hoch. Um diese Anforderungen prüfen zu können, ist es zweckmäßig, zwischen physischer und logischer Benutzerschnittstelle zu unterscheiden.

Die physische Schnittstelle ist in den letzten Jahren erheblich verbessert worden. Zeigeinstrumente, ein Bildschirm, der die Darstellung einer ganzen DIN-A4-Seite ermöglicht, hochauflösende Bilddarstellung (Bit-Map-Display) und Farbdarstellung haben sich als extrem benutzerfreundlich erwiesen. Die Auswirkungen auf die quantitative und qualitative Arbeitsleistung sind erheblich, wie Untersuchungen [...] gezeigt haben.

Für die logische Benutzerschnittstelle gelten folgende Anforderungen:

- **Einheitlichkeit**
  Die verschiedenen Werkzeuge sind über eine einheitliche Bedienschnittstelle zu benutzen.

- **Einfachheit der Benutzung**
  Dies ist durch Ikonen, Menüs und Window-Systeme zu realisieren.

- **Komfort**
  Sowohl graphische als auch textliche Darstellung von Arbeitsergebnissen müssen parallel möglich sein.

Die Realisierung der Anforderungen an die logische und physische Schnittstelle hat auch eine einfachere Erlernbarkeit zur Folge.

Die Kommunikationsanforderungen an eine SPU umfassen die Unterstützung der Teamarbeit (Arbeiten in Gruppen an Zwischen- und Endergebnissen, Übergabe von Ergebnissen an Kollegen, Einsicht in Dokumente von anderen und elektronische Post). [...]

Die Unterstützung der Qualitätssicherung durch eine SPU ist ein wichtiger Erfolgsfaktor für eine wirksame Qualitätssicherung. Gelingt es, dieses Konzept effizient zu realisieren, kann damit gerechnet werden, daß eine SPU von den Entwicklern als Arbeitshilfsmittel zur Entwicklung und Pflege qualitativ hochwertiger Software akzeptiert wird. Die Folge davon wird eine beachtliche Produktivitätssteigerung sein"[267].

3.4.1.6 Software-Konfigurationsmanagement

Das Konfigurationsmanagement wird traditionell bei der Entwicklung von Hardware-Systemen angewandt. Dies bedeutet, daß die Systementwicklungen und das Änderungswesen geordnet und strukturiert erfolgen.

Bei der Entwicklung von Hardware-Systemen werden die einzelnen Hardware-Bestandteile identifiziert, bezeichnet, verwaltet, Änderungen kontrolliert und gesteuert.

Die Aufgaben des Konfigurationsmanagements bestehen in der Fehlervermeidung bei Arbeits- und Programmabläufen von vornherein. Dazu ist es notwendig,

- die gesamten System- und Programmanforderungen,

- über den kompletten Zeitraum der Systementwicklung fortlaufend den aktuellen Stand sowie alle bisher durchgeführten Änderungen (gegenüber dem ursprünglichen Entwurf), und

- jede neue Programmversion (in der Nutzungszeit) sowie ihre Unterschiede gegenüber der Vorgängerversion

sorgfältig zu dokumentieren.

Unter Konfiguration wird dabei die Anordnung eines Rechnersystems oder Netzwerkes verstanden, welches durch die Menge, Eigenschaften und Hauptmerkmale seiner funktionalen Einheiten definiert ist. Konfiguration kann sich sowohl auf Hardware- als auch auf Software-Systeme beziehen.

---

[267] Wallmüller, Ernest, Software-Qualitätssicherung in der Praxis, München-Wien,1990, S. 114 ff.

Daraus folgt, daß Software-Konfiguration die Gesamtheit der Software-Elemente (identifizierbare und maschinenlesbare Dokumente, welche während des Life Cycle eines Produktes entstehen) bezeichnet, die sowohl in ihrer Wirkungsweise als auch in ihren Schnittstellen zu einem bestimmten Zeitpunkt im Life Cycle aufeinander abgestimmt sind.

Software-Konfigurationsmanagement ist dann die Gesamtheit der Methoden, Werkzeuge und Hilfsmittel, die die Software-Entwicklung und -Pflege unterstützt und zwar als Folge von Revisionen (kontrollierte Änderungen) und Varianten (Ergänzungen) an bereits gesicherten Prozeßergebnissen. Dadurch wird eine qualitativ hochwertige Software sichergestellt.

Zur Durchsetzung des Grundgedankens des Software-Konfigurationsmanagements (Ordnung zu halten mit Disziplin und Systematik) ist die Erfüllung folgender Ziele notwendig:

- Bestimmung, welche Elemente (z.B. Module, Datenbanken und Dateien) eine Konfiguration bilden.

- Erfassung der Änderungsanstöße in Form von Meldungen, d.h. Änderungen müssen verwaltbar und referenzierbar gehalten werden. Die Notwendigkeit dieser vorgeschlagenen Änderungen wird geprüft und der Vorschlag ggfs. zurückgewiesen. Anschließend werden die Änderungsaufträge erteilt.

- Prüfung der Konsistenzerhaltung der Software-Elemente und deren Beziehung bei der Durchführung von Änderungen, d.h. vorher aufgestellte Anforderungen an die Software müssen erhalten bleiben. Grundsätzlich dürfen keine ungeplanten Änderungen durchgeführt werden.

- Erfassung und Aufzeichnung (Dokumentation) aller Änderungen. Dadurch wird sichergestellt, daß jederzeit Auskunft darüber erteilt werden kann, welche Änderungen bisher an dem System vorgenommen wurden.

Ein fundamentales Konzept für die effiziente Verwaltung (Primärziel des Software-Konfigurationsmanagments) der Software-Konfiguration im Life Cycle des Software-Produktes ist das Baseline.

Ein anderer Ausdruck dafür ist Basiskonfiguration, worunter man formale Fixpunkte für die Produktsteuerung über die gesamte Zeitdauer des Software-Lebenszyklus hinweg versteht.

Mit anderen Worten ist Baseline eine Bezugskonfiguration, d.h. es ist eine Konfiguration, die zu einem bestimmten Zeitpunkt im Prozeß (Phasenende) ausgewählt und freigegeben wird.

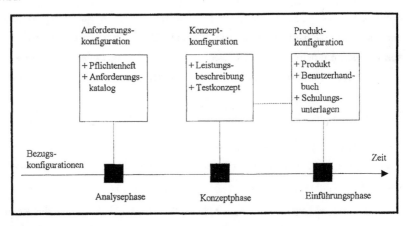

Abbildung 26[268] : Bezugskonfigurationen

Die Bezugskonfiguration beinhaltet die Planung, Durchführung und Aufzeichnung aller Änderungen mit dem Ziel der Bekanntheit der aktuellen Konfiguration incl. ihres Änderungsstatus zu jedem Zeitpunkt. Voraussetzung dafür ist die Definition aller Bezugskonfigurationen des Software-Produktes sowie die Identifizierung und Benennung der Elemente jeder Bezugskonfiguration.

Konfigurationselemente sind z.B. Pläne, Meldungen, interne Aufträge und freigegebene Entwicklungsergebnisse.

Der Änderungsprozeß selbst enthält die Erfassung, Berichterstattung über Änderungen sowie die Verifikation einer oder auch mehrerer Bezugskonfigurationen. Durch technischorientierte Reviews oder Audits erfolgt dann die Verifikation.

---

[268] Quelle: Wallmüller, Ernest, Software-Qualitätssicherung in der Praxis, München-Wien,1990, S. 126.

Nachstehende Graphik verdeutlicht diesen Zusammenhang.

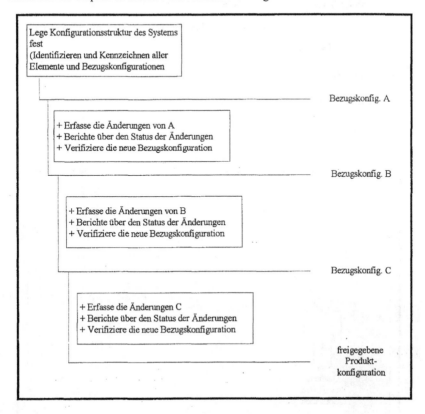

Abbildung 27[269]: Änderungswesen mit Bezugskonfigurationen

Die Entwicklung und Pflege eines Produktes erfolgt demnach durch eine Reihe von geplanten und freigegebenen Bezugskonfigurationen[270].

[269] Quelle: Wallmüller, Ernest, Software-Qualitätssicherung in der Praxis, München-Wien,1990, S. 126.
[270] Vgl.:   Wallmüller, Ernest, Software-Qualitätssicherung in der Praxis, München-Wien,1990, S. 122 ff.
                  Stahlknecht, Peter, Einführung in die Wirtschaftsinformatik, 6. Auflage, Berlin-Heidelberg, 1993, S. 242 f.
                  Dunn, Robert H., Software-Qualität, München-Wien, 1993, S. 120.

3.4.1.7 Qualitätsbeeinflussung durch menschliches Verhalten

Es sind drei Bereiche festzustellen, die Störquellen enthalten und die sowohl die Qualität als auch die Produktivität negativ beeinflussen können:

- Unternehmenskultur,

- zwischenmenschliche Kommunikation und

- Arbeitsplatzgestaltung.

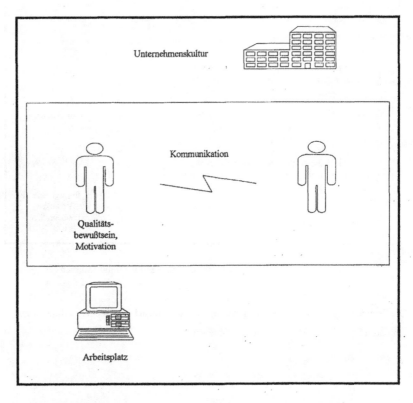

Abbildung 28[271] : Störquellen, die menschliches Verhalten beeinflussen

---

[271] Quelle: Wallmüller, Ernest, Software-Qualitätssicherung in der Praxis, München-Wien, 1990, S. 135.

Unter *Unternehmenskultur* wird die Gesamtheit des Denkens (Ideen, Ansichten, Weltan-schauung), des Fühlens (Ethik, Werterhaltung) und des Handelns (Arbeitsweise, Unternehmensstrategie, persönliches Verhalten) verstanden, welches von einer spezifischen Unternehmung geprägt und initiiert wird.

Die Unternehmenskultur umfaßt folgende Bereiche:

- Kommunikation zwischen Vorgesetzten und Mitarbeitern sowie zwischen Mitarbeitern untereinander.

- Vorgehensweise bei der Aufgabenlösung, d.h. partizipativ[272], gesteuert vom Vorgesetzten.

- Inhaltliche Qualität der Dokumente, d.h. fundiert oder oberflächlich.

- Ordnung, d.h. behindernd, funktional oder rigide (streng, unnachgiebig).

- Architektur und Innenarchitektur der Gebäude und Arbeitsräume hinsichtlich Sicherheit, Hygiene und Funktionalität.

- Angebot der Bildungsmöglichkeiten sowie deren Qualität.

Jeder Mangel in diesen Bereichen hat unweigerlich eine schlechtere Ergebnisqualität zur Folge.

Die *zwischenmenschliche Kommunikation* ist bei arbeitsteiliger Software-Entwicklung und -Pflege eine der Haupttätigkeiten von Mitarbeitern.

Die Diskussion und Abstimmung der Arbeitsergebnisse betragen mehr als 35 % der Tätigkeiten von Software-Entwicklern. Fehler erfolgen dabei meist durch ungenügende und mangelhafte Kommunikation.

Während einer Übermittlung von Nachrichten von einem Sender zu einem Empfänger besteht die Gefahr von Mißverständnissen. Um diese zu vermeiden, ist es erforderlich, die Nachricht empfängerorientiert zu senden und senderorientiert zu empfangen. Dies bedeutet, daß die gesendete Nachricht oder Botschaft vom Empfänger verstanden wird bzw. richtig gehört wird. Der Sender muß also sein Verhalten auf den Empfänger abstimmen und dieser seine Wahrnehmung auf die Absicht des Senders interpretieren.

---

[272] Der Vorgesetzte zieht zu allen Vorgängen und Entscheidungen den oder die entsprechend kompetenten Mitarbeiter hinzu.
Vgl.: Richter, Manfred, Personalführung im Betrieb, 2. Auflage, München-Wien, 1989, S. 262.

Nachstehende Graphik verdeutlicht diesen Zusammenhang:

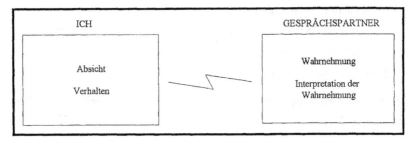

Abbildung 29[273] : Grundmodell einer einfachen Kommunikation

Der Einfluß ungenügender Kommunikation auf die Qualität wird bei Softwareprojekten unterschätzt. Daher ist es empfehlenswert, sowohl das Management als auch die Entwickler durch Schulungen auf Kommunikationsschwächen hinzuweisen.

Zahlreiche psychologische Studien belegen, daß die *physische Gestaltung der Arbeits-platzumgebung* Einfluß auf Verhalten und Einstellung zur Arbeit der Mitarbeiter hat.

Das Mitarbeiterverhalten wird vor allem beeinflußt durch:

- die Personendichte (Anzahl der Mitarbeiter in einem speziellen Arbeitsbereich, unabhängig vom zur Verfügung stehenden Platz in jenen Bereichen. Der einzelne Mitarbeiter reagiert negativ auf erhöhte Personendichte);

- die Arbeitsplatzgestaltung, d.h. Raumhelligkeit und Abgeschlossenheit (Wände und Trennwände) des Arbeitsplatzes;

- die persönliche Distanz (physische Arbeitsplatzentfernung eines Mitarbeiters zum nächsten; zu nah wirkt sich beengend aus).

Werden Informatikarbeitsplätze errichtet, so sind o.g. Aspekte in Form von Checklisten zu berücksichtigen, sowie die betroffenen Mitarbeiter in die Gestaltung des Arbeitsplatzes miteinzubeziehen[274] .

---

[273] Quelle: Wallmüller, Ernest, Software-Qualitätssicherung in der Praxis, München-Wien,1990, S. 138.
[274] Vgl.:   Wallmüller, Ernest, Software-Qualitätssicherung in der Praxis, München-Wien,1990, S. 134 ff.
              Duden, Das Fremdwörterbuch, 4. Auflage, Mannheim, 1982, S. 674.

3.4.2 Analytische Qualitätssicherungsmaßnahmen

„Analytische Qualitätssicherung stellt erst nach der Konstruktion fest, ob Qualität erzeugt wurde und setzt Anforderungen, die im Rahmen einer Nachbesserung noch zu erfüllen sind.

Probleme entstehen durch die Notwendigkeit, nachträglich Fehler zu finden (Test durch Außenstehenden), was für den Qualitätssicherer meist eine schwierige und zeitraubende Aufgabe ist, die ohne maschinelle Unterstützung nur selten erfolgreich durchgeführt werden kann.

Daneben bedeutet die Rückweisung eines von Mängeln behafteten Systems meistens eine teilweise Neufassung, die mit Blick auf knappe Projektressourcen gar zu oft wegdiskutiert wird"[275].

Die analytischen Qualitätssicherungsmaßnahmen werden unterschieden in die statischen und dynamischen Maßnahmen.

3.4.2.1 Statische Prüfungen

Folgende Verfahren werden zu den statischen Prüfungen gezählt:

- Audits,

- Reviews,

- statische Analyse mit Software-Werkzeugen,

- Korrektheitsbeweise (mathematische Programmverifikation),

- symbolische Programmausführung.

---

[275] Raasch, Jörg, Systementwicklung mit Strukturierten Methoden, 3. Auflage, München-Wien, 1993, S. 79.

3.4.2.1.1 Audits

Unter Audit versteht man eine Aktivität, bei welcher einerseits die Angemessenheit sowie die Einhaltung vorgegebener Vorgehensweisen, Weisungen und Standards als auch andererseits deren Wirksamkeit und Sinnhaftigkeit überprüft werden.

Hinsichtlich der Qualitätssicherung werden drei Arten von Audits unterschieden:

1. **Audit der Produktqualität**

   Hier erfolgt eine quantitative Bewertung der Konformität des Produktes in bezug auf die geforderten Produktmerkmale.

2. **Audit der Prozeßqualität**

   Hier erfolgt eine Überprüfung der Elemente eines Prozesses (Management- und Entwicklungsprozeß) hinsichtlich der Vollständigkeit und Wirksamkeit sowie ein Vorschlag zu eventuellen Verbesserungen.

3. **Audit des Qualitätssicherungssystems**

   Bei dieser Art von Audit erfolgt eine Überprüfung bezüglich der Vollständigkeit, Wirksamkeit und Dokumentation der vorhandenen Elemente eines Qualitätssicherungssystems gemäß den vorgegebenen Anforderungen.

Ein Audit ist gekennzeichnet durch folgende Merkmale:

- Bewertung des Produktes, des Prozesses und des Systems;

- Neutrale und einheitliche Bewertung;

- Anwendung von Checklisten;

- Vorschlag von Verbesserungsmaßnahmen.

Der Ablauf von Audits erfolgt grundsätzlich in den Schritten:

- Zieldefinition,

- Definition des Umfanges und Anwendungsbereiches,

- Herstellung der Beziehung zwischen dem Auditteam und dem Projektpersonal (Initiierung),

- Gewinnung eines Überblickes und Datensammlung,

- Analyse der gesammelten Daten,

- Erarbeitung von Lösungs- und Verbesserungsvorschlägen,

- Erstellung und Präsentation des Ergebnisberichtes.

Die wesentlichen Ergebnisse von Audits sind die Identifikation konkreter Problemsituationen und, im Unterschied zu Reviews, die Anregung gezielter Lösungs- und Verbesserungsvorschläge[276].

3.4.2.1.2 Reviews

„Unter einem Review versteht man die kritische Durchsicht von Arbeitsergebnissen durch mehrere Prüfer nach einer vorgegebenen geregelten Vorgehensweise, um gewählte Lösungsansätze durch andere Experten bestätigen zu lassen, bzw. um Fehler zu finden.

Beim Review sollen Probleme bzw. Fehler aufgedeckt, aber keine Lösungsvorschläge erarbeitet werden"[277].

Die Hauptgünde für den Einsatz von Reviews sind:

- „unmittelbare Qualitätsverbesserung des Prüfobjekts,

- indirekte Verbesserung der Prozeßqualität und

- bessere Kontrolle der Projektfaktoren Kosten und Zeit.

---

[276] Vgl.: Wallmüller, Ernest, Software-Qualitätssicherung in der Praxis, München-Wien,1990, S. 141 ff.
[277] End/Gotthardt/Winkelmann, Softwareentwicklung, 5. Auflage, Berlin-München, 1986, S. 400.

Hinsichtlich der unmittelbaren Qualitätsverbesserung des Prüfobjekts wurden folgende Subziele, nach ihrer Bedeutung absteigend, festgestellt:

- frühzeitige Fehlererkennung,

- Sicherstellung der geforderten Qualitätseigenschaften,

- Überprüfung der Einhaltung von Entwicklungsstandards und -richtlinien und

- Überprüfung von Schnittstellen der Systembausteine"[278].

In nachfolgender Graphik wird der Ablauf eines Reviewprozesses dargestellt:

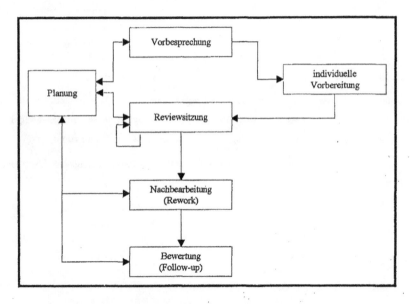

Abbildung 30[279] : Ablauf eines Reviews

---

[278] Wallmüller, Ernest, Software-Qualitätssicherung in der Praxis, München-Wien,1990, S. 147.

[279] Quelle: Wallmüller, Ernest, Software-Qualitätssicherung in der Praxis, München-Wien,1990, S. 148.

Nachfolgend sind wichtige Sachverhalte für den effizienten Einsatz von Reviews näher zu erläutern:

- Teilnehmer,

- die Rolle des Managements,

- Hilfsmittel für Reviews,

- Walkthroughs und Inspektionen,

- Reviews im Entwicklungsprozeß und

- Vor- und Nachteile.

1. Teilnehmer

„Teilnehmer sind Moderator, Autor, sein Vorgesetzter, Fachleute der Qualitätssicherung und weitere Fachleute (ggfs. projekt- oder firmenexterne, entscheidungsbefugter Vertreter des Auftraggebers). Die Auswahl der Teilnehmer (i. allg. nicht mehr als 6) kann der Moderator treffen"[280].

„Als gute Moderatoren haben sich Mitarbeiter einer unabhängigen Qualitätssicherungsstelle erwiesen. Sie sind durch ihre organisatorische Unabhängigkeit von den Entwicklern und durch ihr Fachwissen besser dafür geeignet als Mitglieder der Entwicklungsmannschaft"[281].

2. Die Rolle des Managements

„Der Software-Projektmanager, der die Verantwortung für ein Software-Projekt hat, ist auch an der Beurteilung der Qualität interessiert. Es gibt zwei verschiedene Modelle für die Rolle des Managements in Reviews.

Bei der ersten Variante, dem Management-Review, ist der Manager für folgende Aktivitäten verantwortlich: Er plant das Review, stellt das Reviewteam zusammen und veranlaßt, daß die Teilnehmer auch zur Verfügung stehen. Weiters entscheidet er über Ab-

---

[280] End/Gotthardt/Winkelmann, Softwareentwicklung, 5. Auflage, Berlin-München, 1986, S. 403.

[281] Wallmüller, Ernest, Software-Qualitätssicherung in der Praxis, München-Wien,1990, S. 149.

---

nahme oder Überarbeitung des Reviewobjekts. An der eigentlichen Reviewsitzung nimmt der Manager teil.

Bei der zweiten Variante initiiert der Autor eines Dokuments das Review und lädt das Reviewteam, insbesondere auch den Moderator ein. Das Reviewteam selbst entscheidet über Abnahme oder Überarbeitung des Reviewobjekts. Der Moderator informiert das Management über die Reviewergebnisse im Managementbericht"[282].

3. Hilfsmittel für Reviews

„Reviews können durch verschiedene Hilfsmittel effizienter geplant und durchgeführt werden. Das sind vor allem statische Analysatoren und verschiedene Formulare [...].

Durch statische Analysatoren kann man jene Teile von Dokumenten bzw. eines Software-Produkts herausfiltern, die einen gewissen Grad an Komplexität übersteigen oder Anomalien (z.B. toten Code) enthalten. Diese Teile sind besonders geeignete Kandidaten für Reviews"[283].

An Formularen können verwendet werden:

- Reviewprofil (Planung eines Reviews);

- Reviewvorbereitung (enthält Mängel und Probleme, die die Reviewteilnehmer feststellten);

- Reviewmängelliste (Aufzeichnung der Mängel, welche während der Reviewsitzung entdeckt werden);

- Zusammenfassender Bericht (die entdeckten Mängel werden klassifiziert und dann in Form eines Berichtes an die Qualitätssicherungsorganisation weitergeleitet);

- Managementbericht (Aufteilung der Reviewtätigkeiten und -ergebnisse für das Management)[284].

---

[282] Wallmüller, Ernest, Software-Qualitätssicherung in der Praxis, München-Wien,1990, S. 150.

[283] Wallmüller, Ernest, Software-Qualitätssicherung in der Praxis, München-Wien,1990, S. 151.

[284] Vgl.: Wallmüller, Ernest, Software-Qualitätssicherung in der Praxis, München-Wien,1990, S. 151 f.

4. Walkthroughs und Inspektionen

Als Durchführungsarten von Reviews werden Walkthroughs und Inspektionen unterschieden.

„Ein Walkthrough ist eine formale Überprüfung eines Produktes, um sicherzustellen, daß es korrekt und zutreffend ist und technischen Standards genügt. Die Zielsetzung während eines Walkthroughs ist die Fehlerfindung und nicht die Fehlerkorrektur. Ein typischer Walkthrough umfaßt drei bis sieben Personen. Die optimale Dauer beträgt 30-90 Minuten. Wenn nach Ablauf der Zeit die festgelegten Ziele nicht erreicht wurden, muß eine neue Sitzung angesetzt werden, um die Arbeit zu beenden. Das Ergebnis des Walkthrough sollte ein positiver Beitrag zum überprüften Produkt und eine gemeinsame Stellungnahme über das abgeschlossene Produkt sein"[285].

Inspektionen werden formaler geplant und durchgeführt; z.B. wird die Dokumentation eines Prüfgegenstandes Zeile für Zeile gelesen. Die Inspektionsziele werden spezifiziert und jeder Teilnehmer nimmt eine vorbestimmte Rolle ein[286].

5. Reviews im Entwicklungsprozeß

„Reviews können je nach Reviewgegenstand in technischorientierte Reviews und managementorientierte Reviews (sogenannte Projektreviews) eingeteilt werden. Bei technisch-orientierten Reviews wird ein Software-Produkt nach Form und Inhalt geprüft und bewertet. Bei den managementorientierten Reviews wird die Einhaltung von Kosten- und Zeitplänen im speziellen und der Projektfortschritt im allgemeinen geprüft und bewertet"[287].

- *Projektreviews*
  Sie bewerten die Projekte aus der Managementsicht zu bestimmten Zeitpunkten des Entwicklungsprozesses. Die Ziele sind dabei einerseits die Kontrolle des Projektes und andererseits die Projektsteuerung.

[285] Hildebrand Knut/ Köning Reinhard/ Müßig Michael, CASE: Schritt für Schritt, München, 1992, S. 50.
[286] Vgl.: Wallmüller, Ernest, Software-Qualitätssicherung in der Praxis, München-Wien,1990, S. 152.
[287] Wallmüller, Ernest, Software-Qualitätssicherung in der Praxis, München-Wien,1990, S. 153.

- *Anforderungsreviews*

  Sie müssen aufgrund des für sie charakteristischen Arbeitsaufwandes den technisch einfachen Praktiken zugerechnet werden. Die Durchführung von Anforderungsreviews ist allerdings sehr kostspielig, da nicht nur eine Bewertung der Testbarkeit von einzelnen Vereinbarungen erfolgt, sondern auch eine Übereinstimmung der Anforderungsspezifikation hinsichtlich der System-Betriebsumgebung sowie die Vollständigkeit und Durchführbarkeit nachgewiesen werden muß. Durch Reviews von Anforderungsmodellen werden dadurch selten mehr als 50 % an Fehlern in der Spezifikation ermittelt. Doch selbst ein so geringes Fehlerergebnis ist bedeutsam hinsichtlich der Kosten einer verspäteten Behebung von Anforderungsdefekten.

- *Entwurfsreviews*

  In Anlehnung an die Entwicklungsphasen Grob- und Feinkonzept werden Grobentwurfs- und Feinentwurfsreviews unterschieden. Die Ziele von Entwurfsreviews sind zum einen das Feststellen und Bewerten des jeweiligen Entwurfszustands bezüglich der Vollständigkeit und zum anderen in der Aufdeckung von Widersprüchlichkeiten (z.B. Widersprüche zwischen Modulschnittstellen) und Fehlern.

  Werden Entwurfssprachen-Pseudocodeanalysatoren verwendet, können die Kosten für Entwurfsreviews wesentlich vermindert werden. Diese Art von Analysatoren können viele Defekte erfassen sowie Strukturzusammenfassungen generieren, wodurch die Vorbereitungszeit der Gutachter reduziert wird. Desweiteren haben die Analysatoren den Vorteil der maschinellen Unfehlbarkeit.

  Zu den Fehlertypen, die durch die Pseudocodeanalysatoren erfaßt werden können, werden Datenkonsistenzen, falsche Verarbeitungsschrittfolgen und Schnittstellenanomalien gezählt.

- *Code-Inspektionen*

  Der Gedanke bzw. die Zielsetzung von Code-Inspektionen ist die Verbesserung der Software-Qualität, die Steigerung der Produktivität der Entwickler, die Überprüfung des Codes auf Übereinstimmung hinsichtlich des Feinentwurfs sowie die Einhaltung von Programmierrichtlinien.

  Die Hauptvoraussetzung zur Anwendung von Code-Inspektionen ist die Qualifikation, den Code richtig lesen zu können; dies wird erreicht durch eine einfache, logische und gute Struktur des Codes.

Programme, welche durch Code-Inspektionen geprüft wurden, enthalten 38 % weniger Fehler als Software, die nicht einer Code-Inspektion unterzogen worden ist.

- *Testreviews*

  Testreviews werden unterschieden in Testentwurfsreviews und Testinspektionen bzw. Testkonferenzen.

  Die Überprüfung bezüglich der Übereinstimmung des Testentwurfs ist die Zielsetzung von Testentwurfsreviews.

  Die Ziele der Testinspektion hingegen sind das Begutachten und Revidieren der Testfälle, die Prüfung der korrekten Durchführung, die Mängelaufdeckung bei Schnittstellenspezifikationen von Modulen sowie das Besprechen der Ergebnisse von Einzeltests[288].

6. Vor- und Nachteile

„Folgende Vorteile lassen sich beim Einsatz von Reviews feststellen:

- Durch Reviews können die menschlichen Denk- und Analysefähigkeiten (kognitive Fähigkeiten) zur Bewertung und Prüfung komplexer Sachverhalte genutzt werden.

- Reviews eignen sich sowohl für formale (z.B. Code-Listing) als auch informale Dokumente (z.B. verbale Entwurfsbeschreibungen).

- Reviews sind Prüfverfahren mit einer hohen Erfolgsquote.

Als Nachteile beim Einsatz von Reviews sehen wir:

- Der Erfolg eines Reviews ist stark personenabhängig. Insbesondere ist die Moderatorrolle von entscheidender Bedeutung.

- Das Gesprächsklima ist wichtig für die Aktivierung der menschlichen Denk- und Analysefähigkeiten.

- Das Abgleiten in Problemlösungen kann dazu führen, daß die kostbare Reviewzeit verstreicht und keine weiteren Mängel mehr entdeckt werden.

---

[288] Vgl.:   Dunn, Robert H., Software-Qualität, München-Wien, 1993, S. 87 ff.
                Wallmüller, Ernest, Software-Qualitätssicherung in der Praxis, München-Wien,1990, S. 153 ff.

- Die Gefahr der Mitarbeiterbeurteilung ist gegeben. Darunter kann die Akzeptanz dieses sehr nützlichen Prüfverfahrens leiden"[289].

3.4.2.1.3 Statische Analyse mit Software-Werkzeugen

Hierunter wird die Prüfung und Bewertung der Qualitätsmerkmale eines Produktes verstanden, besonders hinsichtlich der Form, der Struktur und des Inhaltes bzw. der Dokumentation mit rechnergestützten Werkzeugen.

Die Bedeutung der Werkzeuge bezüglich auf die Qualitätssicherung besteht in der Mängelaufdeckung.

Typische Mängel, die von diesen Werkzeugen erkannt werden, sind:

- falsche Benutzung lokaler oder globaler Variablen;
- Endlosschleifen;
- toter Code (unerreichbarer Code);
- nicht verwendete Variablen;
- schwierige Berechnungen;
- nicht vorhandener Code oder nicht vorhandene Sprungmarken;
- Verletzung der Codierstandards;
- Sprungmarken, die nicht referenziert sind;
- nicht definierte Variablen;
- unkorrekte Parameterlisten, die nicht zusammenpassen;
- Verarbeitungsschritte in falscher Reihenfolge;
- Aufrufen nicht vorhandener Prozeduren;
- Schleifen und Verzweigungen werden verschachtelt trotz Verbot.

---

[289] Wallmüller, Ernest, Software-Qualitätssicherung in der Praxis, München-Wien,1990, S. 161.

Sie sind hauptsächlich zur Wartung alter Software eingesetzt und dafür unabdingbar. Im Rahmen der systematischen Mängelentdeckung stellt die statische Analyse mit Software-Werkzeugen (z.B. CASE-Werkzeuge) eine ergänzende analytische Qualitätssicherungsmaßnahme dar[290].

3.4.2.1.4 Korrektheitsbeweise (mathematische Programmverifikation)

Durch ein mathematisches Beweisverfahren wird die Konsistenz einer Software mit einer Spezifikation nachgewiesen.

Das Prüfverfahren kann jedoch nur angewendet werden bei Aufgaben, die mit rein formalen Beschreibungsmitteln spezifiziert werden können.

Korrektheitsbeweise zeigen schrittweise für jede Programmoperation, daß man die Beschreibung der Nachbedingung einer Operation von der beschriebenen Vorbedingung ableiten kann.

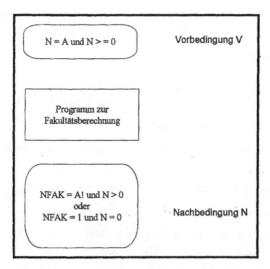

Abbildung 31[291] : Basis für einen Korrektheitsbeweis eines Programms

---

[290] Wallmüller, Ernest, Software-Qualitätssicherung in der Praxis, München-Wien,1990, S. 162 f.

[291] Quelle: Wallmüller, Ernest, Software-Qualitätssicherung in der Praxis, München-Wien,1990, S. 164.

Als Nachteile der Korrektheitsbeweise sind zu nennen:

• Hohe Fehleranfälligkeit einer reinen manuellen Beweisführung. Die Wahrscheinlichkeit von Fehlern kann durch den Einsatz rechnergestützter Werkzeuge der Beweisführung, wie z.B. Generator von Verifikationsbedingungen, reduziert werden.

• Man erhält keine Aussage über die Richtigkeit der Spezifikation und die Aufgabenlösung durch das Programm.

• Zusicherungen zu finden, aus welchen die Verifikationsbedingungen erzeugt werden können, ist meist schwierig.

• Es kann nicht gewährleistet werden, daß der Beweis in einer angemessenen Zeit gefunden wird.

Korrektheitsbeweise sind lediglich für spezielle Aufgabenstellungen der Echtzeitdatenverarbeitung sinnvoll (z.B. integrierte Systeme im Flugwesen).

Bei kommerzieller Software-Entwicklung ist sie nur für die extrem kritischen Programmteile anzuwenden, die sich formal spezifizieren lassen; denn die aufwendigen Verifikationstätigkeiten sind sehr kostenintensiv[292].

3.4.2.1.5 Symbolische Programmausführung

„Die symbolische Programmausführung ist eine Methode zur Ausführung von Programmpfaden, bei denen eine Reihe von symbolischen Ausdrücken in Übereinstimmung mit einer Menge von vordefinierten Bedingungen und Zusicherungen mathematisch verifiziert wird.

Symbolische Programmausführung, auch symbolische Bewertung oder symbolisches Testen genannt, ist eine Programmanalysemethode, bei der statt aktuellen Datenwerten symbolische Ausdrücke (bestehend aus Variablennamen) zur Ausführung von Programmpfaden verwendet werden. Dies bedeutet, daß alle Manipulationen an Variablen und Entscheidungen im Programm symbolisch ausgeführt werden. [...]

---

[292] Vgl.: Wallmüller, Ernest, Software-Qualitätssicherung in der Praxis, München-Wien,1990, S. 163 f.

Das Ergebnis einer symbolischen Ausführung ist in der Regel ein langer, komplexer Ausdruck. Dieser kann zerlegt und als Baumstruktur interpretiert werden, in der jedes Blatt der Struktur einen Pfad durch das Programm darstellt. Jeder Verzweigungspunkt in der Struktur stellt einen Entscheidungspunkt im Programm dar. Die Baumstruktur kann anschließend zur Erzeugung von Testdaten für dynamische Prüfungen verwendet werden, so daß jeder Pfad im Programm ausgeführt wird. [...] Es gibt zwei Hauptprobleme beim Einsatz dieser Prüfmethode. Erstens führt die Anzahl der Pfade bei größeren Programmen zu einem erheblichen Berechnungsaufwand. Das zweite Problem besteht darin, ob es Werte gibt, die für den vereinigten Pfadausdruck den Wahrheitswert `true´ liefern.

Die Methode der symbolischen Programmausführung wird als Basis für Forschungsarbeiten auf dem Gebiet der Auswahl von Testpfaden und Testdaten verwendet. [Clar84]. Sie wird auch zur mathematischen Programmverifikation eingesetzt, insbesondere zur Erzeugung von Verifikationsbedingungen [Hant76]"[293].

3.4.2.2 Dynamische Prüfungen - Testen

„Bei diesen Prüfungen wird das Prüfobjekt ausgeführt. Ein Programm wird mit einer stichprobenartig ausgewählten Menge von Eingabewerten getestet. Dabei wird geprüft, ob sich das Programm so verhält, wie es in der Spezifikation gefordert wird. Wichtigstes dynamisches Prüfverfahren ist das Testen"[294].

Die Grundlagen des Testens wurden bereits ausführlich in Abschnitt 2.3.6 und 2.3.6.1 beschrieben.

3.4.2.2.1 Methodik des Testens

Vgl. Abschnitt 2.3.6.2 und 2.3.6.3.

3.4.2.2.2 Organisation und Management des Testprozesses sowie die Empfehlung für eine Teststrategie

Vgl. Abschnitt 2.3.6.4 und 2.3.6.5.

---

[293] Wallmüller, Ernest, Software-Qualitätssicherung in der Praxis, München-Wien,1990, S. 165 f.
[294] Wallmüller, Ernest, Software-Qualitätssicherung in der Praxis, München-Wien,1990, S. 167.

3.5 Software-Wartung und Qualitätssicherung

3.5.1 Wartung von Software

Auf die Grundlagen der Software-Wartung wurde bereits in Abschnitt 2.4 explizit eingegangen.

3.5.2 Bedeutung der Qualitätssicherung für die Wartung

Die Altsoftware-Sanierung gewinnt immer mehr an Bedeutung. Dabei wird unter Sanierung die Restrukturierung eines Software-Produktes hinsichtlich der Verbesserung von Qualitätsmerkmalen (z.B. Verständlichkeit), Testbarkeit, Lesbarkeit usw. verstanden.

Als erstes muß eine statische Programmanalyse erfolgen, um einen Überblick von dem Programm zu erhalten (Struktur, Funktionen, Schnittstellen). Danach wird versucht, die alte Struktur zu verbessern bzw. neu festzulegen.

Anschließend erfolgt die Sanierung, für die es bewährte Hilfsmittel und Werkzeuge in bezug auf die Qualitätssicherung gibt (vgl. Abschnitt 2.3.5.4):

1. Standards

Der Sinn von Standards bzw. Richtlinien liegt in der Hilfe zur Erstellung eines Wartungsplanes, in der Erkennung eventueller Verbesserungsmöglichkeiten der Wartbarkeit, in der Verbesserung der Wartungsarbeitstransparenz, in der Einführung eines Bonussystems für das Personal der Wartung sowie zur Verbesserung bereits vorhandener Standards.

Um die Effizienz von Standards sicherzustellen, müssen sie gepflegt und ständig bezüglich ihrer Anwendbarkeit überprüft werden.

2. Kenngrößen

Kenngrößen (z.B. die Anzahl der Eingabe- und Ausgabeoperationen, die Anzahl aufgetretener Fehler pro Zeiteinheit, die Prozedurgröße, die Schachtelungstiefe etc.) bewerten die Qualitätseigenschaften (vgl. Abschnitt 3.2), wie z.B. die Effizienz, Portabilität, Erweiterbarkeit usw.

Durch die Kenngrößen ist es möglich, eine größere Transparenz im Wartungsprozeß zu schaffen und die Auswirkungen der Wartungsaktivitäten leichter schätzen zu können.

3. Reviews und Audits

Vgl. Abschnitt 3.3.2.1.1 und 3.3.2.1.2.

4. Software-Informationssysteme

Bei einer großen Anzahl an Software-Systemen (mehr als hundert Datenbanken u.ä.) werden geeignete Hilfsmittel für die Wartungsorganisation benötigt, um sinnvolle Aktivitäten durchführen zu können.

Mit diesen Hilfsmitteln (Systeme dieser Art sind z.Zt. im Aufbau) wird es ermöglicht, Struktur- und Übersichtsinformationen über Datenbanken, Dateien, Anwendungen etc. schnell und vollständig zur Verfügung zu stellen. Dadurch wird die Wartung produktiv gestaltet.

5. Analysewerkzeuge

Umfangreiche Software-Mengen erfordern Werkzeuge und Hilfsmittel, um Struktur- und Schnittstelleninformationen herauszufiltern. Dies sind z.B. Informationsgeneratoren, d.h. eine Dokumentengenerierung auf Programm- und Systemebene.

6. Aufklärung und Training

Unzureichende Ausbildung des Managements im Hinblick auf technische und organisatorische Wartungsprobleme führt zu fehlender Kosten- bzw. Investitionskontrolle sowie darüber hinaus zu chaotischen Zuständen bei der Pflege und beim Einsatz alter Software-Produkte.

Dem kann durch Schulungen über Wartungsmaßnahmen als auch durch regelmäßige Veröffentlichung von Wartungskenngrößen abgeholfen werden[295].

---

[295] Vgl.: Wallmüller, Ernest, Software-Qualitätssicherung in der Praxis, München-Wien,1990, S. 42 und 213 f.

3.6 Qualitätsmanagement bzw. organisatorische Aspekte der Qualitätssicherung

Eine wirksame Qualitätssicherung kann nur durch eine geeignete Aufbau- und Ablauforganisation erreicht werden.

Hierfür ist ein Qualitätssicherungssystem bzw. ein Qualitätsmanagementsystem erforderlich, das die notwendigen Organisationsstrukturen, Verantwortlichkeiten, Arbeitsabläufe und Mittel, d.h. Personal als auch Sachmittel, vorschreibt und festlegt[296] .

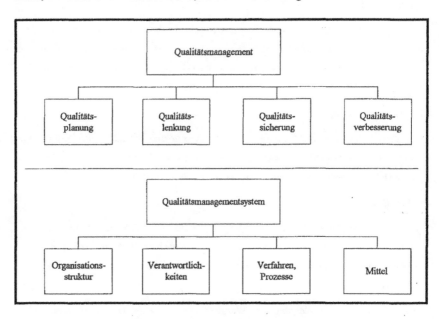

Abbildung 32[297] : Qualitätsmanagement nach DIN ISO 8402

---

[296] Vgl.:   Stahlknecht, Peter, Einführung in die Wirtschaftsinformatik, 6. Auflage, Berlin-Heidelberg, S. 314.

[297] Quelle: Stahlknecht, Peter, Einführung in die Wirtschaftsinformatik, 6. Auflage, Berlin-Heidelberg, S. 313.

3.6.1 Aufbauorganisation eines Qualitätsmanagementsystems

Unter einer Aufbauorganisation wird die Strukturierung eines Unternehmens verstanden, d.h. die Organisation eines Unternehmens wie z.B. Linien-, Matrix- oder Projektorganisation.

Die Aufbauorganisation des Qualitätsmanagements hat diese vorgegebenen Organisationsformen zu berücksichtigen.

Firmen, die Hard- und Softwaresysteme produzieren und vertreiben (IBM, Siemens etc.), bevorzugen häufig die Linienorganisationsform.

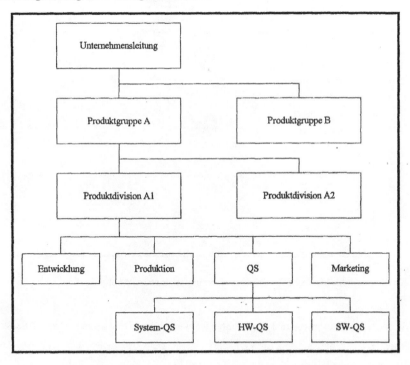

Abbildung 33[298] : Qualitätssicherung in einer Linienorganisation

---

[298] Quelle: Wallmüller, Ernest, Software-Qualitätssicherung in der Praxis, München-Wien,1990, S. 217.

Die Qualitätssicherung ist in dieser Organisationsform eine gleichberechtigte Einheit neben den Abteilungen Entwicklung, Marketing etc.

Unternehmen, die ihre Software-Produkte auf Vertragsbasis herstellen, setzen meist die Matrixorganisation ein.

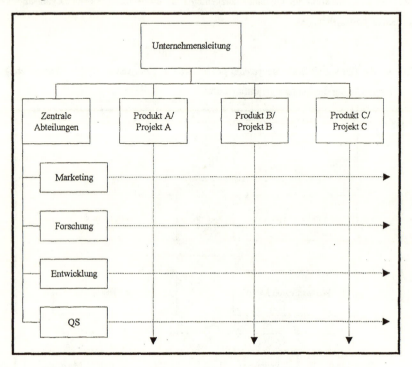

Abbildung 34[299] : Qualitätssicherung in einer Matrixorganisation

Die benötigten Ressourcen und Dienstleistungen werden durch eine zentrale Organisationseinheit (zentrale Abteilungen) zur Verfügung gestellt. Die Qualitätssicherung wird hier als Unterstützungsstelle gesehen.

---

[299] Quelle: Wallmüller, Ernest, Software-Qualitätssicherung in der Praxis, München-Wien,1990, S. 218.

Bei der Projektorganisation wird die Qualitätssicherung der Projektleitung unterstell, d.h. Qualitätsprüfungen erfolgen direkt im Projekt und zusammen mit den Entwicklern.

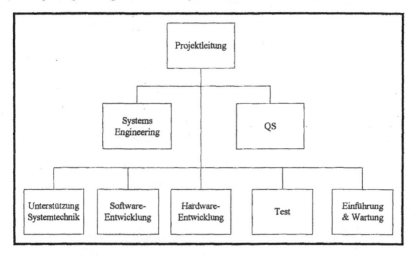

Abbildung 35[300] : Qualitätssicherung in einer Projektorganisation

Egal, welche Organisationsform ausgewählt wird, entscheidend ist es, daß die Aufgaben, Kompetenzen und Verantwortlichkeiten für die Qualitätssicherungsstelle eindeutig festgelegt werden sowie die Unabhängigkeit von der Entwicklerorganisation.

Die Charakteristika von Qualitätssicherungsorganisationen sind folgende:

1. Bedeutende Position der Qualitätssicherung in der Produktsicherung.

2. Software-Engineering-Erfahrung bei Mitarbeitern von mindestens 1 bis 5 Jahre, beim Leiter der Qualitätssicherungsstelle von mehr als 5 Jahren; des weiteren sollte der Leiter dem mittleren Unternehmensmanagement angehören.

---

[300] Quelle: Wallmüller, Ernest, Software-Qualitätssicherung in der Praxis, München-Wien,1990, S. 219.

Bei der Gestaltung der Aufbauorganisation sind Prinzipien zu berücksichtigen:

- Unabhängigkeit von der Entwicklerorganisation.

- Direkter Berichtsweg, d.h. direkt zum Management bzw. zur Geschäftsleitung.

- Die Produkt- und Projektverantwortung ist nicht teilbar, sondern sie bleibt bei einer Stelle[301].

3.6.2 Ablauforganisation eines Qualitätsmanagementsystems

Bei der Ablauforganisation stehen die Systembeziehungen, d.h. die Strukturierung der Arbeitsabläufe eines Qualitätsmanagementsystems im Vordergrund.

Wesentliche Aufgaben sind die:

- Qualitätsplanung (Planung der geeigneten Qualitätssicherungsmaßnahmen einschließlich der entsprechenden Hilfsmittel und Werkzeuge),

- Qualitätslenkung (Überwachung und Strukturierung der Qualitätssicherungsmaßnahmen),

- Qualitätssicherung bzw. -prüfung (Bestimmung der geeigneten Qualitätssicherungsmaßnahmen),

- Qualitätsverbesserung (ständige Verbesserung der Effektivität der Qualitätssicherungsmaßnahmen).

Vor Beginn einer jeden Phase der Software-Entwicklung liegen Vorgaben (z.B. Projektauftrag, Pflichtenheft usw.) vor. Die Qualitätsanforderungen, wie z.B. Redundanzfreiheit werden vor Phasenbeginn definiert und festgelegt.

Nach Phasenbeginn werden die Qualitätssicherungsaufgaben parallel zu den Entwicklungstätigkeiten bearbeitet. Liegen die Ergebnisse der jeweiligen Phase teilweise oder vollständig vor, kann die Qualitätssicherung bzw. die Qualitätsprüfung beginnen.

---

[301] Vgl.:   Steinbuch, Pitter A., Organisation, 8. Auflage, Ludwigshafen (Rhein), 1990, S. 28.
                  Wallmüller, Ernest, Software-Qualitätssicherung in der Praxis, München-Wien,1990, S. 216 ff.

Eine Qualitätsprüfung wird abgeschlossen mit einem Qualitätsbericht, d.h. die Prüfungsergebnisse werden dadurch dem Management oder der Unternehmensleitung transparent gemacht. Aufgrund des Qualitätsberichtes wird entschieden, ob die Phasen erfolgreich abgeschlossen werden können oder ob sie noch einmal überarbeitet werden müssen[302].

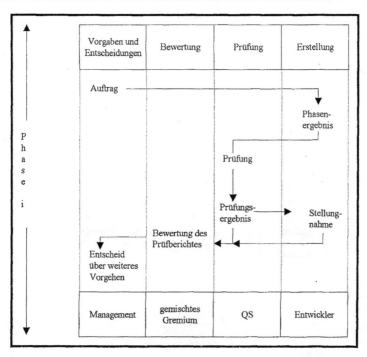

Abbildung 36[303] : Schwerpunkt Prüfung in der Ablauforganisation eines QSS

[302] Vgl.:   Steinbuch, Pitter A., Organisation, 8. Auflage, Ludwigshafen (Rhein), 1990, S. 29.

               Wallmüller, Ernest, Software-Qualitätssicherung in der Praxis, München-Wien,1990, S. 220 ff.

               Stahlknecht, Peter, Einführung in die Wirtschaftsinformatik, 6. Auflage, Berlin-Heidelberg, S. 314.

[303] Quelle: Wallmüller, Ernest, Software-Qualitätssicherung in der Praxis, München-Wien,1990, S. 222.

3.6.3 Dokumentation des Qualitätsmanagementsystems

Im gleichen Maße wie dokumentierte Normen zum Aufbau des Software-Entwicklungs-
und Wartungsprozesses benötigt werden, muß die Software-Qualitätssicherungs-
organisation dokumentiert sein, d.h. die inhaltliche Festlegung eines Qualitätsmanagementsystems.

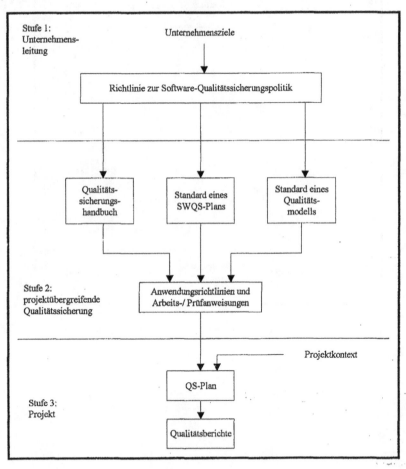

Abbildung 37[304] : Wesentliche Dokumente eines Qualitätssicherungssystems

---

[304] Quelle: Wallmüller, Ernest, Software-Qualitätssicherung in der Praxis, München-Wien,1990, S. 223.

Das Software-Qualitätssicherungshandbuch stellt einen Wegweiser durch die Aufbau- und Ablauforganisation eines Qualitätsmanagementsystems dar, orientiert an den Normen, denen das Qualitätsmanagementsystem zugrunde liegt. Das Handbuch sollte in regelmäßigen Zeitabständen aktualisiert und dem neusten Stand der Software-Technologie angepaßt werden.

Software-Qualitätssicherungspläne sind an einer internationalen Norm auszurichten, beispielsweise die IEEE-Norm für Software-Qualitätssicherungspläne (Nr. 730-1984).

Produkt- und prozeßrelevante Qualitätsmerkmale und -kenngrößen werden mit Hilfe eines Qualitätsmodells ausgewählt.

Richtlinien und Arbeits-/ Prüfanweisungen unterstützen sowohl die Auswahl als auch die Durchführung von Qualitätssicherungsmaßnahmen und legen sie fest[305].

„Für ein Projekt wird ein konkreter Software-Qualitätssicherungsplan erstellt. Dieser Plan muß mit den übrigen Projektplänen abgestimmt werden. Er regelt für jede Phase, welche Qualitätssicherungsmaßnahmen durchzuführen sind. Über die dadurch erzielten Wirkungen und die Effizienz der gewählten Maßnahmen müssen phasenabhängig Qualitätsberichte für die Projektleitung bzw. die Qualitätssicherungsstelle erstellt werden. Gegebenenfalls sind durch diese Berichte, sowie durch zusätzliche Audits Korrekturmaßnahmen durchzuführen, um die spezifizierten Anforderungen an das Produkt oder an eine Phase zu erfüllen. [...]

Für die Qualitätssicherung von Hardware- und Software-Produkten im Europäischen Raum gewinnen die Normen der ISO-9000-Serie an Bedeutung. Diese ISO-Normen verlangen eine klare und abgestufte Struktur des Qualitätswesens im Sinne einer Dezentralisierung von Qualitätssicherungsmaßnahmen. Eine transparente Zuordnung der Verantwortungen, der Kompetenzen und der Aufgaben wird verlangt. Die Fehlerverhütung erhält in diesen Normen einen weit größeren Stellenwert als in früheren Normen [SAQ89]"[306].

---

[305] Vgl.:   Wallmüller, Ernest, Software-Qualitätssicherung in der Praxis, München-Wien,1990, S. 223f.
             Dunn, Robert H., Software-Qualität, München-Wien, 1993, S. 171.
[306] Wallmüller, Ernest, Software-Qualitätssicherung in der Praxis, München-Wien,1990, S. 225.

3.6.4 Qualitätsberichtswesen

Das Qualitätsberichtswesen stellt der Qualitätssicherungsstelle die Daten hinsichtlich der Prozeß- und Produktqualität zur Verfügung.

Diese Daten bezeichnet man als Qualitätsdaten. Sie werden vom Qualitätsberichtswesen bereitgestellt und bilden die Grundlage der Qualitätslenkung.

Qualitätsdaten werden beschrieben durch:

- Definition,

- Gültigkeit,

- Aussage,

- Nutzen,

- Verhältnis von effektiven zu geplanten Aufwendungen,

- Stabilität der Anforderungen,

- Kosten und

- Erfassung.

Die Relevanz der Qualitätsdaten liegt einerseits bei den Entscheidungen des Projektmanagements und andererseits für das Management der Linienorganisation.

Sie stellen nicht nur die Transparenz des Entwicklungsprozesses sicher, sondern sie liefern zusätzlich noch eine Berichtsgrundlage für den Projektstatus, ermöglichen eine frühzeitige Erkennung von Risikoprojekten und unterstützen die Software-Entwicklung und -Pflege durch aktuelle Werte von Qualitätskenngrößen von Organisationseinheiten.

Es ist erforderlich, daß die Qualitätsdaten während des gesamten Software-Entwicklungsprozesses erhoben werden. Checklisten und Metriken eignen sich zur Messung (gezielt bezüglich der Fragestellung). Die Daten hinsichtlich der Fehler und des Aufwands sollten grundsätzlich immer erhoben werden.

Beispiele für Qualitätsdaten sind:

1. Nachweis der durchgeführten Qualitätssicherungsmaßnahmen,

2. Fehler- und Problemdaten oder

3. Qualitätskosten.

1. Nachweis der durchgeführten Qualitätssicherungsmaßnahmen

Zur Demonstration des Umfanges und der Wirksamkeit der Qualitätssicherungsmaßnahmen werden Berichte mit Statistiken als auch mit Einsatzkenndaten entwickelt (z.B. Testabschlußbericht oder der Review-Managementbericht).

Aufgrund dieser Berichte erhält man Auskunft dahingehend, welche Ergebnisse von einer Phase hinsichtlich der Vorgaben lt. Qualitätssicherungsplan geprüft wurden und desweiteren eine Empfehlung zur Freigabe oder nochmalige Überarbeitung der Phasenergebnisse.

2. Fehler- und Problemdaten

Fehler und Probleme führen zu steigenden Kosten, deshalb ist eine Berichterstattung über diese Qualitätsdaten unerläßlich. Die Fehleranzahl oder die Anzahl von Zwischenfällen in einem Betrachtungszeitraum sind gute Indikatoren des Qualitätszustandes einer Anwendung[307].

3. Qualitätskosten

„Der Begriff ist häufig Gegenstand von Mißverständnissen. Es muß deshalb vorangestellt werden, daß Qualitätskosten nicht nur die Prüfkosten sind, es sich dabei auch nicht ausschließlich um die Stellenkosten des Qualitätswesens handelt, und daß schließlich auch nicht alle Kosten für die Realisierung von Qualitätsforderungen Qualitätskosten sind.

Qualitätskosten sind Kosten, die vorwiegend infolge von Qualitätsforderungen entstehen, das heißt Kosten, die durch alle Maßnahmen der Fehlerverhütung und der Qualitätsprüfung sowie durch externe und interne Fehler verursacht sind"[308].

---

[307] Vgl.:   Wallmüller, Ernest, Software-Qualitätssicherung in der Praxis, München-Wien,1990, S. 225 ff.
            SAQ, Schweizerische Arbeitsgemeinschaft für Qualitätsförderung, Wirtschaftlichkeit der Software-Qualitätssicherung, Zürich, 1989, S. 128.
[308] Deutsche Gesellschaft für Qualität e.V., Qualitätskosten, 5. Auflage, Berlin ,1985, S. 13.

Folgende Tabelle zeigt eine Gliederung der Qualitätskosten in Qualitätskostengruppen und beispielhafte Qualitätskostenelemente:

Fehlerverhütungskosten	Prüfkosten	Fehlerbeseitigung
• Training	• Inspektion	• Überarbeitung
• Planung	• Testen	• Modifikation
• Simulation	• Audit	• Service
• Modellierung	• Überwachung	• Auslieferung
• Beratung	• Messung	• Rückruf
• Zertifikation	• Verifikation	• Korrektur
• Qualitätsaudit	• Analyse	• Regressionstest
• Qualitätslenkung	• Prüfmittel	• Fehleranalyse
• Qualitätsplanung	• Prüfdokumentation	• Ausschuß
• Prüfplanung	• Qualitätsgutachten	• Nacharbeit

Tabelle 26[309] : Aktivitätentypen, die Qualitätskosten verursachen

„Qualitätsdaten werden in Form von Qualitätsberichten bereitgestellt. Diese Berichte informieren das Projektteam, sowie die Entscheidungsträger außerhalb des Projektteams über Qualitätssicherungsmaßnahmen in der jeweiligen Phase und über Abweichungen vom Projektplan, sofern sie die Qualität betreffen. Wann und wie häufig Qualitätsberichte zu erstellen sind, kann im Qualitätssicherungsplan festgelegt werden.

Zwei weit verbreitete Arten von Qualitätsberichten sind:

• Stellungnahmen zu den Ergebnissen von Qualitätsprüfungen. Sie dienen u.a. der Entscheidungsvorbereitung für die Phasenabnahmen.

• Regelmäßige Statusberichte über den Projektstand, Qualitätsprobleme und Qualitätssicherungsmaßnahmen.

Qualitätsberichte werden für ein Projekt oder eine Organisationseinheit vom Verantwortlichen für die Qualitätssicherung erstellt"[310].

---

[309] Quelle: Wallmüller, Ernest, Software-Qualitätssicherung in der Praxis, München-Wien,1990, S. 228.
                     Deutsche Gesellschaft für Qualität e.V., Qualitätskosten, 5. Auflage, Berlin ,1985, S. 15.
[310] Wallmüller, Ernest, Software-Qualitätssicherung in der Praxis, München-Wien,1990, S. 228 f.

3.6.5 Aufgaben einer Software-Qualitätssicherungsstelle

„Grundsätzlich sind zwei große Aufgabengruppen zu unterscheiden, projektübergreifende und projektbegleitende Aufgaben.

Die projektübergreifenden Aufgaben umfassen:

A1) Aufbau und Pflege von Know-how im Qualitätssicherungsbereich

- Schaffen und Fördern eines Qualitätsbewußtseins,

- Sammeln von firmenspezifischem Know-how,

- Weiterbildung auf dem Gebiet des Software-Engineering,

- Erfahrungsaustausch mit anderen Firmen bzw. Qualitätssicherungsinstitutionen.

A2) Weitergabe von Know-how im Qualitätssicherungsbereich

- Durchführen von Schulungskursen und Workshops,

- Beratung und Unterstützung bei der Einführung neuer Methoden und Werkzeuge, insbesondere unter dem Aspekt der Qualitätssicherung.

A3) Aufbau und Pflege eines Qualitätssicherungssytems

- Entwicklung und Pflege eines Qualitätssicherungshandbuches,

- Entwicklung und Unterhalt eines Erfassungs- und Berichtssystems für Qualitätsdaten,

- Aufstellen von Richtlinien für die Qualitätsbeurteilung bei der Beschaffung von Software-Produkten,

- Analyse der Schwachstellen bei der Projektdurchführung und in der Wartung von Software-Produkten,

- Evaluierung und Einführung von Hilfsmitteln und Werkzeugen zu Qualitätssicherung,

- Kostenanalyse der Qualitätssicherung,

- Veranlassung und Unterstützung von Zertifikationen.

Die projektbegleitenden Aufgaben umfassen:

A4) Qualitätssicherungsplanung

• Unterstützung bei der Definition von Qaulitätsanforderungen,

• Unterstützung bei der Erstellung des projektspezifischen Qualitätssicherungsplans und Beratung bei der Auswahl von konstruktiven und analytischen Maßnahmen,

• Unterstützung bei der Beschaffung von Software bzw. bei der Vergabe von Unteraufträgen an Fremdfirmen.

A5) Qualitätsprüfung

• Überprüfung von Phasenergebnissen,

• Analyse der verwendeten Verfahren, Hilfsmittel und Werkzeuge,

• Audit von Projekten,

• Audit der Qualitätssicherung von externen Vertragspartnern,

• Qualitätsbewertung von Software-Produkten.

A6) Überwachung und Beurteilung von Korrekturmaßnahmen

• Erfassen und Auswerten von Mängeln, die bei der Beurteilung der Produktqualität auftreten,

• Verfolgen von Änderungsanträgen und Korrekturmaßnahmen. [...]

Viele der vorgeschlagenen Richtlinien lassen sich im großen Umfang nur durch Werkzeuge durchsetzen und überprüfen. Beispielsweise sind für Prüfungen von Richtlinien spezielle Qualitätssicherungswerkzeuge wie statische Analysatoren nötig. Die Qualitätssicherungsstelle hat sich daher zusammen mit einer eventuell vorhandenen Software-Engineering-Gruppe um die Bereitstellung und Pflege von Werkzeugen für Qualitätssicherungsaufgaben zu kümmern"[311].

---

[311] Wallmüller, Ernest, Software-Qualitätssicherung in der Praxis, München-Wien,1990, S. 229 f.

3.6.6 Vorgehensweise bei der Einführung von Qualitätssicherungssystemen

Allgemeine Vorgehensschritte für die Einführung von Qualitätssicherungssystemen sind:

S1) „Schaffung der Voraussetzungen für die Einführung eines Qualitätssicherungssystems

Bevor mit der Einführung eines Qualitätssicherungssystems begonnen werden kann, ist zu überprüfen, ob der vorhandene Life Cycle den Erfordernissen entspricht oder überarbeitet werden muß. Darauf abgestimmt sind Verfahren, Methoden und Hilfsmittel zur Durchführung von Qualitätssicherungsaufgaben bereitzustellen.

Konkret bedeutet dies, daß z.b. Reviews einzuführen sind oder die Testmethodik verbessert werden muß. Es sind auch Dokumente, wie z.b. ein Qualitätssicherungshandbuch, ein Standard und eine Anwendungsrichtlinie für Qualitätssicherungspläne zu erarbeiten. Dieses Vorgehen ist durch Maßnahmen zur Schaffung eines Bewußtseins für Qualität und Qualitätssicherung bei Entwicklern und Managern zu unterstützen.

S2) Einführung eines Qualitätsberichtswesens

Um die Wirtschaftlichkeit der geplanten Qualitätssicherungsaktivitäten beurteilen zu können, sind Maßnahmen zu ergreifen, die die Qualitätsberichtserstattung etablieren. Damit können Kosten und Nutzen der gewählten Qualitätssicherungsmaßnahmen geschätzt und kontrolliert werden.

S3) Einführung eines Grundsystems

Es wird eine minimale Anzahl von Qualitätssicherungsmaßnahmen festgelegt und eingeführt. Beispielsweise wird ein Qualitätssicherungshandbuch erstellt und ein Review-Verfahren eingeführt. [...]

Zur Erprobung des Grundsystems sind Pilotprojekte zu planen und durchzuführen.

S4) Ausbau des Grundsystems

Hat sich das Grundsystem in der Erprobungsphase bewährt, so ist es auf alle Projekte der Organisation auszudehnen.

Dazu ist es notwendig, Qualitätssicherungsstellen mit entsprechender Kompetenz, Verantwortung und geeigneter organisatorischer Verankerung zu installieren. Der Ausbau der Software-Qualitätssicherung hängt von der Wirtschaftlichkeit des Qualitätssicherungssystems und vom Risikoprofil der Projekte ab.

S5) Durchführung eines Audits des Qualitätssicherungssystems

In regelmäßigen Zeitabständen, z.B. alle zwei Jahre, sind die Wirtschaftlichkeit und Wirksamkeit des Qualitätssicherungssystems zu überprüfen. Dafür eignet sich ein Audit, bei dem unter anderem die Qualitätssicherungsorganisation untersucht wird. Das Ergebnis dieses Audits ist eine Schwachstellenanalyse mit Verbesserungsvorschlägen"[312].

Erfahrungsgemäß treten bei der Einführung von Qualitätssicherungssystemen möglicherweise folgende Fehler auf:

- Das Fehlen eines praktikablen Instrumentariums zur Festlegung konkreter Qualitätsanforderungen (Qualitätsmodell), zur Erzeugung einer definierten Qualität (Hilfsmittel und Werkzeuge der konstruktiven Qualitätssicherung) und zum Nachweis von Qualitätszielen (Prüfverfahren und Werkzeuge für Prüfungen).

- Das Fehlen abgesicherter Aussagen zur Wirtschaftlichkeit von Qualitätssicherungsmaßnahmen.

- Mangelnde Berücksichtigung des Aufwandes für Qualitätssicherungsmaßnahmen in der Projektkalkulation. Allerdings fehlten dafür auch gesicherte Planungsinformationen, wie im vorhergehenden Punkt bereits erwähnt wurde.

- Mangelnde Motivation und fehlendes Qualitätsbewußtsein bei den Software-Entwicklern und beim Management.

- Mitarbeiterbeurteilungen durch Qualitätssicherungsmaßnahmen.

- Zu hohe Erwartungen durch das Management.

---

[312] Wallmüller, Ernest, Software-Qualitätssicherung in der Praxis, München-Wien,1990, S. 231 f.

Zusammenfassend sehen wir aus den praktisch gewonnenen Erfahrungen, daß die Einführung und der Aufbau eines Qualitätssicherungssystems großer Anstrengungen bedarf. Der Erfolg der Einführung hängt von einem technisch kompetenten und in der Software-Entwicklung erfahrenem Qualitätssicherungspersonal ab. Die Unterstützung durch das Topmanagement einer Informatik-Organisation ist für die Einführung ein kritischer Erfolgsfaktor"[313].

3.6.7 Kosten-Nutzen-Betrachtungen

„Das Problem des Nachweises der Wirtschaftlichkeit besteht darin, daß die Kosten der Qualitätssicherung sich nur sehr schwer von den Gesamtkosten einer Produktentwicklung trennen lassen. Der eigentliche Nutzen der Qualitätssicherung läßt sich oft nur indirekt nachweisen. Ein quantitativer Nachweis der Wirtschaftlichkeit ist wegen der komplizierten Zusammenhänge selten möglich.

Qualitätssicherung ist als eine langfristige Investition zu betrachten. Die Software-Qualitätssicherung erbringt ihren großen Nutzen erst in der Pflege- und Wartungsphase der Software-Produkte. Konkret bedeutet dies, daß durch die Qualitätssicherung die Wartungs- und Betriebskosten erheblich gesenkt werden. Eine wesentliche Voraussetzung für Kosten-Nutzen-Überlegungen ist das Vorhandensein eines Qualitätsberichtswesens mit Berücksichtigung der Qualitätskosten. [...]

Ramamoorthy [Rama82] gibt folgende Regel an: Werden die Kosten für Qualitätssicherung verdoppelt, so kann man davon ausgehen, daß die Wartungskosten sich um ca. 50 % reduzieren.

Für Projekte, in denen Echtzeitsoftware erstellt wurde und die einen Aufwand von mehr als 20 Personenjahren hatten, betrugen die Qualitätskosten ca. 12 % des Gesamtprojektaufwands [Gust82). Davon entfielen 8 % auf die Software-Qualitätssicherung.

Aus dem militärischen Bereich liegen Erfahrungen vor, daß die Qualitätskosten mindestens 10 % der Gesamtprojektkosten ausmachen [Snee88]. Gustafson berichtet, daß sich bei der

---

[313] Wallmüller, Ernest, Software-Qualitätssicherung in der Praxis, München-Wien,1990, S. 233 f.

Einführung eines Qualitätssicherungssystems die Entwicklungskosten ungefähr verdoppeln [Gust82]. Er begründet dies damit, daß zum ersten Mal Entwicklungsdokumente vollständig und konsistent erstellt wurden. Weiters berichtet er, daß eine Reduktion der Gesamtlebenskosten um ca. 70 % erfolgte.

Sneed gibt sehr detailliert den Aufwand der Qualitätssicherung je Phase mit und ohne Werkzeuge an [Snee88]. Er schätzt, daß die Qualitätssicherung bei Projekten für kommerzielle Applikationen die Projektkosten um ca. 35 % erhöht. Beim Einsatz von Qualitätssicherungswerkzeugen reduziert sich dieser Kostenanteil auf lediglich 12 %.

Sneed sieht, wie viele andere, die großen Einsparungen und den Nutzen der Qualitätssicherung in der Wartungsphase. Er geht davon aus, daß heute das Verhältnis der Wartungskosten zu Entwicklungskosten im Durchschnitt 60:40 beträgt. Mit Hilfe von Qualitätssicherungsmaßnahmen lassen sich nach Sneed ca. 40 % der Wartungskosten und insgesamt 30 % der Gesamtlebenskosten einsparen. Er weist auch auf einen nicht quantifizierbaren Nutzen durch Einführung der Qualitätssicherung hin.

Zusammenfassend sehen wird folgende Vorteile der Etablierung einer Software-Qualitätssicherung:

- Professionelle Entwicklung und Pflege von Software-Produkten,

- mehr Transparenz im Entwicklungsprozeß,

- Früherkennung von Problemen und Mängeln,

- Reduzierung der Pflege- und Stabilisierungskosten,

- Verringerung der Betriebskosten,

- Vermeidung von Ausfallskosten beim Betrieb des Produkts,

- Verbesserung des Rufs (ideeller Nutzen),

- Steigerung der Akzeptanz der Produkte bei den Benutzern.

Durch den Einsatz der Software-Qualitätssicherung haben wir die Möglichkeit, mit der Komplexität der Software fertig zu werden. Wir erhalten dadurch Software-Systeme, die die an sie gestellten Anforderungen besser erfüllen und somit die Benutzer zufriedenstellen.

Das Management hat durch die Hilfsmittel der Qualitätssicherung mehr Einblick in den Entwicklungs- und Pflegeprozeß und die Chance, die Kosten zu senken"[314].

3.6.8 Grenzen des Qualitätsmanagements

„Menschen, die in der Software-Entwicklung beschäftigt sind, haben, wie andere auch, ihre Fähigkeiten, ihre Kenntnisse, ihre Einstellungen und ihre sich ändernde Gefühle. Sie erwerben ihre Fähigkeiten und ihr Wissen durch Ausbildung und Lebens- sowie Berufserfahrung; Fähigkeiten können auch geerbt werden. Ihre Einstellungen sind durch kulturelle und ethische Werte beeinflusst. Hier gibt es große Unterschiede zwischen Ländern und sogar Regionen (und dies ist gut so und sollte auch so bleiben).

Das Qualitätsmanagement muß die kulturellen und ethischen Werte zu nutzen wissen und nicht gegen sie arbeiten oder sie gar zu ändern versuchen"[315].

Nachfolgende werden die vier Grenzbereiche kurz beschrieben:

- Grenzen der Software-Ingenieure,

- Grenzen der Manager,

- Grenzen der Benutzer,

- Grenzen der Software-Qualitätsingenieure.

Grenzen der Software-Ingenieure

Nach Boehm (1981) ist in Software-Projekten das unterschiedliche Können der Menschen der kostenbestimmende Faktor mit der größten Varianz, nämlich über vier. DeMarco, Lister (1987) geben die folgenden Faustregeln an für die Varianz der Produktivität innerhalb einer Gruppe:

Rechne damit, daß

1. *die Besten etwa 10 Mal produktiver sind als die Schlechtesten;*

2. *die Besten etwa 2,5 Mal produktiver sind als die Durchschnittlichen;*

---

[314] Wallmüller, Ernest, Software-Qualitätssicherung in der Praxis, München-Wien,1990, S. 234 ff.
[315] Schweiggert, Franz, Wirtschaftlichkeit von Software-Entwicklung und -Einsatz, Stuttgart, 1992, S. 264.

3. die Hälfte `Überdurchschnittliche´ etwa 2 Mal produktiver ist als die Hälfte `Unterdurchschnittliche´.

Der Grund für diese große Streuung liegt hauptsächlich in der Ausbildung, die weder diejenigen Fähigkeiten, die im Software-Projekten nötig sind trainiert, noch das Software-Handwerk lehrt. Und die schlimmste Botschaft kommt von Mills (1983):

Die unterschiedliche [1 zu 10] Produktivität unter den Programmierern ist noch verständlich, aber es gibt auch eine Differenz von 10 zu 1 in der Produktivität unter den Organisationen, die Software produzieren.

Dies bedeutet, daß gewisse Firmen es schaffen, produktive Entwickler anzuheuern und sie auch zu halten; andere erreichen das Gleiche mit den weniger Produktiven. [...]

Grenzen der Manager

Die Manager sind entweder älteren Jahrgangs und haben spärliches Wissen in Software Engineering und haben gewisse Furcht vor der `neuen´ Technik (dies ist meistens in der Industrie der Fall) oder sie sind eher jung und haben wenig Ahnung, wie man Menschen führt (meistens der Fall in der Dienstleistungsinformatik, EDV). Es ist wie ein Traum: Mit drei Jahren Berufserfahrung kann man in der EDV eine Management-Position ergattern, was schnell zu einem Alptraum werden kann.

Häufig trifft man die Auffassung an, `Qualität ist die Aufgabe des Qualitätswesens´. Sie manifestiert sich bei den Managern in Lippenbekenntnissen für Qualität, also im Widerspruch zwischen verbal gesendeter Botschaft und dem eigenen Verhalten. [...]

Grenzen der Benutzer

Bezüglich Software-Engineering sind die meisten Benutzer auf ähnlichem Stand des Wissens wie die Manager. Zudem erwarten sie geradezu, daß Software nie auf Anhieb funktioniert und sind überzeugt davon, daß Software einfach zu ändern ist.

Am Anfang des Projekts, wenn es um das Ermitteln der Anforderungen geht, legen die Benutzer typischerweise folgende Haltung an den Tag: `Ich will was ich brauche, egal ob ich weiß, was ich will´. Oder `Ich sage Dir, was ich brauche, sobald ich sehe, was Deine Software kann´.

Der Grund für diese Haltung ist die Furcht vor `falschen´ Anforderungen. Dies wird verstärkt durch die Projektleiter, die eine Liste von Anforderungen verlangen, die für `alle Zeiten´ eingefroren werden soll. Menschen kann man aber nicht daran hindern, zu lernen. Und wenn ein Projekt länger als drei Monate dauert, dann werden die Menschen über ihre Bedürfnisse und über die Möglichkeiten der Technik dazulernen. Entweder wir führen alle Projekte in weniger als drei Monaten durch, oder wir sehen Änderungen vor. [...]

Grenzen der Software-Qualitätsingenieure

Über Software-Qualitätsmanagement zu sprechen heißt über Unternehmenskultur zu sprechen. Sie ist selten homogen; das Verhalten von Gruppen sind die `Zutaten´ diesen `Cocktails´ namens Unternehmenskultur. Das Verhalten von Gruppen ist wiederum bestimmt durch die Einstellung der Einzelpersonen, die sie bilden. Software-Qualitätsingenieure fördern die Kommunikation innerhalb dieses Netzwerks der persönlichen Beziehungen und kommen nicht umhin, das Gruppenverhalten zu beeinflussen, auf eine Veränderung des Verhaltens von Personen hinzuwirken"[316].

---

[316] Schweiggert, Franz, Wirtschaftlichkeit von Software-Entwicklung und -Einsatz, Stuttgart, 1992, S. 265 ff.

3.7 Verleihung von Qualitätssicherungszertifikaten am Beispiel von ISO 9000

„Die Harmonisierung der Vorschriften ist eine der notwendigen Voraussetzungen zum Ziel der EU[317], einen Binnenmarkt ohne doppelten Kontrollaufwand in den jeweiligen Erzeuger- und Verbraucherländern zu schaffen. Da dazu die Qualitätssicherung zählt, hat der EU-Rat auf der Basis von ISO 9000 das `Globale Konzept für Zertifizierung, Überwachung und Prüfwesen´ erarbeitet, dessen Normen sich flexibel auf alle Branchen anwenden lassen. Ob ein Unternehmen den darin formulierten Ansprüchen gerecht wird, entscheiden spezielle Zertifizierungsstellen, etwa der TÜV, die DEKRA oder die Landesgewerbeanstalt Bayern"[318].

3.7.1 Die DIN ISO 9000

„ISO 9000 umfaßt eine Reihe internationaler Normen zu Qualitätsmanagement und zur Darlegung des Qualitätsmanagementsystems, das weltweit von mehr als 80 Ländern übernommen wurde.

Die Normen der ISO 9000-Serie gelten für sämtliche Unternehmens- und Organisationsformen, unabhängig von deren Größe und Branchenzugehörigkeit.

Die Normen enthalten:

• eine Standardsprache für die Dokumentation von Qualitätsmanagementverfahren;

• ein System zur Abfolge dieser Verfahren in allen Unternehmensbereichen;

• Auditmodelle, die die unabhängige Zertifizierung und Überwachung der Qualitätsmanagementsysteme in Unternehmen durch Dritte ermöglichen.

Die ISO 9000-Serie teilt Produkte in allgemeine Produktkategorien ein: Hardware, Software, verfahrenstechnische Produkte und Dienstleistungen.

---

[317] Europäische Union.

[318] Fränkischer Tag, Ausgabe A,Bewußtsein für Qualitätssicherung in Unternehmen nimmt zu, Sparte: Wirtschaftsraum Bamberg, 15. Oktober 1994, S. 37.

Die Normenreihe enthält fünf einzelne Normen, von denen jede einen spezifischen Bereich abdeckt:

- ISO 9000

  Qualitätsmanagement- und Qaulitätssicherungsnorm - Leitfaden zur Auswahl und Anwendung.

- ISO 9001

  Modell zur Darlegung des Qualitätsmanagementsystems in Design/ Entwicklung, Produktion, Montage und Kundendienst.

- ISO 9002

  Modell zur Darlegung des Qualitätsmanagementsystems in Produktion, Montage und Kundendienst.

- ISO 9003

  Modell zur Darlegung des Qualitätsmanagementsystems bei der Endprüfung.

- ISO 9004

  Qualitätsmanagement und Elemente eines Qualitätsmanagementsystems - Leitfaden.

ISO 9000 und ISO 9004 sind Normen in Form von Leitfäden. Sie beschreiben die Voraussetzungen zur Erfüllung der in den Normen 9001, 9002 und 9003 dargestellten Anforderungen"[319].

3.7.2 Grundlegende Funktionen der ISO 9000-Serie

„Einfach ausgedrückt, liefern die ISO 9000-Normen eine Definition für `Qualität´, die weltweit akzeptiert und anerkannt wird. Die ISO 9000-Normen sind so formuliert, daß sie Qualitätsmanagementsysteme in vielen verschiedenen Wirtschaftszweigen abdecken. Dennoch können auf ihrer Grundlage ganz spezifische Definitionen formuliert werden.

---

[319] Interleaf, Das DIN ISO 9000 Handbuch, Eschborn, 1994, S. 3 f.

Die ISO 9000-Serie wurde nicht zuletzt für jene vertraglichen Geschäftsbeziehungen entworfen, bei denen Lieferant und Kunde in unterschiedlichen Ländern ansässig sind.

Ziel ist es, das Vertrauen der Kunden in das vom Lieferanten verwendete Qualitätsmanagementsystem und damit in seine Qualitätsfähigkeit zu stärken.

Die Normen sollen

- eine einheitliche Sprache und Terminologie festlegen;

- grundlegende Qualitätsmanagementelemente festlegen, die international anerkannt werden;

- die Notwendigkeit kostspieliger Kundenaudits beim Lieferanten reduzieren"[320] .

3.7.3 Inhalt einer ISO 9000-Zertifizierung

„Die Zertifizierung besagt, daß ein Unternehmen die Forderungen nach ISO 9001, 9002 oder 9003 erfüllt und daß dies durch eine unabhängige Zertifizierungsgesellschaft geprüft wurde.

Voraussetzung für eine Zertifizierung ist die Überprüfung des Unternehmens vor Ort (Audit) durch ein beauftragtes Auditorenteam, das beurteilt, inwieweit das Unternehmen ISO 9000-konform ist. Wenn das Qualitätsmanagementsystem des Unternehmens den Anforderungen der Zertifizierungsstelle entspricht, erhält dieses Unternehmen eine seiner Geschäftstätigkeit entsprechende ISO 9000-Zertifizierung.

---

[320] Interleaf, Das DIN ISO 9000 Handbuch, Eschborn, 1994, S. 5.

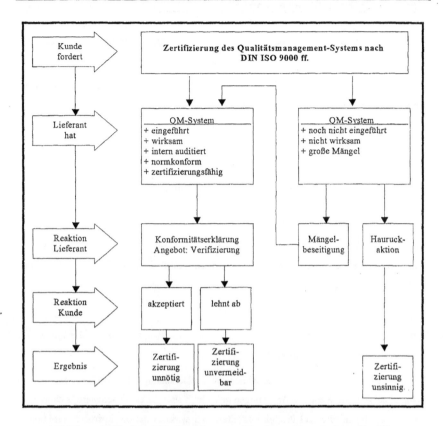

Abbildung 38[321] : Mögliche Reaktionen auf Forderungen nach einem Zertifikat

Die Auswahl der für ein Unternehmen zutreffende Norm erfolgt auf der Grundlage der betrieblichen und geschäftlichen Tätigkeiten des Unternehmens. ISO 9001 beispielsweise ist relevant für Unternehmen, bei denen Entwicklung, Produktion und Kundendienst durchgeführt werden. ISO 9002 dagegen wird von Unternehmen gewählt, die Produktion, Endprüfung und Kundendienst selbst übernehmen, Design und Entwicklung jedoch Fremdunternehmen übertragen.

Was zertifiziert wird, ist **nicht** das Produkt selbst, sondern das vom Unternehmen bei der Herstellung des Produkts zugrundegelegte Qualitätsmanagementsystem. Und ob ein System

---

[321] Quelle: Leist/ Scharnagl, Qualitätsmanagement, Aktualisierung März 1994, Augsburg, 1994, 2/ 2.4 Seite 4.

als ISO-konform angesehen wird, obliegt der Entscheidung der jeweiligen Zertifizierungs-stelle.

Der Auditor ist nicht berechtigt, dem Unternehmen Hinweise über Aufbau und Arbeitsweise eines Qualitätsmanagementsystems zu geben. Diese Entscheidungen liegen allein bei dem Unternehmen, das sich zertifizieren lassen möchte"[322].

3.7.4 Dokument-Management und die ISO 9000

„Das Unternehmen muß **dokumentieren**, was es tut. [...]

In den Chefetagen wird man sich heute immer mehr bewußt, daß Informationen das wert-vollste Kapital eines Unternehmens sind. Wie diese Informationen (in Form von Dokumen-ten) verwaltet werden, entscheidet über den Erfolg des Unternehmens. [...]

Ein unzulängliches Dokumentationssystem ist einer der Hauptgründe für das anfängliche Scheitern vieler Zertifizierungsanträge. [...]

Das Ändern von Dokumenten ist arbeitsintensiv, fehleranfällig und wird größtenteils noch manuell ausgeführt. Wenn die Änderungen genehmigt sind, ist es oft schwierig sicherzustel-len, daß die Ingenieure und Produktionsmitarbeiter wirklich mit der korrekten Dokument-version arbeiten.

Aus diesen Gründen ist ein elektronisches Dokumenten-Management-System eine wesentli-che Voraussetzung für eine ISO 9000-Zertifizierung.

Eine elektronische Dokumentenverwaltung automatisiert Änderungs- und Verteilungsabläu-fe, so daß sich die Mitarbeiter darauf konzentrieren können, was sie tun, und nicht darauf, wie dies dokumentiert wird. Das Unternehmen kann Änderungen leichter vornehmen, das heißt den Wünschen der Kunden stärker entgegenkommen und sich neuen Marktanforde-rungen besser anpassen. [...]

Unternehmen haben oft nur vage Vorstellungen davon, wie Informationen über Dokumente am besten verwaltet werden können. Und gerade dies gehört zu den wichtigsten Aspekten einer ISO 9000-Zertifizierung"[323].

---

[322] Interleaf, Das DIN ISO 9000 Handbuch, Eschborn, 1994, S. 14

3.7.5 ISO 9000 und der Einfluß auf vorhandene Qualitätsmanagement-systeme

„Für viele Unternehmen ist die Vorbereitung zur ISO 9000-Zertifizierung eine Möglichkeit, vorhandene Qualitätsmanagementsysteme zu dokumentieren und das erreichte Qualitätsniveau aufrechtzuerhalten.

Eine große Anzahl von Unternehmen verfügt schon über Dokumente der zweiten[324] oder dritten Ebene[325]. Diese Dokumente können mit PPS-Systemen[326], verschiedene CAD-Anwendungen[327], Textverarbeitungsprogrammen oder auf Papier erstellt worden sein.

Unternehmen sollten aus vorhandenen Investitionen den größtmöglichen Nutzen ziehen. Ein elektronisches Dokumenten-Management-System steigert den Wert dieser Investitionen. Es trägt zur Entwicklung eines ISO-konformen Qualitätsmanagementsystems bei, mit dessen Hilfe eine Zertifizierung des Unternehmens erreicht werden kann"[328].

3.7.6 ISO 9000 und Total Quality Management (TQM)

„Total Quality Management (TQM) stellt eine weitere Möglichkeit dar, Qualitätsmanagementabläufe in einem Unternehmen zu implementieren, und kann sich bei einer ISO 9000-Zertifizierung als hilfreich erweisen.

Viele Strategien und Praktiken des TQM harmonieren mit denen des ISO 9000-Modells. Fachleute sind sich einig, daß die ISO 9000-Zertifizierung als eine solide Grundlage für die Entwicklung von TQM dient. Werden beide Qualitätsstandards gleichzeitig in Angriff genommen, können sich Aufwand und Kosten verringern.

TQM läßt sich in Unternehmen auf sehr unterschiedliche Weise einführen, so daß zwei Unternehmen, die miteinander Geschäfte tätigen, die Qualitätsnormen unterschiedlich auslegen

---

[323] Interleaf, Das DIN ISO 9000 Handbuch, Eschborn, 1994, S. 35 f.

[324] Qualitätsdokumente.

[325] Verfahrensanweisungen.

[326] Produktionsplanung und -steuerung.

Vgl.: Stahlknecht, Peter, Einführung in die Wirtschaftsinformatik, 6. Auflage, Berlin-Heidelberg, 1993, S. 367.

[327] Rechnerunterstützter Entwurf.

Vgl.: Schulze, Hans Herbert, PC-Lexikon, Reinbek bei Hamburg, 1993, S. 109.

[328] Interleaf, Das DIN ISO 9000 Handbuch, Eschborn, 1994, S. 57.

können. Die Normen der Serie ISO 9000 dagegen sind klar definiert und international anerkannt. Dies macht ISO 9000 zur idealen Basis für eine geplante TQM-Einführung"[329].

3.7.7 Bedeutung des ISO 9000 im Geschäftsverkehr

Unternehmen sind nach bestimmten Ordnungskriterien aufgebaute Organisationen, die nach
Regeln funktionieren.

Diese Regeln müssen definiert, dokumentiert, kommuniziert und verifiziert werden. Durch
sie wird die Erreichung der Ziele gesteuert um den Unternehmenszweck zu erfüllen. Alle
Mitarbeiter müssen sowohl die Ziele als auch die Regeln verstehen und ihre Umsetzung
wollen.

Der Erfolg der Zielerreichung wird nicht nur an der Effektivität, sondern auch an der Effizienz gemessen. Die Effizienz der Regelkreise bestimmt die Qualität der Umsetzung in einem
Unternehmen. Qualität heißt, jede Art von Verschwendung zu eliminieren. Die ISO 9000 ist
in diesem Sinne ein Baustein, die Regeln zu erarbeiten, zu dokumentieren und deren Einhaltung zu überwachen.

---

[329] Interleaf, Das DIN ISO 9000 Handbuch, Eschborn, 1994, S. 60.

3.8 Grundlagen des Total Quality Management

„Ein klares Begriffsverständnis macht es der Unternehmensleitung leicht, zu einem Problembewußtsein zu kommen. Dabei ist die Frage zu klären, warum Qualitätsmanagement eingeführt werden soll.

Die Antwort setzt Kenntnis der Höhe und des Trends der durch Fehler und Mängel (durch Nicht-Qualität) verursachten Verluste voraus. Hierzu vorhandene Daten müssen ausgewertet und zusammengefaßt werden. In der Standardberichterstattung des Controllings nicht enthaltene Verlustquellen sind quantitativ und qualitativ abzuschätzen. [...]

Sollte sich herausstellen, daß in Relationen zu anderen Prioritäten im Unternehmen hier kein besonderer Handlungsbedarf besteht, kann das Vorhaben, Qualitätsmanagement einzuführen, an dieser Stelle ad acta gelegt werden.

Meist wird jedoch genügend Handlungsbedarf bestehen, so daß es erforderlich wird, ein Konzept für die Vorgehensweise zu erstellen"[330].

Ein solches Konzept bietet das Total Quality Management.

„TQM ist eine Unternehmens- und Führungsphilosophie mit folgenden wesentlichen Elementen:

- Kundenbedürfnisse und -erwartungen sind vollständig verstanden und werden in allen Aktivitäten einbezogen.

- Maßstab für die Qualität ist die Kundenzufriedenheit.

- Qualität wird von der obersten Führungsebene getrieben und nicht an einzelne Personen oder Gruppen delegiert.

- Qualität ist integraler Bestandteil der Aktivitäten und Verantwortung jeder Person im Unternehmen.

- Regelmäßig erfaßte Qualitätsdaten und -informationen sind die Basis des Handelns.

- Werkzeuge und Methoden zur Qualitätsverbesserung durch Beseitigung der Fehlerursachen werden durchgängig eingesetzt.

---

[330] Leist/ Scharnagl, Qualitätsmanagement, Aktualisierung März 1994, Augsburg, 1994, 2/2.1 S. 5.

- Qualität ist in das Produkt, die Prozesse/ Abläufe und die Dienstleistung `hinein-konstruiert´ und wird nicht durch Kontrolle erzielt.

- Eine Versorgungskette mit umfassendem Qualitätsanspruch ist vorhanden und wird ständig verbessert"[331].

- Mitkontrolle, keine Nachkontrolle.

3.8.1 Strategische Erfolgsfaktoren des TQM

Die strategischen Erfolgsfaktoren bzw. die Bausteine des TQM-Konzeptes werden unterschieden in:

- Qualitätspolitik/ -philosophie, d.h. Festlegung von Grundannahmen, Grundsätzen, Überzeugungen und Handlungsmaximen;

- Personal;

- Organisation und Technik[332].

3.8.1.1 Qualitätspolitik und -philosophie

Hierunter werden die allgemeinen Leitprinzipien verstanden:

1. „Ausrichtung auf den Kunden.

2. Qualität ist eine unternehmensweite, ständige Aufgabe.

3. Übernahme von Qualitätsverantwortung/ Eigenverantwortung.

4. Teamorientierung.

5. Prozeßorientierung.

6. Fehlerverhütung"[333].

---

[331] Barth, Reinhold, Total Quality Management, Digital Equipment Intl. GmbH, Vorlesungsunterlagen Prof. Geribert Jakob,
  S. TQWASTQM.
[332] Vgl.: Barth, Reinhold, Total Quality Management, Digital Equipment Intl. GmbH, Vorlesungsunterlagen Prof. Geribert Jakob,
  S. TQMKONZ1 ff.
[333] Barth, Reinhold, Total Quality Management, Digital Equipment Intl. GmbH, Vorlesungsunterlagen Prof. Geribert Jakob,
  S. TQMKONZ1.

3.8.1.2 Personal, Organisation und Technik

Die Rahmenbedingungen für die Umsetzung eines TQM-Konzeptes sind in nachstehender Tabelle dargestellt:

Personal	Organisation	Technik
• Mitarbeiterqualifizierung	*Ablauforganisation:*	• Qualitätshandbuch
• Partizipation	• Definition von Prozessen	• Meß- und Prüfmittel
• Förderung des Qualitätsbe- wußtseins durch Motivation	• Definition von Kunden- Lieferanten-Beziehungen	• Rechnerunterstützung
• Veränderung des Führungs- verhaltens	• Integration der Qualitäts- verantwortung in die Linie	
• Änderung des Rollenver- ständnisses von Manage- ment und Mitarbeiter	• Qualitätsplanung	
	• Qualitätssicherungssystem bzw. Quslitätsmanagement- system	
	Aufbauorganisation:	
	• Qualitätssteuerkreis	
	• Qualitätsprojektgruppen	
	• TQM-Koordinator	
	• Qualitätszirkel	

Tabelle 27[334] : Rahmenbedingungen für die Umsetzung

3.8.2 Bedeutung des TQM

Durch den Wandel des Qualitätsverständnisses vom traditionellen hin zum kunden- und prozeßorientierten Management, das alle Mitarbeiter miteinbezieht und Fehler als Chance zum Bessermachen sieht, nimmt die Bedeutung des Total Quality Management (TQM) ständig zu.

Diese Wandlung ist bedingt durch die Änderung der Marketingkonzepte seit dem Ende des 2. Weltkrieges. Herrschte beim Wiederaufbau noch ein Verkäufermarkt (Bereitstellung von Produkten und Dienstleistungen zu möglichst günstigen Preisen, Werbung und Qualität spielten keine Rolle, es gab keine Sättigungstendenzen), so ist heute der Kunde der König,

---

[334] Quelle: Barth, Reinhold, Total Quality Management, Digital Equipment Intl. GmbH, Vorlesungsunterlagen Prof. Geribert Jakob, S. TQMKONZ2.

d.h. es dominiert der Käufermarkt; der Käufer will qualitativ hochwertige Produkte bzw. Software zu vernünftigen Preisen, ansonsten kauft er woanders.

Mit TQM, speziell in Verbindung mit ISO 9000, können diese Anforderungen verwirklicht werden und eine Qualitätsverbesserung zu reellen Preisen erzielt werden. Die Auswirkungen einer deutlichen Qualitätsverbesserung zeigt folgende Abbildung:

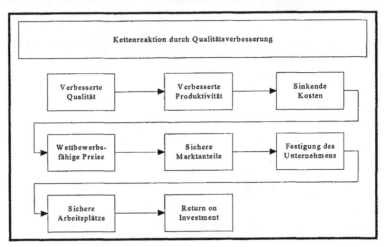

Abbildung 39[335]: Kettenreaktion durch Qualitätsverbesserung

Return on Investment (ROI) ist dabei ein Rentabilitätsausdruck für das ganze Unternehmen oder nur für Unternehmensteile. Rentabilität ist eine betriebswirtschaftliche Kennzahl für die durchschnittliche Verzinsung des eingesetzten Kapitals pro Periode[336].

„Die Einführung von Qualitätsmanagement erfordert Engagement und Geduld der Unternehmensleitung. Bei einer seriösen Planung ist wegen der grundsätzlichen Veränderung der Unternehmenskultur davon auszugehen, daß je nach Ausgangslage bis zu 5 Jahre benötigt werden, um eine voll effektive Wirksamkeit von Qualitätsmanagement zu erreichen. Bis dorthin sind Teilerfolge möglich, es ist jedoch nicht möglich, mit einer Kurzfristaktion Qualitätsmanagement innerhalb weniger Wochen zu realisieren"[337].

---

[335] Quelle: Plothe und Partner, Qualitätsmanagement: Qualitätssicherung und Qualitätsverbesserung, Mainz, September 1993, S. 11.
[336] Vgl.:   Lücke, Wolfgang, Investitionslexikon, 2. Auflage, München, 1991, S. 324 und 331.
[337] Leist/ Scharnagl, Qualitätsmanagement, Aktualisierung März 1994, Augsburg, 1994, 2/ 2.1 S. 7.

3.9 Fehlermöglichkeits- und -einfluß-Analyse als Beispiel neuer, zusätzlicher Qualitätssicherungsverfahren

3.9.1 Einführung

„Neue gesetzliche Auflagen und gesteigerte Kundenerwartungen erfordern immer größere Anstrengungen, zuverlässige und sichere Erzeugnisse und Produktsysteme herzustellen. Eine Methode hierbei ist die sogenannte FMEA, das ist die Abkürzung für Failure Mode and Effects Analysis.

Dieses Verfahren zur Risikovermeidung und Kostenminderung wird heute im deutschen Sprachraum Fehlermöglichkeits- und -einfluß-Analyse genannt [...]. [...]

Warum wird FMEA verlangt? In letzter Zeit entstanden Forderungen nach neuen, zusätzlichen Qualitätssicherungsverfahren. Verschärfte gesetzliche Auflagen wie Produzentenhaftung und Umweltschutz einerseits, gesteigerte Kundenerwartungen und der starke Wettbewerb andererseits erfordern zunehmende Anstrengungen der Hersteller und Lieferanten bei der Realisierung von Systemen und Produkten mit

- hoher Sicherheit und Zuverlässigkeit,

- verbesserter Qualität oder gar ständigem Qualitätsfortschritt,

- geringen Gesamtkosten, das heißt Anschaffungs- und Nutzungskosten,

- Null-Fehler-Zielsetzung und

- immer kürzer werdenden Innovationszeiten.

Bisher beruhten Qualitätssicherungssysteme für Produkte und Prozesse fast ausschließlich auf Erfahrungen der Vergangenheit. Die klassische Methode der Fehlererkennung und Fehlerbeseitigung reicht heute jedoch nicht mehr aus. Es mußten neue Methoden gefunden werden, mit deren Hilfe Produkte und Fertigungsprozesse, die diesen hohem Zielvorgaben entsprechen, vorausschauend entwickelt werden können"[338].

---

[338] Kersten, Günther, Qualitätssicherung mit Raumfahrtmethode, Mai 1986, 1 f.

3.9.2 Inhalte der FMEA

„Mit der FMEA werden Fehlerarten von Systemkomponenten und deren Auswirkungen auf das System untersucht. Im Gegensatz zu Fehlerbaumanalysen werden bei der FMEA Ausfälle einzelner Komponenten und nicht Kombinationen von Ausfällen untersucht.

Der Zweck der Analyse ist die quantitative Bewertung von Systemen, Produkten oder Prozessen hinsichtlich des Ausfalls einzelner Komponenten beziehungsweise Prozeßschritte. Das Auffinden von Schwachstellen ermöglicht Verbesserungen bezüglich Sicherheit und Zuverlässigkeit, die Untersuchung potentieller Fehlerarten und Fehlerursachen eine frühzeitige Erkennung und dadurch Vermeidung der Ausfälle. Das Verfahren ist weitgehend formalisiert, damit die Untersuchung systematisch und vollständig durchgeführt werden kann.

[...]

Die FMEA wird angewendet bei

- grundsätzlicher Neuentwicklung eines Erzeugnisses,

- neuen Stoffen und Verfahren,

- Sicherheits- und Problemteilen,

- Produkt- oder Verfahrensänderung.

Entsprechend der Aufgabenstellung wird unterschieden nach System-FMEA, Konstruktions-FMEA und Prozeß-FMEA"[339].

3.9.2.1 System-FMEA

„Wirken mehrere Komponenten in einem System zusammen, so wird in einer System-FMEA ermittelt, welche möglichen Fehler beim Zusammenspiel dieser Komponenten auftreten können und welche Einflüsse solche Fehler auf das Gesamtsystem haben können. Die Ergebnisse der System-FMEA liefern wichtige Hinweise für die konstruktive Gestaltung der einzelnen Komponenten. [...]

---

[339] Bosch, Hinweise und Erläuterungen zur Bosch-Qualitätssicherungs-Leitlinie für Lieferanten, S. 8 f.

3.9.2.2 Konstruktions-FMEA

Bei der Konstruktions-FMEA soll sichergestellt werden, daß jeder mögliche Fehler in Erwägung gezogen und behandelt wird.

Die Konstruktions-FMEA ist somit eine Zusammenfassung aller Überlegungen während der Entwicklungsphase eines Produktes oder Teiles. Sie verläuft parallel zum eigentlichen Entwicklungsprozeß, verleiht diesem jedoch eine dokumentierte Form.

Die Analyse wird im Entwurfsstadium auf theoretischen und vergangenheitsbezogenen Kenntnissen aufgebaut und im Laufe der Erprobung durch die Erfahrung aus eventuell aufgetretenen Ausfällen ergänzt. Um ein genaues Bild von potentiellen Ausfällen zu bekommen, ist es unter Umständen erforderlich, die Ausfälle in besonderen Versuchen gezielt herbeizuführen.

Hauptziel der Konstruktions-FMEA ist die Überprüfung, ob alle Forderungen des Pflichtenhefts erfüllt sind. [...]

3.9.2.3 Prozeß-FMEA

Die Prozeß-FMEA baut logisch auf der Konstruktions-FMEA auf. Wurde bei dieser eine Fehlfunktion des Fertigungsprozesses als Ursache für einen bestimmten Fehler festgestellt, so wird jetzt weiter gefragt, warum der Fertigungsprozeß versagen kann.

Dabei analysiert die Prozeß-FMEA die Konstruktionsmerkmale eines Produktes hinsichtlich der geplanten Fertigungs-, Montage- und Prüfprozesse, mit denen sichergestellt werden soll, daß das Endprodukt den Bedürfnissen und Erwartungen des Kunden entspricht, das heißt spezifikations- und zeichnungsgerecht ausgeführt ist"[340].

---

[340] Bosch, Hinweise und Erläuterungen zur Bosch-Qualitätssicherungs-Leitlinie für Lieferanten, S. 9.

3.9.3 Durchführung der FMEA

„Zur Steigerung der Wirksamkeit sollten Konstruktions- und Prozeß-FMEA jeweils in Arbeitsgruppen durchgeführt werden, bestehend aus Fachleuten der verantwortlichen und betroffenen Disziplinen [...].

Durch die überlappte Teilnahme von Konstruktion, Fertigungsvorbereitung und Qualitätssicherung an der Konstruktions- und Prozeß-FMEA wird die Kontinuität der Gesamtuntersuchung gewahrt. Die Systematik der Untersuchung wird durch das Vorgehen nach dem FMEA-Stufenplan sichergestellt [...].

1. Planung und Vorbereitung • Aufgabenstellung und Zielsetzungen • Arbeitsgruppe, Ablaufplanung • Unterlagen für Arbeitskreis • Funktionsanalyse
2. Analyse potentieller Fehler • Komponenten und deren Funktion • potentielle Fehlerarten und -ursachen • Fehlerauswirkungen • Fehlerentdeckung, Fehlervermeidung
3. Risikobewertung • Schwere der Auswirkung „S" • Ausfallwahrscheinlichkeit „A" • Entdeckungswahrscheinlichkeit „E" • Risikozahl RZ = S x A x E • Einzelbewertung S, A, E > Limit • Risikozahlen > Limit
4. Qualitätsverbesserung • prinzipielle Ansatzpunkte • Verbesserungsalternativen
5. Bewertung und Auswahl • Einzelbewertung und Risikozahl • Beurteilung von Kosten und Terminen • Auswahl geeigneter Verbesserungsvorschläge
6. Einführung empfohlener Maßnahmen • Einführungsplan, Verantwortlichkeiten, Termine

Tabelle 28[341] : FMEA-Arbeitsplan

---

[341] Quelle: Bosch, Hinweise und Erläuterungen zur Bosch-Qualitätssicherungs-Leitlinie für Lieferanten, S. 10.

Nach gründlicher Vorbereitung des FMEA-Projektes werden zunächst die Funktionen der einzelnen Komponenten bestimmt und aus den Funktionen wiederum die potentiellen Fehlerarten abgeleitet. Zu den Fehlerarten werden dann die Auswirkungen auf das System, die denkbaren Fehlerursachen sowie die Fehlerentdeckungsmöglichkeiten ermittelt.

Bei der Risikobewertung [...] werden die Schwere der Auswirkung `S´, die Ausfallwahrscheinlichkeit `A´ sowie die Fehlerentdeckungswahrscheinlichkeit `E´ jeweils mit Bewertungszahlen von 1 bis 10 bewertet.

Einzelbewertung			Gesamtbewertung
S	A	E	$RZ = S \times A \times E$
1	1	1	1
2	2	2	8
3	3	3	27
4	4	4	64
5	5	5	125 = Limit
6	6	6	216
7	7	7	343
8	8	8	512
9	9	9	729
10	10	10	1000 = Maximum

Tabelle 29[342] : Risikobewertung der FMEA

Das Produkt SxAxE ergibt die Risiko-Prioritätszahl `RZ´, die eine relative Priorität der einzelnen Fehlerarten ausweist. Für hohe Risikozahlen, etwa RZ größer als 125, oder hohe Einzelbewertungen, zum Beispiel S größer als 8[343], sind Verbesserungsmaßnahmen festzulegen und einzuführen"[344].

---

[342] Quelle: Bosch, Hinweise und Erläuterungen zur Bosch-Qualitätssicherungs-Leitlinie für Lieferanten, S. 11.

[343] S10 bedeutet ist z.B. ein äußerst schwerwiegender Fehler und bei S1 dagegen ist es unwahrscheinlich, daß der Fehler irgendeine wahrnehmbare Auswirkung auf das Verhalten des Systems haben könnte.

[344] Bosch, Hinweise und Erläuterungen zur Bosch-Qualitätssicherungs-Leitlinie für Lieferanten, S. 9 ff.

3.9.4 Voraussetzungen zur Durchführung der FMEA

„Eine FMEA wird ihrem Zweck nur gerecht, wenn die Forderungen nach Richtigkeit und Vollständigkeit weitgehend erfüllt werden, da eine falsche oder lückenhafte Vorausschau keine Garantie für eine umfassende Fehlervermeidung ist.

Die Richtigkeit der Analyse wird durch

- die exakte Definition und genaue Kenntnis der methodischen Begriffe,

- systematische Vorgehensweise,

- eindeutige Bewertungskriterien und

- Informationsaustausch und Meinungsbildung in der Arbeitsgruppe gefördert.

Die Vollständigkeit der Untersuchung - ein wesentliches Merkmal der Methode - wird durch die Untersuchung sämtlicher Funktionselemente erreicht mit dem Ziel, alle möglichen Fehlerarten zu erkennen. [...]

Der Aufwand für die systematische Erstellung einer FMEA ist in erster Linie von der Komplexität des zu untersuchenden Systems abhängig. Er wird jedoch durch folgende Vorteile deutlich aufgewogen:

- Vermeidung von Fehlern in Konstruktion und Fertigung,

- Reduzierung von Kosten für nachträgliche Produktänderungen,

- systematische Erfassung von Fachwissen zur Vermeidung von Wiederholungsfehlern,

- Verringerung der Gefahr von Rückrufaktionen durch gezielte Verfolgung aller kritischen Fehler"[345].

Die Methode der FMEA wird heute von dem Konzern *Robert Bosch GmbH* weltweit eingesetzt.

---

[345] Bosch, Hinweise und Erläuterungen zur Bosch-Qualitätssicherungs-Leitlinie für Lieferanten, S. 11.

4. Praxisbezug durch Interviews

4.1. Interviewpartner

Als Interviewpartner wurden bewußt zwei kleinere Hard- und Softwarehäuser gewählt, da die Probleme bei großen Unternehmen durch die einschlägige Literatur hinlänglich bekannt sind.

Das Ingenieurbüro Peter Müller in Bamberg entwickelt hauptsächlich Datenbankanwendnungen für Arztpraxen und Vertriebsmanagement sowie die Verwaltung von Wasserzweckverbänden.

Das Ingenieurbüro Mayer, ebenfalls in Bamberg ansässig, entwickelt dagegen Software aller betrieblicher Art, speziell jedoch Anwendungen der Meßtechnik.

Die Befragung erfolgte an Hand eines selbsterstellten Fragebogens (s. Anhang).

4.2 Ergebnisse der Befragung

4.2.1 Interview im Ingenieurbüro Peter Müller

Die Softwareentwicklung selbst erfolgt nicht nach dem, in dieser Arbeit vorgestellten Phasenkonzept, sondern frei nach Gutdünken durch die sich ständig ändernden Kundenwünsche. Besonderer Wert wird auf das Pflichtenheft gelegt. Als Vorgehensmodell wird das Prototyping angewendet.

Bisher wurde die strukturierte Programmiertechnik (zwecks der guten Übersichtlichkeit) eingesetzt, die aber in absehbarer Zeit von der objektorientierten Programmierung abgelöst wird. Als Folge davon wird auch die Werkzeuglandschaft CASE eingeführt.

Die Auswahl der Programmiersprachen Foxpro (spezielle Datenbanksprache), C und C++ erfolgt nach den Kriterien der Effizienz, Flexibilität, Geschwindigkeit und guten Kenntnissen (Gewohnheit).

Die Testphase untergliedert sich in das Grobtesten und das Feintesten. Die Grobtests werden von dem Ingenieurbüro selbst durchgeführt, die Feintests dagegen von unbedarften Dritten.

Die Ziele der Qualitätssicherung (aus Anwender- und Entwicklersicht) werden vollständig erfüllt. Wohingegen die Prinzipien der konstruktiven Qualitätssicherungsmaßnahmen kaum eingehalten werden können, da das Softwareprodukt ansonsten zu teuer käme. Man beschränkt sich hier auf die Anwendersicht.

Probleme entstehen lediglich durch Zeit und den damit verbundenen Kosten. Das Software-Produkt muß innerhalb eines gesetzten zeitlichen Rahmens fertiggestellt werden, da sonst die Kosten überproportional ansteigen.

Als wichtigster Aspekt der Qualitätssicherung wird im Ingenieurbüro Peter Müller die Fernwartung gesehen. Die Wartung erfolgt direkt vom Büro aus über Modem und Telephonleitung mit dem entsprechenden Kunden. Dadurch wird Arbeitszeit in Form von Anfahrtskosten, Überspielungen auf Installationsdisketten etc. gespart.

4.2.2 Interview im Ingenieurbüro Mayer

Auch hier erfolgt die Softwareentwicklung individuell, ohne Phasenkonzept oder eines ähnlichen Konzeptes. Die Programmentwicklung wird ausschließlich von Kundenwünschen bestimmt.

An Vorgehensmodellen wird keines verwendet. Größter Wert wird auf das Pflichtenheft gelegt. Wiederum erfolgt eine starke Ausrichtung der eigenen Vorgehensweise am Kunden.

Software-Werkzeuge finden keine Berücksichtigung.

Wie schon bei der vorhergehenden Softwarefirma wird nach der strukturierten Programmiertechnik vorgegangen in Verbindung mit der Programmiersprache HP- bzw. HT-Basic, da dies von der Stammkundschaft und großen Auftraggebern gewünscht wird. Die Qualitätskriterien bei der Auswahl der Programmiersprache bleiben vollkommen unberücksichtigt.

Grob- und Feintests werden selbst durchgeführt.

Die Qualitätsziele aus Anwender- und Entwicklersicht werden durch die oben genannten Ergebnisse nicht zu 100 % erfüllt, sondern eigentlich nur aus Kundensicht, die Entwicklersicht zieht den Kürzeren.

Die strikte Einhaltung der Prinzipien der konstruktiven Qualitätssicherungsmaßnahmen würden die Entwicklungskosten und damit auch den Verkaufspreis erheblich erhöhen, was wiederum von der Kundschaft abgelehnt wird, da das ganze Software-Produkt dann zu teuer käme.

Die Probleme bei der Qualitätssicherung sind wiederum gekennzeichnet durch Kosten und Zeit. Es fehlt ganz einfach die Zeit, um eine strikte und konsequente Qualitätssicherung durchzuführen

5. Fazit

Zwischen Theorie und Praxis herrscht ein erheblicher Unterschied.

Gerade bei größeren Unternehmen ist immer wieder das Unverständnis bzw. die Unterschätzung des Managements und anderen, nicht an der EDV beteiligten Abteilungen, gegenüber der Informatikerarbeit festzustellen. Betriebliche Software benötigt in der Regel 5 bis 15 Installationsdisketten. Unbedarfte können sich kaum vorstellen, daß hier ein bis zwei Jahre Arbeit investiert wurden und unterschätzen sowohl die Arbeitsleistung als auch die Aufwandskosten, weil sie diese Leistung nicht „greifen" können wie z.B. eine Fertigungsmaschine. Der Umsatz des Unternehmens wird ja sowieso durch moderne Maschinen und fähiges Personal erbracht, von Wettbewerbsfähigkeit und Kostenreduzierung ganz zu schweigen. Daß aber der Computer und dadurch die Software wesentlich zu deren Unterstützung beiträgt, wird von vielen übersehen.

Die Folge davon, bedingt durch mangelnde Zeit zur Entwicklung und Qualitätssicherung, sind fehlerträchtige Programme, wobei die daraus resultierende Kostendimension (Fehlerbehebung, Wartung, Pflege, Verbesserung, Schadensersatzforderungen, Arbeitszeit und damit Fehlallokation des Produktionsfaktors Arbeit) erheblich unterschätzt wird.

Dem Software-Giganten MicroSoft z.B. war vor der Vermarktung seiner Textverarbeitung Winword 6.0 mehrere tausend Fehler bekannt und brachte das Programm trotzdem auf den Markt. Die Anwender trugen dann erheblich zur weiteren Fehlererkennung sowie teilweise zur Fehlerbehebung per MicroSoft-Hotline bei. So gesehen also eine relativ kostengünstige Qualitätssicherung während der Nutzungszeit. Ein kleines Softwarehaus kann sich dieses Unterfangen bezüglich individueller Kundenzufriedenheit nicht leisten.

Die in der Theorie beschriebene Softwareentwicklung und Qualitätssicherung stellt demnach nur einen Leitfaden zur Entwicklung einer strukturierten Software mit effizienter Qualitätssicherung dar. Die Umsetzung in der Praxis jedoch bedeutet einen erheblichen Zeitaufwand und damit auch Kosten im Hinblick auf den Verkaufs- bzw. Entwicklungspreis, was sowohl auf innerbetrieblicher Seite (Management) als auch auf Kundenseite mehr oder weniger abgelehnt wird.

Quellenverzeichnis

Bücher

Balzert, Helmut	CASE, Systeme und Werkzeuge, 5. Auflage, Wissenschaftsverlag Mannheim Leipzig Wien Zürich, 1993
Bauermann, Ralf	Die Implementierung organisatorischer und softwaretechnologischer Methoden und Techniken: Probleme und Lösungsansätze, Verlag Peter Lang GmbH, Frankfurt a. M., 1988
Bauknecht, Kurt (Hrsg.)	Informatik-Anwendungsentwicklung - Praxiserfahrungen mit CASE, B. G. Teubner Stuttgart, 1992
Bruhn, Manfred	Marketing, Betriebswirtschaftlicher Verlag Dr. Th. Gabler GmbH, Wiesbaden, 1990
Deutsche Gesellschaft für Qualitätsförderung e.V.	Qualitätskosten, Rahmenempfehlungen zu ihrer Definition - Erfassung - Beurteilung, 5. Auflage, Beuth Verlag GmbH, Berlin, 1985
Dichtl, Erwin (Hrsg.) Issing, Otmar (Hrsg.)	Vahlens Großes Wirtschaftslexikon, Band 1 - 4, Verlag Franz Vahlen GmbH, München, Deutscher Taschenbuch Verlag GmbH & Co. KG, München, 1987
Herausgegeben vom Wissenschaftlichen Rat: Drosdowski, Günther Müller, Wolfgang Scholze-Stubenrecht, Werner	Der Duden, Fremdwörterbuch, 4. Auflage, Bibliographisches Institut Mannheim/ Wien/ Zürich, 1982, Dudenverlag
Dunn, Robert H.	Software-Qualität Konzepte und Pläne, Carl Hanser Verlag München Wien, 1993
Eberleh, Edmund (Hrsg.) Oberquelle, Horst (Hrsg.) Oppermann, Reinhard	Einführung in die Software-Ergonomie, 2. Auflage, Walter de Gruyter & Co., Berlin, 1994
End, Wolfgang Gotthard, Horst Winkelmann, Rolf	Softwareentwicklung, 5. Auflage, Siemens Aktiengesellschaft, Berlin und München, 1986
Ferstl, Otto K. Sinz, Elmar J.	Grundlagen der Wirtschaftsinformatik, R. Oldenbourg Verlag München Wien, 1993
Hering, Ekbert	Softwareengineering, Braunschweig, 1984

Hildebrand Knut Köning, Reinhard Müßig, Michael	CASE: Schritt für Schritt, Verlag Franz Vahlen GmbH, München, 1992
Interleaf GmbH	Das DIN ISO 9000 Handbuch, Interleaf GmbH, Eschborn, 1994
Janßen, Heike Bundschuh, Manfred	Objektorientierte Software-Entwicklung, R. Oldenbourg Verlag München Wien, 1993
Kempel, Hans-Jürgen Pfander, Gotthard	Praxis der objektorientierten Programmierung, Carl Hanser Verlag München Wien, 1990
Kurbel, Karl	Programmentwicklung, 5. Auflage, Betriebswirtschaftlicher Verlag Dr. Th. Gabler GmbH, Wiesbaden, 1990
Lehner, Franz	Nutzung und Wartung von Software, Carl Hanser Verlag München Wien, 1989
Leierer, Gudrun Anna	Excel 4 für Windows, 1. Auflage, DATA BECKER GmbH, Düsseldorf, 1992
Leist Scharnagl	Qualitätsmanagement, Aktualisierung März 1994, WEKA Fachverlag für technische Führungskräfte, Augsburg, 1994
Loeckx, Jaques Mehlhorn, Kurt Wilhelm, Reinhard	Grundlagen der Programmiersprachen, B. G. Teubner Stuttgart, 1986
Lücke, Wolfgang (Hrsg.)	Investitionslexikon, 2. Auflage, Verlag Franz Vahlen GmbH, München, 1991
Mertens, Peter Bodendorf, Freimut König, Wolfgang Picot, Arnold Schumann, Matthias	Grundzüge der Wirtschaftsinformatik, 2. Auflage, Springer-Verlag Berlin-Heidelberg, 1991,1992
Oeldorf, Gerhard Olfert, Klaus	Materialwirtschaft, 6. Auflage, Friedrich Kiehl Verlag GmbH, Ludwigshafen (Rhein), Olfert, Klaus (Hrsg.), 1993
Partridge, Derek	KI und das Software Engineering der Zukunft, McGraw-Hill Book Company GmbH, Hamburg, 1989
Raasch, Jörg	Systementwicklung mit Strukturierten Methoden, 3. Auflage, Carl Hanser Verlag München Wien, 1993
Richter, Manfred	Personalführung im Betrieb, 2. Auflage, Carl Hanser Verlag München Wien, 1989

Rothhard, Günter	Praxis der Software Entwicklung, VEB Verlag Technik, Berlin, 1987
SAQ - Schweizerische Arbeitsgemeinschaft für Qualitätsförderung	Wirtschaftlichkeit der Software-Qualitätssicherung, Workshop vom 10. bis 12. April 1989, Zürich, 1989
Scharnbacher, Kurt	Statistik im Betrieb, 7. Auflage, Betriebswirtschaftlicher Verlag Dr. Th. Gabler GmbH, Wiesbaden, 1989
Scheibl, Hans-Jürgen (Hrsg.)	Software-Entwicklungs-Systeme und -Werkzeuge, Technische Akademie Esslingen, 3. Kolloquium 05.-07. September 1989
Schönthaler, Frank Ne´meth, Tibor	Software-Entwicklungswerkzeuge: 2. Auflage, Methodische Grundlagen, B. G. Teubner Stuttgart, 1992
Schulze, Hans Herbert	PC-Lexikon, Rowohlt Taschenbuch Verlag GmbH, Reinbek bei Hamburg, 1993
Schweiggert, Franz (Hrsg.)	Wirtschaftlichkeit von Software-Entwicklung und -Einsatz, B. G. Teubner Stuttgart, 1992
Simon, Manfred	CASE-Werkzeuge, Konzepte zur Erhöhung von Einsatzbreite und Leistungsspektrum, Forkel-Verlag, Wiesbaden, 1992
Sneed, Harry	Softwarewartung, Verlagsgesellschaft Rudolf Müller GmbH, Köln, 1991
Stahlknecht, Peter	Einführung in die Wirtschaftsinformatik, 6. Auflage, Springer-Verlag Berlin Heidelberg, 1993
Steinbuch, Pitter A.	Organisation, 8. Auflage, Friedrich Kiehl Verlag GmbH, Ludwigshafen (Rhein), Olfert, Klaus (Hrsg.),1990
Wallmüller, Ernest	Software-Qualitätssicherung in der Praxis, Carl Hanser Verlag München Wien, 1990
Wandmacher, Jens	Software-Ergonomie, Walter de Gruyter & Co., Berlin, 1993.
Ward, Paul T.	Systementwicklung mit System, 1. Auflage, YOURDON Inc., 1989
Weis, Hans Christian	Marketing, 8. Auflage, Friedrich Kiehl Verlag GmbH, Ludwigshafen (Rhein), Olfert, Klaus (Hrsg.),1993
Wöhe, Günther	Einführung in die allgemeine Betriebswirtschaftslehre, 16. Auflage, Verlag Franz Vahlen GmbH, München, 1986
Zeidler, Alfred Zellner, Rudolf	Software-Ergonomie, Techniken der Dialoggestaltung, R. Oldenbourg Verlag München Wien, 1992

Zeitschriften

Kersten, Günther

Qualitätssicherung mit Raumfahrtmethode, Die Fehlermöglichkeiten- und -einfluß-Analyse (FMEA), Sonderdruck aus BOSCH-ZÜNDER, Mai 1986

Fränkischer Tag GmbH & Co. KG
Zeitungsverlag
Gutenbergstr. 1
96050 Bamberg

Fränkischer Tag, Ausgabe A, Sparte: Wirtschaftsraum Bamberg, Bamberg, Oktober 1994

Interne Papiere

Fa. Robert Bosch GmbH

Robert-Bosch-Str. 40

96050 Bamberg

Hinweise und Erläuterung zur Bosch-Qualitätssicherungs-Leitlinie für Lieferanten

sonstige schriftliche Unterlagen

Barth, Reinhold

Total Quality Management, Eine Herausforderung für Management und Mitarbeiter, Digital Equipment Intl. GmbH, Vorlesungsunterlagen Prof. Geribert Jakob SS 1994

Plothe und Partner

Quality Management Coaching

Postfach 1525

55223 Alzey

Tel.: 06731/ 46516

Qualitätsmanagement: Qualitätssicherung und Qualitätsverbesserung, Vortrag für den REFA-Bezirksverein Rheinhessen Rathaus Mainz, im Auftrag der IBM Informationssysteme GmbH in Stuttgart, Mainz September 1993

Interviews

Ingenieurbüro Volkmar Mayer	Birkengraben 36, 96052 Bamberg,
Ansprechpartner:	Tel.: 0951/37087
Dipl.-Ing. (FH) Matthias Saller	Mai 1995
Peter Müller, Dipl.-Ing. (FH),	Hohe-Kreuz-Str. 38, 96049 Bamberg,
Ingenieurbüro für Softwareentwicklungen	Tel.: 0951/52967
und EDV-Beratung	Mai 1995

Stichwortverzeichnis

Eidesstattliche Erklärung

über die Diplomarbeit

von

Christian Meixner:

Ich versichere, daß ich die Arbeit selbständig verfaßt und noch nicht anderweitig für Prüfungszwecke vorgelegt habe. Es wurden keine anderen als die angegebenen Quellen oder Hilfsmittel benützt. Wörtliche und sinngemäße Zitate sind als solche gekennzeichnet.

(nach § 31 Abs. 5 Rahmenprüfungsordnung)

Mai 1995   _____

(Christian Meixner)

Anhang 1

Fragebogen

1.) Wie wird die Software-Entwicklung in Ihrem Hause gehandhabt? Erfolgt sie nach dem Phasenkonzept oder nach anderen?

2.) Welche Vorgehensmodelle verwenden Sie?

☐ Spiralmodell

☐ Wasserfallmodell

☐ Prototypingmodell

☐ andere

3.) Welche Werkzeuge werden eingesetzt?

4.) Welche Programmiertechnik und -sprache setzen Sie ein?

☐ objektorientierte   ☐ C++

☐ strukturierte   ☐ Basic

                           ☐ Pascal

                           ☐ andere

5.) Nach welchen Kriterien erfolgt die Auswahl der Programmiersprache?

 ☐ Anforderungen durch den Auftraggeber

 ☐ Verfügbarkeit von Compilern und von Programmierumgebungen

 ☐ Portabilität der Sprache

 ☐ Ausbildungsstand der Programmierer

 ☐ Implementierungssprache früherer Projekte

 ☐ Verfügbarkeit von Entwicklungswerkzeugen

6.) Wie handhaben Sie das Testen?

7.) Werden die Ziele sowohl aus Entwickler- als auch aus Anwendersicht erfüllt?

Anwendersicht: Entwicklersicht:

 ☐ Funktionserfüllung ☐ Erweiterbarkeit

 ☐ Effizienz ☐ Wartbarkeit

 ☐ Zuverlässigkeit ☐ Übertragbarkeit

 ☐ Benutzbarkeit ☐ Wiederverwendbarkeit

 ☐ Sicherheit

8.) Werden bei den konstruktiven Qualitätssicherungsmaßnahmen die folgenden Prinzipien eingehalten?

 ☐ konstruktive Voraussicht ☐ Strukturierung

 ☐ Modularisierung ☐ Lokalität (Überschaubarkeit)

 ☐ Information Hiding ☐ Mehrfachverwendung

 ☐ objektorientierter Entwurf ☐ Standardisierung (Einheitlichkeit)

 ☐ wohldefinierte Schnittstellen ☐ Integrierte Dokumentation (Single-Source-Prinzip)

☐ Abstraktionsstufen mit schrittweiser Verfeinerung (Konkretisierung) und schrittweise Vergröberung

9.) Welche Probleme treten auf bei der Qualitätssicherung?

☐ Interessenkonflikte mit anderen Abteilungen

☐ Managementeinschränkungen

☐ Problemdreieck Kosten, Zeit und Qualität

Wissensquellen gewinnbringend nutzen

Qualität, Praxisrelevanz und Aktualität zeichnen unsere Studien aus. Wir bieten Ihnen im Auftrag unserer Autorinnen und Autoren Wirtschafts-studien und wissenschaftliche Abschlussarbeiten – Dissertationen, Diplomarbeiten, Magisterarbeiten, Staatsexamensarbeiten und Studien-arbeiten zum Kauf. Sie wurden an deutschen Universitäten, Fachhoch-schulen, Akademien oder vergleichbaren Institutionen der Europäischen Union geschrieben. Der Notendurchschnitt liegt bei 1,5.

Wettbewerbsvorteile verschaffen – Vergleichen Sie den Preis unserer Studien mit den Honoraren externer Berater. Um dieses Wissen selbst zusammenzutragen, müssten Sie viel Zeit und Geld aufbringen.

http://www.diplom.de bietet Ihnen unser vollständiges Lieferprogramm mit mehreren tausend Studien im Internet. Neben dem Online-Katalog und der Online-Suchmaschine für Ihre Recherche steht Ihnen auch eine Online-Bestellfunktion zur Verfügung. Inhaltliche Zusammenfassungen und Inhaltsverzeichnisse zu jeder Studie sind im Internet einsehbar.

Individueller Service – Gerne senden wir Ihnen auch unseren Papier-katalog zu. Bitte fordern Sie Ihr individuelles Exemplar bei uns an. Für Fragen, Anregungen und individuelle Anfragen stehen wir Ihnen gerne zur Verfügung. Wir freuen uns auf eine gute Zusammenarbeit.

Ihr Team der Diplomarbeiten Agentur

Diplomica GmbH
Hermannstal 119k
22119 Hamburg

Fon: 040 / 655 99 20
Fax: 040 / 655 99 222

agentur@diplom.de
www.diplom.de

www.ingramcontent.com/pod-product-compliance
Lightning Source LLC
LaVergne TN
LVHW042124070326
832902LV00036B/576